トラックドライバー

帝王学のすすめ

“ザ・プロフェショナルズ”への教科書

吉田祐起

Yoshida Yuuki

文芸社

表紙カバー写真について

Reprinted with permissions of NASCAR (The National Association For Stock Car Autoracing Inc.), The International Truck and Engine Corporation and Owner-Operator Magazine, Chilton Co., a division of American Broadcasting Companies Inc.

序章　交通事故防止とプロドライバーの起業家精神を期待して

のっけから失礼をわきまえずの弁ですが、どだい本を読むことなんて苦手だ、といった声が聞こえてきそうなのが、ドライバーを職業とする人たちの一般的な傾向かもしれません。そうは言いながら、渋滞で立ちんぼ状態とか、明らかに休憩停車中などのトラックの運転席で、何やら本みたいなものをハンドルの上に広げているドライバー君の姿を見かけることがままあります。それが地図なら、職業柄ナットクってことにはなるでしょう。日本経済新聞といった高級経済紙なら、う〜ん、インテリ・ドライバー君だ！ってな評価は確実です。漫画本だったら？と、別にマンガ本に偏見をもっているわけではさらさらないのですが、この分厚い本をちょっと辛抱して、おひまをみてはページをめくってくだされればたいへんに嬉しいのです。

と、言いますのはほかでもありません、この著者（以後「私」と称します）は職業柄、トラックドライバー諸君との付き合いが実に四十数年間に及びます。それだけに、ドライバー諸君への「思い入れ」が強いのです。言うなれば、プロドライバー諸君に、あることを「伝言」することに限りない使命感や価値観、誇りを抱いているのです。そんなことから、当初本書のタイトルを「トラックドライバー諸君への伝言」としていたのですが、ある動機を得て、ご覧のようなものに変更しました。その訳が何であるかは、この本のページを追ってくださるごとに分かっていただけると確信します。私は「プロドライバーの皆さん」（以後、そう呼ばせていただきます）に、ある期待を抱き、「エール」を贈りたいのです。プロドライバーの皆さんに対する「エール」は申すまでもありませんが、日本経済と国民生活に絶対不可欠な「物流」（文字通り、モノの流れ・移動）の担い手であることに対する評価です。ご苦労さま！　と言いたいのです。

プロドライバーの皆さんが勤務する会社の業者団体である「全日本トラック協会」（略称・全ト協）は、そのスローガンのひとつに、「ウイズアウト・トラックス・ジャパン・ストップス（Without Trucks Japan Stops）」というのをかかげています。「トラックがなければ、日本（経済・国民生活すべて）が止まってしまう」という意味です。

プロドライバーの皆さんが、こうした高い職業観（自己の職業に対する考え方）を持ち続ける限り、現代の大きな社会問題である「交通事故」や「飲酒運転」も起こるハズはない、というのが私の言いたいところなのです。それがプロドライバーの皆さんに対する「期待」でもあるのです。クルマ社会であるわが国の交通安全のリーダー的役割を果たしていただきたい、という期待でもあるのです。

プロドライバーの皆さんへの「期待」といえば、もうひとつあるのです。それは日本人に欠けているとされる起業家精神の「旗振り役」を皆さんに演じてもらいたい！　という期待です。プロドライバーの皆さんが運転しているトラックは、一台が数百万円から一千数百万円もする高額の商売道具です。その高額財産の操業者でもあり管理責任者でもあるのがプロドライバーの皆さんです。そのトラックが利益を生むか、それとも事故を起こし、赤の他人を巻き添えにして死傷事件を引き起こすのか、儲けどころか、そのトラックをスクラップ化し、挙げ句の果てに多額の賠償金を背負い込むのかは、皆さんの良心と両手両足のさばき方ひとつにかかっているのです。

中小零細企業では、定年まで働いても、手にすることができないような退職金の金額に匹敵する商売道具を預かっているのです。こんなことを考えると、身分はサラリーマンであっても、実際には、文字通り「個人事業経営者」に似た責任ある仕事をしているのです。そこで思いついたのが、「帝王学のすすめ」というキーワードなのです。そうです、プロドライバーこそが名実ともに、平素より個人事業者の資質を高めるための勉強をすることが肝要だと思ってのことなのです。

そんなこともあってのことですが、この本の執筆に当たり私は、トラック運送事業経営者の視点に立った気持ちでプロドライバーの皆さんに語りかけます。そこで、お願いですが、皆さんもサラリーマンドライバーから、ちょっとばかり個人事業経営者になった「気取り」で読んでみてほしいのです。そんなことから、若干、この本の内容が難しく感じられることもあるのではないかと心配するのですが、どうかここは一番、私がプロドライバーの皆さんに贈る「エール」と「期待」に応える気持ちで、辛抱して読んでいただきたいと念願するのです。

ところで、四〇〇万人近い失業者が慢性化しつつある現代です。就職を諦めて就職活動をしていない人たちを含めると、実際にはその倍もあると推定されているのです。そんな中、わが国は戦後初めて「デフレ経済」の真っただ中にあります。ひと口に言えば、物価下落が続くのがデフレですが、肝心の価格が下落した商品を運ぶトラック運送業界は、そのあおりをくって、運賃下落に直面しています。四面楚歌、八方塞がりみたいな日本経済で、日本人に閉塞感さえうかがえます。それを打ち破るには、日本人がもっと「起業家精神」を持たねばならないと指摘されているのです。

もしプロドライバーの皆さんの中から、そうしたやる気のある人たちが台頭してくるとしたら、多くの日本人の心に起業家精神を喚び起こすことになると思うのです。皆さんこそが、日本人の起業家精神の「けん引車」や「モデル役」になってほしい！　というのが私の念願であり期待なのです。

一般貨物運送業界で活躍する八十数万人のプロドライバーの皆さんと、軽貨物運送業界で個人営業をしている約一三万人のオーナー・オペレーターの皆さんですが、そのほんの一部の仲間諸君が本書を読んで、何らかのヒントや動機を得て、お友達の同士プロドライバー諸君に語り伝えてくだされば嬉しい限りです。リストラに遭って、失業中の人が本書を読んだら、ひょっとしてプロドライバー職へ新規参入を希望されるようになるかもしれない、とひそかに願ってもいるのです。なお、本書全体を通じて、時折、同じことを繰り返し述べることにお気づきになると思います。プロドライバーの皆さんが単行本を読まれる機会があまり多くないことを意識し、かつまた、私自身がプロドライバーの皆さんに語りかける多くの機会を通して自覚していることですが、より分かりやすく理解していただくためには、大事なことは反復的にお話ししたほうがよりご理解していただけると思ってのことです。ご寛恕くだされば幸いです。なお、また、分厚いこの本を手にされて気負けされる方があるとしましたら、「目次」を真っ先にめくって、興味の持てそうなところから拾い読みしてくだされば結構です。

この本がわずかでも安全運転への動機づけに役立ち、わが国物流の担い手にふさわしいプロドライバーとしての社会的評価につながったり、日本人に欠けたと指摘される起業家精神の起爆剤としての役割を果たすきっかけになったら、これに勝る幸せはありません。

平成十六（二〇〇四）年三月吉日

吉田祐起

トラックドライバー
帝王学のすすめ
〝ザ・プロフェショナルズ〟への教科書　目次

2章

3章

5章 二十一世紀はオーナー・オペレーターの時代！ あなたがその主役を演じてみませんか！……271

6章

終章

「サラリーマン帝王学」を学んで実践する者がデフレ時代を生き残る！
オーナーオペレーターへチャレンジする者は売り手市場であり続ける！／
「心の豊かさ重視六〇％」を自覚してハンドルを握って行こう！

1章
人生でいちばん幸せなことって、何だろう？

1　好きなハンドルを握って生活できるなんて、うらやましい！

プロドライバーのみなさんは、自分の職業に対してどんな気持ちを抱いておられるでしょうか？　まさか、雲助ってな自己卑下した職業観はゆめゆめお持ちではないと確信します。万一、そんなドライバーが周囲におられたら、ぜひともこの本を読んでみるようにすすめてみてください。きっと、心境の変化を得られると確信します。

人間って誰しもですが、他人の職業をうらやましがることがままあります。万一、今のドライバー人生にわずかでも戸惑いや、不満があれば、ちょっと、ここで立ちどまって、思い直してみてほしいのです。

日ごろプロドライバーの皆さんに、レクチャー（講義・講演）といった形で、よく話しかけることの多い私ですが、いまからお話しすることのすべては、そうした場で情熱をこめて語りかけている内容でもあるのです。

私は、人生で一番幸せなことは、何といっても「好きなことをしてお金を稼いで生活すること」だと言いたいのです。満七十二歳を過ぎたおジンで、それなりに波乱万丈（と言ったら大袈裟ですが）の人生を歩んできた人間が語ることですので、ホンマかいな、と聴き耳、読み目を開いてみてほしいのです。

七十二歳著者の人生体験からひと言

年の功を振りかざすのでは決してないのですが、プロドライバーの皆さんに親近感をもっていただきたいことから、私の人生遍歴を手短にご紹介しておきます。

私の第一人生は十四年間続いた技術屋人生でした。英語が好きだったことが幸いして、米国から二つの新技術を文通で「輸入」することに成功しました。独自に開発発明した三つの器具（実用新案）の販売も含めて、その米国産新技術の普及を目的に、日本各地を講演・実演旅行して飛び回った青春時代を過ごしたものでした。幼少のころからボク自身も〝ザ・プロフェショナル〟の職人を自負したものです。

第二人生は三十二年間続いたトラック運送会社経営でした。多くのプロドライバー諸君との出会いを体験しました。その間、交通死亡事故ゼロを達成したことは現在に至って「心の錦」って心境です。七社グループ企業による「総合物流商社」体制を確立したものです。こうしたことから、プロドライバーの皆さんとの出会いと体験はとっても長いのです。今からお伝えすることの多くは、そうした人生体験から出てくるものです。

そして現在の第三人生は、満六十一歳で転機を得て決意し、身一つで新会社をスタートした「総合物流・経営コンサルタント」です。一匹おおかみ（マヴァリック）という立場では、プロドライバーの皆さんとそっくりです。顧問契約を締結した幾つかのトラック運送会社の社員ドライバー諸君に対するレクチャーをはじめ、各地での講演活動をしています。こうして「書く」

ことも活発です。

こんな経歴を持ったヨシダですので、世間並み以上に、酸いも甘いもかなり体験してきたつもりです。ま、そんなことから、プロドライバーの皆さんと長年付き合ってきた者のメッセージとして読み進んでくだされぱと思うのです。

好きなことをして生活することが最高の幸せだ

考えてみると、好きなことをするときは時間や労力や苦労なんて吹っ飛んでしまうものですよね。好きなことをするのでしたら、少々のおカネがかかることでも苦になりませんよね。まして、好きなことを朝から晩までして給料が稼げて生活できるとなれば、何をかいわんやじゃないでしょうか。給料の多少なんて、本人にとっては最優先の条件でなくなってしまいますよね。プロドライバーの皆さんは、それをやってる典型的な職業人なんですよ、と言いたいのです。そんなことを言っておだてるなよ！　といった声が聞こえてきそうですが、とんでもないです。この際ですので、著名な方の言葉を拝借して、「好きなことをして生活できることが最高の幸せ」ということをお伝えしましょう。

好き嫌いで仕事を選びなさい

サラリーマン必読の著書と言われる『時代が変わった』（講談社）の著者で、かの著名な堺屋太一さん（元経済企画庁長官・作家）が同著に関して言われた言葉に、こんなものがあることを特記しておきましょう。すなわち、「好き嫌いで仕事を選びなさい」がそれです。さらに、こんなことを提言されています。「人生観には二つの選択肢がある。第一の選択肢は、意に添わない苦しい仕事をして、高給をもらって、それによって豊かな生活を送る生き方。第二は、自ら選んだ仕事に就いて、仕事の中に楽しみを求める生き方です。そのためなら、あえて消費においては大きな期待は持たないという生き方です」と。

「仕事を選ぶのに、有利、不利で選んではいけないと考えます」とも言われています。じっくりと味わうべき言葉だと思いませんか？　ヨシダ流に解釈すれば、こうなるでしょう。「好きな仕事だったら、少々給料が少なくてもやったほうが幸せですよ。嫌いな職業だったら、少々給料が高くってもやらないほうがイイですよ」です。

楽しく仕事をすれば良い仕事ができる!!　つまらない仕事だと思ったらやめた方がいい

もうひとつの言葉を紹介しておきましょう。あるコンピューターソフト開発会社社長歴を持たれる前田隆正さんという方が三鷹市「第三助役」に就任されたことを報じた新聞記事でみた言葉です。就任あいさつで、居並ぶ幹部職員を前に語りかけられた言葉が素朴でズバリです。曰く、「楽しく仕事をすれば、良い仕事ができる。つまらない仕事だと思ったら、やめた方がいい」と。幹部職員と言えば、おそらく大学卒のいわゆるインテリと呼ばれるセクトの人たちです。そうした人たちに対する率直な助言であり忠告です。

どうです、プロドライバーの皆さん、われわれは「楽しくハンドルを握れば、良い仕事、無事故の仕事ができる。ドライバー職なんてつまらない仕事だと思ったら、即刻やめた方がいい」と受けとめようではありませんか！

2　プロドライバーの職業を「選んだ動機」を思い出してみませんか？

現在の仕事を選んだ動機は何ですか？

皆さんが生活の場とするわが国トラック運送会社の業者団体である全ト協の調査資料に目を向けてみましょう。二、四七二人の回答者（複数回答）から得た貴重な資料です（図１）。「現在の仕事を選んだ動機は何ですか？」というアンケートに対する回答内容です。読者の皆さんの中にはその回答者を演じた方もあると思いますが、何せ、わずか〇・三％の回答結果です。そんなことから、多くのプロドライバーの皆さんにこのアンケート結果を見せますと、へ～？……といった反応もチラホラです。でも当たらずとも遠からず、というのが皆さんの表情です。さて、あなたの「動機」はどうでしょう。
一番目は、「車が好きだから」の四七・三％（前回調査では四六・二％）
二番目は、「比較的収入が多いから」の三五・八％（前回調査では三七・〇％）
三番目は、「各地に行けるから」の一七・〇％（前回調査では一六・二％）
四番目は、「社会に役立つ仕事だと思うから」の五・三％（前回調査では三・八％）
五番目は、「男らしい仕事だから」の三・八％（前回調査では三・七％）
六番目は、「その他」の六・二％（前回調査では五・九％）

車が好きだから

ご覧のように、職業としてトラックドライバーを選んだ動機については、半数近くの人が「クルマが好きだから」をあげているのです。この事実は、ゼッタイに見逃してはならないドライバーのホンネだ、と受けとめることが大事です。

「車（ドライブ）が好き」というのは、プロドライバーの皆さんに限ったことではありません。私もその一人です。「国民皆免許」の時代にあって、クルマ嫌いでは会社勤めもままならず、バカンスも味わえない状態です。老いも若きも、男女を問わずクルマの運転は近代人の不可欠要因になっています。ドライブすることの楽しさや、カッコいいクルマの所有欲なんかは、万人共通のものとさえ言えます。

図1　現在の仕事を選んだ動機は何ですか

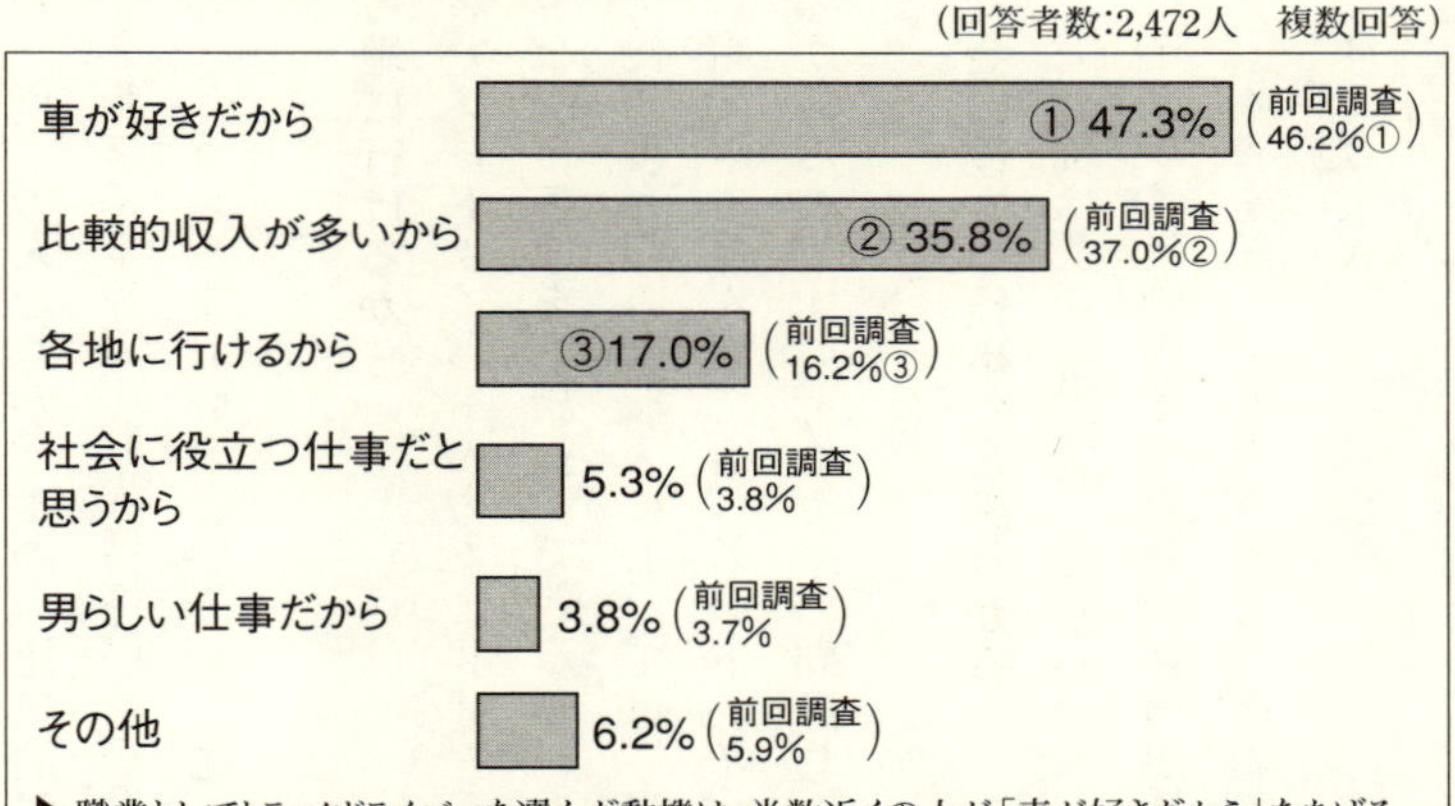

▶ 職業としてトラックドライバーを選んだ動機は、半数近くの人が「車が好きだから」をあげる。次いで、「比較的収入が多いから」「各地に行けるから」と続く。

全日本トラック協会ホームページより

カッコいいクルマ、といえば、トラックだって似たような感覚が持てると思うのです。なぜって、いまどきのトラックは内装といい、居住性といい、運転性といい、それに安全性といい、高級乗用車のそれらとは少しもヒケはとりません。好きな高級車をドライブして生活できる、といった発想も出てくると言えるでしょう。

比較的収入が多いから

好きなクルマに乗って生活するのはよいとしても、収入が他の職業と比べて極めて低く、生活が苦しいとすれば別ですが、「比較的収入が多いから（三五・八％）」という、もう一つのドライバー諸君のホンネがあることに注目する必要があるでしょう。

ドライバー職業を選んだ動機の一つに、三

分の一以上の人たちが、この「比較的収入が多いから」に○をつけた意味は大きいのです。好きなクルマに乗って、収入にはほどほどの満足感をもって働いて生活できるなんて、ステキじゃない？　うらやましい、というのはこのことです。

各地に行けるから

若いプロドライバーの方々に共通した願望は「長距離ドライバー」人生の体験です。給料を稼ぎながら各地を「旅行」できるといった醍醐味が背景ですね。でも、昨今の厳しい運賃条件で労働密度からみた収入においては、以前とはちょっとばかり魅力が少なくなったといった声は否定できません。でも、若いドライバー諸君にとっては依然として長距離トラックに根強い魅力があるのです。ゼニカネの問題じゃあない、といったところです。

社会に役立つ仕事だと思うから

「社会に役立つ仕事だから」がわずか五・三％というのがちょっと寂しいのですが、でも昨今のセチガライ世の中で、自分の仕事が社会に役立っていると実感できることは素晴らしいことです。本書を読んでくださったらその数字はぐ～んと上がることうけ合いです。楽しみに読み進んでください。

「男らしい仕事だから」を「カッコいい仕事だから」に

三・八％がプロドライバーの職業を「男らしい仕事だから」と答えていることは妙味です。無理もありません、あのでっかいトラックの高い運転台から見下ろすような格好でハンドルを握っているのです。少なくとも肩をすぼめてコソコソやっている仕事とはドエライ違いです。と、このアンケート設問「男らしい仕事だから」で思うことがあるのです。昨今は多くの女性ドライバーがこの男性の職場に進出しています。皆さんの職場にも多くの女性ドライバーがいらっしゃるに違いありません。ということから、この設問はちょっとばかり不適切のようです。「カッコいい仕事だから」としたほうが良さそうですね。ホント！

3　ドライバー以外の職業を「選ばなかった理由」を思い起こしてみませんか？

ここでは、プロドライバーの皆さんの中から、異議あり！　といった声が出てくるかもしれませんが、ちょっと意地悪いことを分析してみます。そのために「ヴァーチャル（仮想的）Q＆A」を作ってみました。著者の揚げ足をとるって意地悪い受け取り方でなく、ニヤニヤ笑いながらといった軽い気持ちで活字を追ってくだされば有り難いのです。

「あなたはなぜドライバー職以外の職業を選ばなかったのですか?」がそれです。先に述べた全ト協調査「現在の仕事を選んだ動機は何ですか」に対する全く逆の質問です。キリ良く、一〇の理由（動機）を順不同で列記してみます。

誤解を招いてはいけませんので、それを列記する前に明記しておきたいことがあります。それは、「ドライバーであるか、今からドライバーになるかは別にしてですが、×印が多いほうが結構なことではあるのです。×印が多い人ほど、優秀なサラリーマンになる能力があると言えなくもないでしょう。全部×印の人は、経営者にもなれる人物であるとも言えるでしょう。しかし、大事なことは、×印が一つもなく、○印だけだから駄目なんだとは決して思わないでください！」ということです。

人それぞれ得手不得手があります。要は、自分自身の性格や好き嫌いや、得手不得手を充分に知り尽くした上で職業を選ぶ、ということなのです。そのような意図をもって作ったのが次のQ&Aです。率直な皆さんの気持ちに従って、○×をつけてみてください。


トラックドライバー以外の職業を「選ばなかった理由」は何だろう?（×印が多いことはイイことだ。だが、少ないからドライバー職を選んだという勇気と決断には拍手喝采を！）

①学歴（力）や知力や自己表現力に自信がないから

②デスクに向かって（部屋に閉じこもって）する仕事は性に合わないし、嫌だから
③字を書いたり、計算したり、パソコン操作をすることなど（事務）が苦手だから
④上司や仲間との人間関係づくりや気配りなどすることが面倒くさくて、苦手だから
⑤話したり、説明したりすること（営業）が苦手だから
⑥他人に頭を下げたり、気遣ったりするのが性に合わない（苦手・下手だ）から
⑦他人からこうしろ、ああしろ、と指図されたりするのが嫌だから
⑧ネクタイ着用なんて堅苦しいのは苦手だから
⑨低い初任給から年功序列給で徐々に収入が増えるのでは辛抱できないし、嫌だから
⑩自分が嫌で慣れない仕事をさせられること（配置転換など）は耐えられないから

さて、先に断っておきましたが、これらのバーチャル回答の多くに○印がつくかつかないかは問題でありません。「ケシカラン！　ドライバーをそんなに見下しおって！」と、ゆめゆめ反発しないでください。「イヤハヤ、まったくだ！」と頭をかかえて苦笑いされるドライバーもあるでしょう。でも別段気恥ずかしい思いやコンプレックスを抱くのは思い過ごしですし、禁物です。

このQ&Aで強調したいのは、「×印が多いことはイイことだ。だが、少ないからドライバー職を選んだというあなたの勇気と決断に拍手喝采を！」ということです。

ヨシダ・オリジナルの「一〇の理由」にまつわるエピソード

事実、こんな体験をしました。ドライバー研修にこの資料を使う私ですが、ドライバー職から配車係に配置転換させられた人物が、このQ&Aをつくった私に、こんな告白をしました。「センセイ、正直言って、ボクがドライバー時代に、このQ&Aに疑問を抱きました。ボクにとって、あまりにも×印が多かったのです」と。そこで私が言ってあげました。「そうでしょう、×印が多いということは、ドライバー以外の仕事を十分にやりこなせる、ということだったんですよ。社長さんが、君を配車係に起用されたということは、そうした君の実力が自他共に証明されたってことなんですよ！」と。満足げに、ニンマリした彼の表情が印象的でした。

二つ目のエピソードを紹介しましょう。実際に出くわしたことです。私のホームページに掲載しているエッセイや論文原稿を覗かれた、ある大手企業サラリーマンのNさんという方から、メールが飛び込んできました。ご多分に洩れず、この方はリストラで早期退職を決断されたのです。何と、この方がくだんのQ&Aを読まれたのです。本書の第一章から第二章前半までが業界誌に掲載されたことから、その原稿をウェブサイトに掲載しているのです。

Nさん曰く、「十のうち、なんと、×印はたったの三つだけ、あとは全部〇印です！　もっと早くにこのQ&Aに接していたら私はドライバー職を選んでいただろうに！　ザンネンです！」と。事実、この方は、郷里に帰って、トラックドライバー職を求めているのです。このNさんの性格や適性に関する限り、〇印が七つということは、ドライバー職のほうが適している、ということを満五十歳にして自覚されたのです。

もう一つのエピソードは、長年のクライアントである運送会社に最近入社した五十歳代のドライバーの弁です。彼はある大手企業をリストラされた人物で、給料は幾らでもイイからといって入社したのです。その彼が本書の初期原稿の段階でくだんの「選ばなかった十の理由」を読んで言った言葉が印象的でした。「もし、もっと早く先生の原稿を読む機会があったら、私の人生は大きく変わっていたと痛感します……」と。これら三つのエピソードは作り話では断じてありません！　ホントです。本書を読んだ多くの人からも同じ反応が出てくると期待しています。

人はヒト、俺はオレ　個性発揮の時代

これからは個性豊な人間こそが逞しく生きていける時代です。臆することなく、俺はオレだ、これは俺の個性なんだ、それを活かすためにプロドライバーになったんだ！　と自他共に宣言する勇気も必要です。

会社（組織）と社員（個人）の関係を考えてみましょう。今までは組織の中での個人の働きでした。組織の下に個人ありき。上意下達でした。これからは個人が「個力」を発揮して組織を動かす時代です。そういった意味においてはプロドライバーのみなさんのようなユニークな個性を活かす時代であると言えるでしょう。

ところで、面白いことに、これら十の理由や動機は、ドライバー職を選んだ人たちだけに共通したものでは必ずしもないことが、近年のホワイトカラー族にも垣間見れるのです。それは、年功序列給制や終身雇用制の崩壊に伴って出てきた、実力・成果主義賃金制度の及ぼす影響です。弱肉強食みたいで、シンドイ就職環境のようですが、その厳しさゆえに脱落、もしくはスピンアウトする人も少なくないのです。こんなハズじゃあなかったのに、といった感じで転職する人たちが多くなっているのも事実です。この際だからといって組織に縛られることを避け、自分自身の能力をわきまえながら、自身にもっとも適した、納得できる生き方を選択しようとする傾向が否定できないのです。いわば、この十の理由のいずれかに該当する人が増えているということです。「該当する」ということを自覚する人が増えていると言ったほうがイイでしょう。百万人を突破する「フリーター」もそのセクトと言えるかもしれません。前述した大手企業出身の人たちもその部類です。

痛ましい自殺者の数

ところで、痛ましいことですが、自殺者が五年続いて三万人を超え、深刻な社会問題になっています(図2)。冒頭からこんな悲惨な出来事を述べるにはそれなりの理由があるのです。自殺者の年代別で一番多いのは五十代で、全体の四分の一を超えています。原因としては、リストラや借金など経済・生活問題のウエイトが大きく、長引く不況の影響が浮き彫りになってい

図2　自殺者数の推移と自殺理由

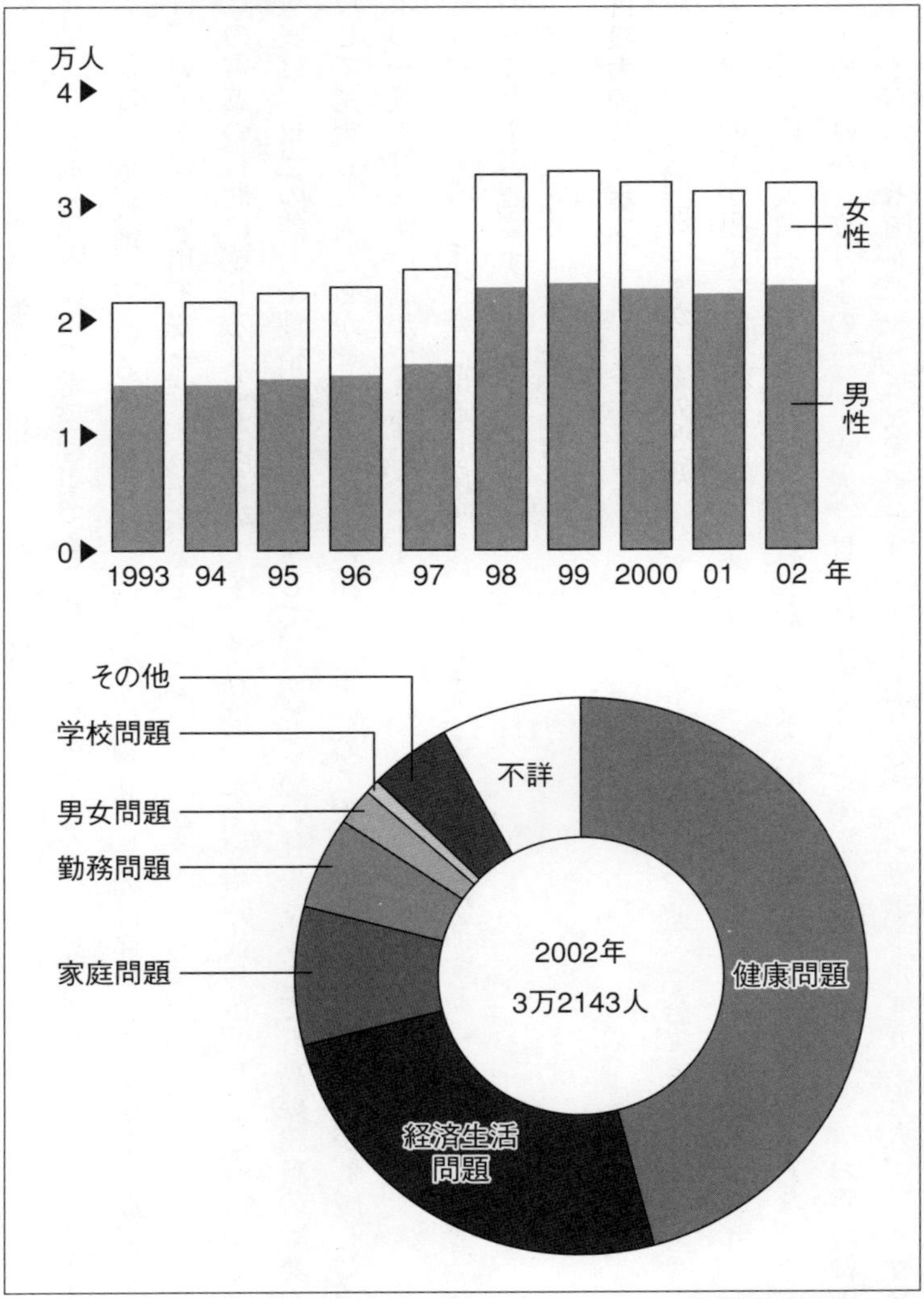

日本経済新聞記事より

るのです。トラック運送業界では……？　と自問自答してほしいのです。

「日本いのちの電話連盟」の常務理事である斎藤友紀雄さんの弁を新聞でみたことがあります。「難しいのは、最近増えている中高年男性。悩みを人に相談するのは恥という美学が早期発見を妨げている上に、雇用不安などから閉塞感《へいそく》を感じている」と。

この言葉の行間に感じることがあるのです。それは、完全雇用時代の落とし子とも言えるのが、実は、自己の能力や性格や適性を無視して、かっこいい仕事や少しでも高い給料の職業を無理して選択した人たちがこうした悩みに陥りやすいのです。生半可なプライドが邪魔してホンネの相談や打ち明け話ができないのです。

こんなことを考えますと、前述したように、「好きなことをして生活することが最高の幸せだ」ということを再認識することが大事です。

自殺大国ニッポン

痛ましい自殺問題ですが、案外と知られていない事実をこの際、述べておきましょう。エッ！という驚きの声が出てくると思います。インターネットで入手した左ページの資料（表1）をご覧ください。人口一〇万人当たりの自殺者数（男女合同）です。調査年度は若干異なりますが、世界一はハンガリーの三二・六人。日本はなんと、その次の二五・一人です。お隣の韓国＝一三・六人、米国＝一一・三人、イギリス＝七・五人、シンガポール＝九・五人、フィリピ

表1　OECD：自殺者数（人口10万人当たり）

ランク	国名	人数	当該年度
1	ハンガリー	32.6	2000
2	日本	25.1	1999
3	フィンランド	23.4	1999
4	ベルギー	21.3	1995
5	スイス	20.2	1996
6	オーストリア	19.6	2000
7	フランス	17.9	1998
8	チェコ共和国	16.1	2000
9	ニュージーランド	15.1	1998
10	ポーランド	15.0	1999
11	デンマーク	14.4	1998
11	ルクセンブルグ	14.4	2000
13	スウェーデン	13.9	1998
14	ドイツ	13.6	1999
14	韓国	13.6	2000
16	スロバキア	13.5	2000
17	アイルランド	13.4	1998
18	オーストリア	13.1	1999
19	ノルウェー	12.4	1998
20	カナダ	12.3	1997
21	アイスランド	12.2	1997
22	アメリカ合衆国	11.3	1998
23	オランダ	9.6	1999
24	スペイン	8.3	1998
25	イタリア	7.8	1998
26	イギリス	7.5	1999
27	ポルトガル	5.1	2000
28	ギリシャ	3.1	1998
29	メキシコ	3.1	1995

女性の場合は日本がトップの14.1人
男性の場合はハンガリー（51.5人）、フィンランド（37.9人）に次いで日本は三位の36.5人
（備考）シンガポール＝9.5人（2000）、タイ＝4.0人（1994）、フィリピン＝2.1人（1993）
出展：世界保健機構（WHO）　経済・社会データーバンキングホームページより

ン＝二・一人です。日本の場合、一〇〇万人の政令都市で言えば、毎年二五〇人以上の自殺者があるということです。ちなみに、女性では日本は世界第一位、男性では第三位です。

これら欧米先進諸国や発展途上国はいずれも貧富の差においては日本以上です。貧富の差があってなお、自殺者数が少ないということに注目して欲しいのです。逆に日本ほど中産階級的な国民はありません。貧富の差は極めて少ないお国柄です。なのに、なぜ？　そうです！「分相応の生活をする」ということができる、できないに関わっているのではないでしょうか？事実、ドライバー研修の折に、この問題を問いかけてみるのです。もし、リストラに遭って収入が減ったり途絶えたりしたらどうする？　ということです。賢明なドライバー諸君の弁は、マイホームを手放してボロ屋でもいいから借家にするとか、高級マイカーを中古の軽自動車に乗り換える、といった積極的な対策発言です。世間体やメンツにこだわって……、と生活レベルを思い切って切り替える勇気と決断と家族コンセンサスづくりができないことが自殺の一つの原因であることは確かです。

ラフカディオ・ハーン（小泉八雲）の予言が当たった！

ちょっと脱線して恐縮ですが、ぜひとも知っておいてほしいことがあるのです。プロドライバーの皆さん、ラフカディオ・ハーン（日本名・小泉八雲）って人物をご存じでしょうか？小泉総理大臣のお祖父さん？　と、茶化す気は毛頭ないのですが、この人物は明治初期に来日し、日本文化と日本人にぞっこん惚れ込んで、奥さん（小泉　節）と結婚し、小泉姓で入籍、日本に帰化した人です。日本と日本人とその文化を深く研究して、多くの本を著し、日本文化を欧米に紹介した人物です。日本人の間では「耳無し法師」や「怪談」でよく知られています。

その彼が、当時の日本人大学生向けに出した論文集があるのです。「Japan and the Japanese（日本と日本人）」がそれです。その一節に現在の閉塞感に喘ぐ日本人の姿を見事に予言したものがあるのです。曰く、「……日本に関しては、危険の可能性があること。それは古来のもの、簡素なもの、健全で、自然で、控えめで、正直な生活態度を捨て去る危険性があることだ。さらに考えるに、日本はその簡素さを保持する限り強固であり続けるであろう。反対に、日本が西欧輸入の華美の思想にかぶれれば、脆弱となろう……」と。脆弱とは、文字通り、脆くて弱い国民を意味するのです。リストラされて収入が減れば、思い切って生活レベルを切り下げる勇気が必要なのですが、それができないことに問題がある、というのがハーンの言葉から教えられるのです。

やっぱり良かった、ドライバー選択肢

さて、話を戻しましょう。完全雇用時代とは打って変わったような昨今の時代です。企業が求める人材能力に適合しない人は脱落（失業）するのです。しかし、リストラされたのを好機ととらえ、タクシーや軽貨物業界など、まったく思いもつかなかった分野へ転職するケースも

あり、そうした人たちは自己に目覚めはじめたのだ、とさえ言えるでしょう。

事故は絶対に起こさない、マナーは良い、ほどほどの賃金を得て、会社には確実に儲けてもらえるような働きをするプロドライバーでしたら、あるいは、会社の儲けを常に意識した働きをするドライバーでしたら、いつの時代でも失業はしないでしょう。ひいては、本書の後半でみなさんにお伝えするオーナー・オペレーター（個人トラック）としての「開業」への道も併せて考えられるのですよ、と言いたいのです。

後ほど紹介しますが、高齢社会では、定年後人生の在り方が問題です。「つぶしのきく人間」になることが二十一世紀の生き方処方箋の一つですが、プロドライバーの皆さんはそれへの対応も可能なんですよ！　と言いたいのです。

ドライバー以外の職業を選ばなかったあなたの人生選択肢が間違いではなかった、というのがここでの大事なメッセージです。

4　二十一世紀はハイテク技術者人生VS職人芸的技能者人生いずれかの選択肢とすれば……

世界の人口は暴発している！

二十一世紀、世界規模で人口が暴発しつつあります。二〇〇三年の世界人口が六三億人。それが二〇五〇年では八九億人を突破すると予測されているのです。地球規模で考えたら労働人口は際限なく拡大するって感じです。もう一つの地球が欲しい状態です。

一方、日本経済は、表向き失業者が四〇〇万人近くあります。後でも述べますが、就職をあきらめて就職活動を断念している人たちを含めると、実際の失業者はその倍はあるといわれます。

そうした時代にあって、わたしたち日本人のこれからの生き方を、私は大別して「ハイテク技術者人生」と「職人芸的技能者人生」ではないかと思っています。全就労人口の割合からみると、前者はわずか五％から一〇％のひと握りのセクトで、残りは全部後者に属するというのが私の言いたいことです。プロドライバーのみなさんは、あきらかに後者の人生選択肢でハンドルをにぎっておられる、いや、握るべきだと言いたいのです。

サヨウナラ「サラリーマンって気楽な稼業」

ひと昔前に、植木等さんのヒット曲の歌詞に、「♪サラリーマンは気楽な稼業ときたもんだ！♪」ってのがありました。いったん入社すれば、定年までのんき気に勤務できるってのが、当時の日本の経済社会でした。実力の差があろうとなかろうと、所得格差もあまりなく、でした。

ところが、現在ではホワイトカラー族の世界でも、終身雇用制や年功序列給制が崩壊し、代わって実力・成果主義賃金とか、契約社員制とか派遣社員制とかいったドライな雇用契約が横行する経済社会に突入しました。「雇用形態の変革時代」です。知識・頭脳型のホワイトカラー族とて安閑としておれません。シンドイことではありますが、サラリーマンの人たちにとって、かつてない厳しい時代になったのです。

ＩＴ（情報技術）技術者人生

一方、高給が約束されるＩＴ技術者とて、日進月歩の技術革新に対応するには、息を抜く間もないほどの勉強、ベンキョウです。さもなくば、ぞくぞく後から参入する若手精鋭のライバルに自身の職場を追われるような時代です。現在では英語も堪能な外国人ＩＴ頭脳労働者の移民がそれに拍車をかけているのです。

しかも、そうした人たちの中には、仕事が好きとか、嫌いとかいった選択肢ではなく、自分に合った内容の仕事であるかないかの別なく、ただがむしゃらに稼ぎたいって感じの生きざまや生活感すら垣間見られるのです。その人たちは仕事を家に持ち帰ってすることなんてザラです。大きなストレスや、ときにはライバルの台頭がもたらす恐怖感や緊張感や挫折感といった落とし穴や壁に直面することだってあるのです。何と言っても、そうしたセクトの人たちはマイノリティー（少数派）なのです。もっとも、こんなことを言いますと、IT技術者はマイノリティーではあるが、このような生き方を余儀なくされている労働者はマジョリティー（多数派）だという指摘もあります。サラリーマンにとっては何とも厳しい時代ではあるのです。

ともあれ、こうしたＩＴ技術者の人たちとて、昔みたいに、いったん入社したら定年まで安心して勤め通せるってことは期待できないのです。高給取りであることと裏腹に、より優秀なライバルの出現によって追われる立場にもなり得るのです。まず第一に、そうした人たちにとって、現役でバリバリ活躍するには、精神的、肉体的な限界もあるのです。この道のプロに言わせれば、その限界年齢は四十歳代前半そこそこだとも言えるほどハードな仕事です。こうした頭脳労働者の生き方を「ハイテク技術者人生」と呼ぶことにしましょう。

職人芸的技能者人生

それにひきかえ、プロドライバーの皆さんが心掛けることといったら何でしょう。まず事故を起こさないように、マナー良く、営業トラックの諸経費削減を心掛け、かつ好きなハンドルを握って黙々と仕事に励めばイイのです。仕事が終わって車庫にトラックを入れ、ドアロックをした途端、仕事から解放されるのです。仕事の一部を家に持ち帰って、といった職業ではありません。

第一、職業そのものに「陳腐化」はありません。運転免許を維持するための猛勉強ってシロモノは無用なのです。経験年数とともに、自然に運転技術も身についてくるのです。この意味では、植木等さんに♪ドライバーってのん気な稼業♪ってな調子で歌ってもらってイイかもしれません。と、これは駄洒落です。

カー・レーサーを目指すなら別ですが、プロのトラックドライバーなら、安全運転技能という与えられた職務の習熟度を高める、いわば、職人芸的な技能者ぶりを発揮することで立場を全うすることができるのです。本書の表紙にあしらった〝ザ・プロフェショナルズ〟、すなわちプロの中のプロ、絶対に事故を起こさない生粋のプロドライバーを目指せばイイのです。完璧な職人芸的なプロドライバーがそれなんですが、このような生き方を「職人芸的技能者人生」と呼ぶことにしましょう。

そうした生き方のためには、ハイテク技術者みたいに絶えず新しい技術や知識を習得しなくてもイイのです。ザ・プロフェショナルのドライバーを自他ともに演じることのできるドライバーの皆さんであれば、定年まではおろか、定年後でも元気であれば、何らかの形でハンドル人生を演じ続けることができるのです。

ドライバー人生は息が長い

そう言えば、先に述べた全ト協のドライバーアンケート調査に関連した面白い数字がありま
す。「運転を生涯の仕事と考えていますか」に対する回答です（図４）。
イエスと答えたドライバーは、何と五九・六％です。前回調査では五六・〇％で、定着率の
向上を反映しているのです。さらに興味あることは、「何歳ぐらいまで続けたいと考えています
か」に対し、これまた何と、「五十一歳以上」に〇をつけたドライバーが八二・七％（前回は八
〇・一％）もあるのです（図５）。ＩＴ技術者にとっては考えられないことかもしれません。
「六十歳以上」という設問がないのが残念なのですが、こうしたプロドライバーのみなさんの
意欲は、あきらかに現在の職業を天職（コーリング）と受けとめ、かつ体力的にもそれが可能
であるということを自他ともに物語るのです。

発想の転換で見直そう、プロドライバーの強み

ところで、プロドライバーの皆さんが定年後に可能な仕事はどんなものがあるでしょうか？
自問自答してみてください。軽貨物個人事業者の中にもドライバー第二人生を演じている人
がいます。タクシー業界や各種団体施設などのマイクロバスのオペレーターにも見受けられる
のです。
こんなことを考えてみますと、こんなに楽で、将来性もあり、しかも収入もほどほどで、安

図3　運転を生涯の仕事と考えていますか

（回答者数:2,463人）

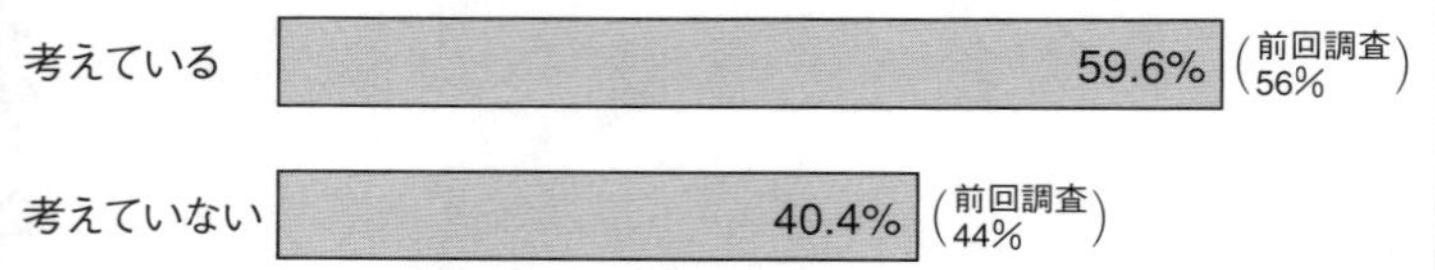

▶ 運転を生涯の仕事と考えているドライバーは59.6%と、昨年調査の56.0%より増加し、定着率の向上を反映している。

全日本トラック協会ホームページより

図4　「考えている」と答えた方へ 何歳ぐらいまで続けたいと考えていますか

（回答者数:1,390人）

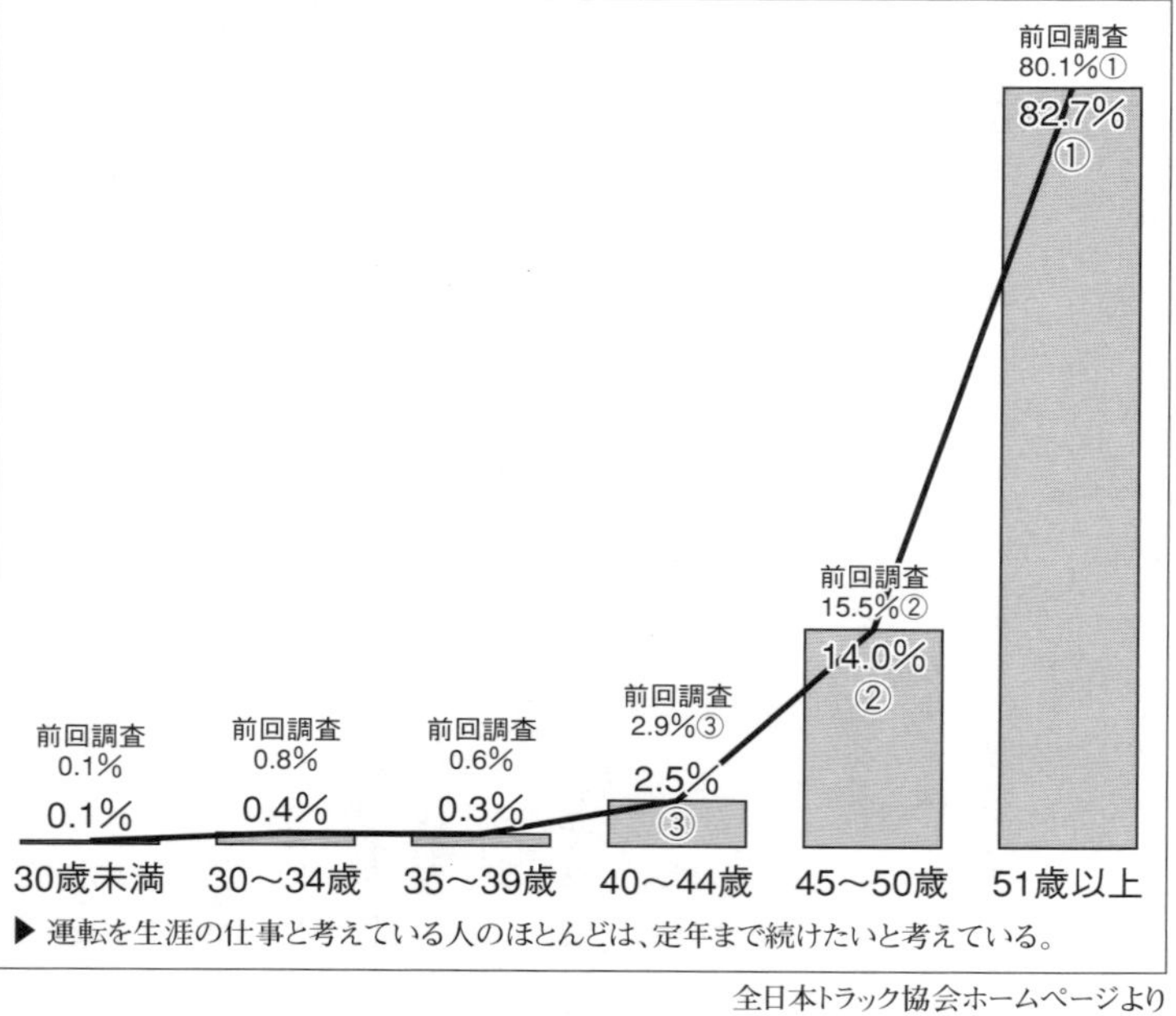

▶ 運転を生涯の仕事と考えている人のほとんどは、定年まで続けたいと考えている。

全日本トラック協会ホームページより

定した職業ってほかにあるでしょうか？　と、ここでも自問自答してみてください。ちなみに、健康管理は職業の別なく、知識・技術習得以上に大事です。ハイテク技術者はプロドライバーの皆さんに比べて、むしろ心身両面における健康管理の自助努力が求められているのです。優秀なＩＴ技術者は健康管理のための投資を怠りません。おカネと時間をかけてスポーツジムなどで汗をかいているのです。

対してプロドライバーの皆さんは、貨物の積み降ろしなどを適当な運動と受けとめるならば、おカネを稼ぎながら体操しているのだ、という解釈も成り立つでしょう。ここでも発想の転換が成立するのです。

安全五則さえ守ればＯＫ？

このように考えてきますと、プロドライバーの地位を守るための自助努力はといえば、ＩＴ技術者のそれみたいな厄介な精神的労苦や勉強も必要としないのです。それこそ、トラック運送事業の「安全・確実・迅速」をはじめ、警察行政が提唱される次の「五則」を淡々と守ってハンドルを握れば済むことです。

(安全運転五則)

「1．安全運転を必ず守る　2．カーブの手前でスピードを落とす　3．交差点では必ず安全を確かめる　4．一時停止で横断歩行者の安全を守る　5．飲酒運転は絶対にしない」

（高速道路安全運転五則）

「1．脇見運転をしない　2．急ブレーキ、急ハンドルをしない　3．安全速度を守る　4．車間距離を保つ　5．路肩を走行しない」

せっかくですので、高齢社会を踏まえたもう一つの五則を記しておきましょう。プロドライバーの皆さんが持つべきそれは、弱者への「思いやり」であると同時に、ドライバーが自他共に心すべきことであるからです。

（お年寄り交通安全五則）

「1．横断は安全な場所を選び、ななめ横断はやめましょう　2．交差点では左右をよく見て安全を確かめましょう　3．夜の外出は白っぽい服装で目立つようにしましょう　4．酒を飲んで自転車に乗るのはやめましょう　5．体調の悪いときは車の運転を避けるようにしましょう」

なお、昨今のことですから、パソコン端末機のキーボードの入力くらいは近代プロドライバーの必須条件になりつつありますよね。でも、肝心の仕事である「ドライブする」ことが好きで好きでたまらないということになれば、こんな素敵な職業ってない、と言えるのじゃないかな？と自問自答してみるのはどうでしょう？　うらやましい！　というのはこの辺りのことでもあるのです。

と、こんなことを言いますと、ドライバー職業をそんなふうに甘く見ないでくれ、おれたちの仕事は結構シンドイのだ、といった反論もあろうかと思うのです。しかし、そういった反論は、プロドライバーという職業の本質を、実は当の本人がよくご存じないからだ、というのが私の言い分です。この本を読み進んでいただくと、きっとお分かりになると確信します。

ある女性の弁「（ダンプトラック）ドライバーって楽なもの」

本書出版計画を早くから知っていた私の友人が、参考になればと語ってくれたことがあります。ある女性（現在三十四歳）の職業遍歴の話です。彼女の最初の職場は銀行でした。二年間の銀行勤めの後に選択したのが司法書士事務所勤務。五年後には転じてダンプトラックのドライバーになったのです。その後、足かけ一〇年間近いドライバー人生を送った彼女は、現在あるカーディーラーの事務員に落ち着いているとかです。四回の転職を体験した彼女の弁は「ダンプトラックのドライバーほど楽なものはない」ということだそうです。「この職業は女性やお年寄りに適している」とも言っておられるとかでした。さて、読者のプロドライバーの皆さんは彼女のこの弁をどう受け止められるでしょうか?

ところで、ダンプトラックのドライバー諸君と言えば、本書の狙いの一つでもある「個人トラック運送業者」の先発組でもあることは多くの読者の知られるところです。「白トラ違法行為」という言葉をご存じでないプロドライバーはいないですが、白ナンバーのダンプトラックの多くはその部類に入ります。もっとも、ダンプ業界はかつての運輸省でなく、建設省所管であったことから、白トラ行為の例外とされていたフシがあるのです。現在では国土交通省で一緒になったことからその去就に疑問符があるのではあるのですが……。

二〇〇人のダンプトラックドライバーを前に講演

ついでの話で恐縮ですが、ダンプトラックのドライバー諸君を前に講演したことがあります。本書の初期原稿第一、第二章を私のホームページに掲載していたことから、群馬県中小企業団体中央会幹部の方の目にとまり、講演依頼が舞い込んだのです。昨年一月のことでした。

約二〇〇人のドライバー諸君と十数名の経営者の方々を前にして講演したのです。同県北部で建設中の巨大ダム工事現場で活躍するダンプトラックドライバー諸君が対象でした。「トラックドライバー諸君に贈るエールと期待」と題して熱っぽく語りました。群馬テレビも取材にきて、その夕刻のニュースで私の講演姿が放映されました（写真1）。先ほど述べたダンプトラック経験の女性の弁を知っていたら、そのことを講演で語っただろう、と今にして思います。

考えてみれば、積み荷の積み降ろしが運転台のレバーひとつの操作で労力を伴わないということから、ダンプトラックの運転業務が楽であることは事実です。その裏返しに、比較的に低運賃が相場です。しかし、その低運賃に耐えられる体質として発生したのが零細個人事業者としてのダンプトラック操業という図式があると考えられます。その個人事業者に期待されるものは、自己責任意識を背景にした「マイナーリスク・マイナーリターン」（ほどほどのリスクに

写真１

物流ニッポン LOGISTICS NIPPON

2003年（平成15年）２月17日（月曜日）

プロの誇り持ち仕事を

あがつま物流機工センター

安全輸送推進大会　ドライバー、意識高揚

【群馬＝小瀬川厚】協同組合あがつま物流機工安全管理センター（佐藤今朝司理事長）は九日、大型トラック安全輸送推進大会を開催。ドライバー二百人が参加したほか、地元テレビ局も取材に訪れ、安全意識の高まりをうかがわせた。

佐藤理事長が「交通事故は企業の存続にかかわる。吾妻川上流域でのダム建設工事も本格化しており、公共工事に携わる者として事故は排除しなければならない」とあいさつ。

吾妻警察署の高田栄治署長は「地域の安全と交通事故防止」をテーマに講話を行い、「昨年は全国の交通死亡事故が減少する中、当県では大幅に増加した。重大事故を起こすドライバーには一定の傾向がみられる。車内が非常に乱雑だったり、気分にムラのあることが多い。プロ意識に徹してほしい」と呼び掛けた。

また、ロジタント（広島県東広島市）の吉田祐起社長を講師に招き、特別講演を実施。

吉田氏は運送会社を経営していた当時の体験も交えながら、「運転免許は文字通り〝免じて許して〟もらっているもの。このことを強く自覚し、感謝の気持ちで免許証を大切に扱うべき。安全運転は小手先のテクニックでなく心の問題。公共の道路を職場としているのはプロドライバーだけであり、誇りを持って仕事に取り組もう」と訴えた。

吉田社長を講師に招き特別講演も実施

対するほどほどの報酬）という評価であるかもしれません。それにしても、このダンプトラック体験の女性の弁は、今後のドライバー研修の格好の題材たり得ると考えます。

素敵です、お先にどうぞの笑顔

この言葉は全国の交通安全運動スローガンです。「笑顔」についてちょっと興味あることをお伝えしましょう。笑顔が出るのは何かイイことを見たり聞いたりしたときとか、他人からイイことをしてもらったり、イイものを貰ったときです。その見返りに笑顔が出てきます。でも、このスローガンの場面を想像してみましょう。トラックを走らせているとき、その前方の横断歩道を渡ろうとしている人を目ざとく確認します。総重量二〇トンもの巨体のトラックに、やっこらさ〜と、ブレーキをかけ、余裕をもって停車します。手まねきと笑顔で〝お先にどうぞ〟とするのです。〝ありがとう！〟と身体で示して横断歩道を渡る人はもとよりですが、その光景を第三者が見たら、思わずつぶやくでしょう。〝素敵なドライバーさん！〟と、ネ。

この場合のドライバーさんが見せた笑顔は歩行者からイイことをしてもらったことによって出てきたものではサラサラありません。でっかいトラックという〝強者〟の立場にあるドライバーが、無防備の歩行者という弱者の立場にある人に対する「思いやりの心」から生じてくるべき笑顔なのです。それだけに素敵なのです。

そこでプロドライバーの皆さんに大きなヒントをお伝えしたいのです。イイことに出くわしたら笑顔が出るのだから、逆にイイことがなくても常に笑顔を心掛けていたらイイことが転がり込んでくる、ということです。貨物の積み地や降ろし地で接する関係者に、笑顔で「まいどありがとうございま〜す！」の笑顔で挨拶ができれば、お客さんも笑顔で「ごくろうさ〜ん！」と笑顔も出てくるというものです。「感じのイイ運転手さんだ。運賃を値切ってカワイソ〜！」となるかもしれませんね。「笑う門には福来たる」です。

それにしてもですが、「思いやり」は自身が幸せであってこそ出てくる気持ちです。その点、プロドライバーの皆さんは好きなハンドル握って生活できるという幸せ感を持っていることでは有資格者であると思ってください。

5　プロドライバーはモータリゼーションの花形職業だ、ガッツでいこう！

日本列島全国津々浦々を縦横無尽に走るプロドライバーの皆さんは、文字通り「モータリゼーションの花形職業」だと自負してイイと思うのです。プロドライバーの社会的誇りであり、使命感で、平たく言えば、ガッツ感を持って働ける職業です。

トラックが止まれば日本経済・国民生活のすべてが止まる！

ＩＴ（情報技術）がもたらす生産・流通・消費活動も、しょせん、原材料や商品が輸送されてこそ成り立つのです。トラック輸送なくして日本経済も国民生活も維持できません。本書の冒頭で紹介した、全ト協の「Without Trucks Japan Stops」（トラックがなければ、日本のすべてが止まってしまう）がそれを言い当てているのです。花形職業だ、とガッツを持ってください。ちなみに、このスローガンの元祖はＡＴＡ（アメリカトラック協会）のWithout Trucks America Stops（トラックが止まればアメリカが止まる）です。一九九三年の米国取材体験記を翌年に発表した折に書きました。

さて、それはそれとして、そのガッツ感の行き過ぎなのか、大型トラックドライバー特有の「優越感」による事故が気になります。運転席が高いことからくる、ある種の「高ぶり」に似たドライバー心理が背景にあると思うのですが、せっかくのガッツ感を誤って行使したドライバーの落とし穴と言いたいところでしょうか？

高級外車ドライバーを目の下に見ながら、あたかも見下したかのような気分を味わいながら、と言ったら叱られるかもしれませんが、事実、図体の大きなモノには、小さいモノに対する優越的気分がまま発生します。とすれば、のことですが、強者が弱者をいたわるココロにそれを転じてほしいのです。そうです、他のすべてのモータリストたちに思いやりの心をもって「模範運転マナー」を示してほしいのです。文字通り、プロのトラックドライバーが花形職業であるといった印象を自他共に演じてほしいのです。前述した安全運動スローガンの精神がそれです。

6　「天下の公道」が職場だなんて、カッコいい！　でも責任は重大だ

「モータリゼーションの花形職業」である、といったプライドや自負心に平行してのことですが、プロドライバーの皆さんが大きな声で自称すべきことは、「俺たちの職場は『天下の公道』なんだ！」といった、ある種のカッコ良さへの自覚と自負心です。

ドライバーの職場は危険がいっぱい

同じ職人芸的人生でも、精密機械を操作する職人さんや、鉄工所の旋盤やプレス盤などを操作する職人さんたちとは、誤操作した（しくじった）ときの結果において、大きな差があることは否定できません。前者の場合は、その仕掛品がおシャカになってしまったとか、職人さん自身が誤って指を切断する、とかいった結果です。

一方、プロドライバーの皆さんが失敗したら、時として、縁もゆかりもない他人の生命をも奪うかもしれないのです。発生した事故による交通遮断や渋滞で、不特定多数の住民やドライバーに大きな迷惑や経済的損失を与えることにもなるのです。

こんなことを考えますと、プロドライバーの皆さんの責任は重大です。これは裏を返せば、それだけに大きなやりがいのある、カッコいい職業であると自負できるのです。

交通事故による死亡者の実態

平成十五年の全国の交通事故による死亡者数は七、九九三人です。死者数が八、〇〇〇人を下回ったのは、実に四六年ぶりです。そのうち、六五四人（全体の約八・二％）の犠牲者は、みなさん方の業界であるトラック運送業者が起こしたものです。ちなみに十四年度のそれは九・一％でした。天下の公道を職場とするプロドライバーにとって、交通事故防止は皆さんに課せられた社会的責務と心得るべきです。

社会的責任が大きければ大きいほど、その裏返しにそれを果たしたときの満足感は大きいと考えるべきではないでしょうか。

「免許（ライセンス）」の意味

ちなみに、皆さんが持っている免許証の「免許」の意味って何でしょう。ここは、「特別に免

図5　全国交通事故発生状況

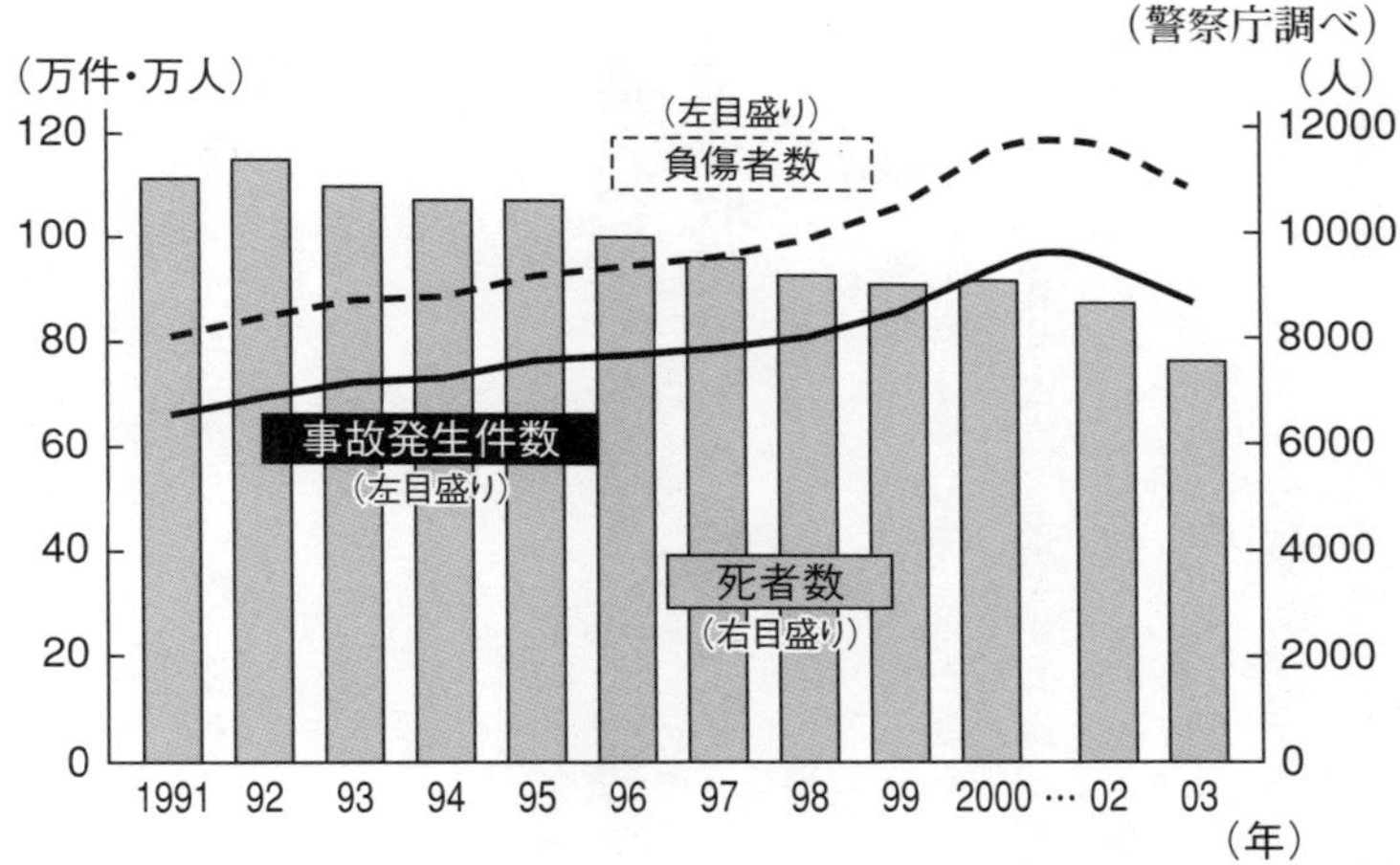

日本経済新聞記事より

じて、許してもらって」ハンドルをにぎる、と受けとめてください。トラックを運転して生活することができる、という「特権」を行使する者に課せられた、それは「義務」であると心得るべきです。

ところで、「免許」の英語は、「ライセンス(license)」です。皮肉なことですが、全く同じ綴りの単語で「気まま・放縦・無法・型破り・破格」といった意味にも使われています。青年時代に付き合っていた米人宣教師さんが、この単語を指して「自由のミスユース（誤用・はきちがえ）」と教えてくれたことがあります。運転免許を持つ者が抱くべき反面教師としての「戒め」としたいものです。

今にして思うことがあります。それは、ライセンスの別の意味が「型破り・破格」ということから、先に言った「免許とは免じて許される破格・型破りの権利」ということになるかもしれません。国民皆免許時代ですので、免許はもはや希少価値でなく、したがって、破格で型破りの資格ではないでしょうが、プロのドライバーにとっては免許という言葉の持つ本来の意義を再認識して、その職を全うする心掛けが大事です。

7　他人に采配されず、自己判断で稼ぎながら、情報収集できる職業って、ステキじゃない？

プロドライバーの皆さんは、いったん「天下の公道」へ飛び出たら、仕事（運転）中は雇用主の社長さんといえども、とやかくの采配はとれません。社長さんの声も手も届きません。ドライバーの皆さんの自己判断で、ハンドルをさばいて行くのです。タコグラフとか、デジタコという名のチェック機能は運転業務が終了した後にあるのではありますが、それは結果のチェックであって、そのときどきの采配は全く受けません。もっとも、そのことを意識したドライバーの運転態度の改善は大いに期待はできるのではありますが……。

こうした意味では、上司や同僚への気配りとか気兼ねとかいったことなどによるストレスからは完全に開放されているでしょう。事実、私がつくったバーチャルQ＆A「ドライバー以外の職業を選ばなかった理由は何だろう?」の一つにある、「上司や仲間との人間関係づくりが面倒くさくて苦手だから」ということが否定できないのです。

実力主義が定着しつつある昨今、ホワイトカラー族の勤務条件や賃金管理は、在宅勤務とか、裁量労働制とかいった形のものに変身しています。営業実績の結果で評価されることから、通勤や在社勤務に伴う設備・諸経費などの無駄を省くのを目的にした制度ですが、この辺りのことになると、プロドライバーの皆さんはそうした制度を先取りした、時代の先端を行く職業だ、とさえ言えるでしょう。

運転台はステキな個室　学びと趣味の近代装備空間

誰にも采配されることなく、マイペースで、すべて自己判断でハンドルを握るのです。英語で言えば、文字通り、I am my own bossです。おれは俺自身のボス（管理監督者・親分・かしら）だ、おれが親分だ、という意味です。

さて、ここで強調したいことがあるのです。プロドライバーの「特権」とでも言えるものを挙げてみましょう。他人に気兼ねをすることなく、しかも自身が納得できる形で働けるという特殊な勤務条件がプロドライバーの職業ですが、その一方で、プロドライバーの皆さんは、考えようによっては実にお得な職業人であると言いたいのです。

ほかでもありません。仕事をしながら、稼ぎながら、片方ではラジオとかテープ、はたまた、CDという情報機器を存分に活用できる、ということです。スイッチひとつで、好きな音楽やニュースや教育番組を聴けることです。パソコンに向かうIT技術者はそんなことを許されないでしょう。

前に述べたリストラで退職した中年の大手企業ホワイトカラーの人がこのこと（運転台はステキな個室……）を読んでメールを寄こしてこられました。「好きな運転をして稼ぎながら、ボクは英語のテープを聴きます。なんてステキな職業でしょう！」と。

運転席でともに夜明けを　ラジオ「走れ！　歌謡曲」快走、三十五年目を迎える

昨年八月八日の日本経済新聞「文化」欄のコラムに、このタイトルのエッセイが目にとまりました。文化放送プロデューサーの南里慎二さんという方のエッセイです。放送室で活躍される「初代のパーソナリティーとして人気のあった成田あつ子さん」の写真もあります。

日本経済新聞と言えば、経営者必読の経済新聞です。その文化欄のプロのトラックドライバー諸君を対象にしたラジオ番組を題材にしたエッセイ、というところに興味を持ってほしいのです。あ、それって、オレは毎晩聴いてるぜ、という長距離専門のプロドライバーも多いと思います。そんな方にとっては、野暮なコメントになるかもしれませんが、プロドライバーという職業のオモシロさの一端として同エッセイの一部を紹介しましょう。

「走れ！　歌謡曲」は一九六八年十一月十九日午前三時から二時間番組でスタートしたそうです。トラックドライバーに向かって放送を続け、三五年目の長寿番組になったのは、番組のパーソナリティー（個性のある人・タレント・有名芸能人）と聴取者との濃密なつながりがあったからだ、と著者の南里さんは冒頭に書いておられます。

当初は六人の女性パーソナリティーでスタート。ホームページを見れば現在は一〇名の美女揃いです。語り役だけでなく、自らもレコード（現在はＣＤ）を回すワンマン・ディスクジョッキーです。

初代のパーソナリティーで人気のあった成田あつ子さんが一九七五年に脳しゅようで亡くなられたのですが、別の曜日の担当だった西條ゆり子さんの放送に一緒に登場して、マイクを前に手を取り合って泣き続け、感動的な放送になったそうです。

美空ひばりさんが、二〇年前に一回だけ生放送のパーソナリティーをつとめたときの思い出も述べておられます。

まだ交通情報も十分でなかったとき、ドライブインで一休みしているドライバーから寄せられる渋滞や天気関連の情報は貴重だった……、とも。

「女性運転手が増える」とも述べておられます。当初の人気リクエスト曲は、菅原文太、北島三郎、八代亜紀などの、映画「トラック野郎」に出てきそうな曲だったが、今では女性ドライバーの進出で、「モーニング娘。」などの今風のヒット曲が目立つ、とも。

仲間を呼び集める通信手段も無線から携帯電話の時代。「どこかで飯食おうよ」という仲間同士の連絡も、番組へのリクエストも、携帯電話をピコピコ押してメールで、とも述べておられます。

著者の南里慎二さんはこの番組制作にかかわって約二〇年。その番組の持ち味を最大限に生かす基本路線は、パーソナリティーと聴取者との強い連帯感。番組を支えるプロデューサーとして、パーソナリティーを務めたことを誇りに思えるような番組を走らせ続けたい、と結んでおられます。

プロドライバーの皆さん、どうでしょう、お金を稼ぎながら、趣味の歌謡曲番組を楽しみながら、その番組の情報提供者としての役割も果たしながら、仕事に精出すことができるなんてステキじゃないですか!

考えてみますと、稼ぎながら情報収集ができるって「特権」であり、「役得」でもあります。そんなことって、別段自慢できる職業の特権ではないさ、と思わないでほしいのです。プロドライバーの皆さんの職場環境そのものである「運転室」が、活用の仕方で学びや娯楽の場に転じ得るのです。そんな職業がほかにあるだろうか?　と自問自答することも必要です。自分の職業の良さを自覚するひとつの要因と受けとめてはいかがでしょうか。そう言われてみれば、そうかな?……と思ってもらえるだけで、この本を読んでもらった価値があるというものです。

8　モノとサービスとココロとゲンキの「配達人」ってステキじゃない？

文明社会はモノとヒトが「動く」ことから始まった　その主役はあなただ！

〝「運送屋」の運ちゃん〟は過去の間違ったイメージとしてこの際、キッパリと捨ててください。文明社会はモノやヒトが「動く」ことから始まっているのです。その一翼を担っているのがプロドライバーの皆さんです。背筋や胸をピ～ンと張ってください。毅然とした姿勢でハンドルを握ってください。

ヒトの動きは、自家用車や自転車や、歩くという様々の手段がありますので、ここではモノの動き（貨物輸送）について考えてみましょう。貨物の輸送手段も鉄道、船、航空機、トラックなどいろいろありますが、国内輸送はトラックが圧倒的です。

セメントの原石である石灰石の山は、掘り出してセメント工場へ「運ばれて」初めて、セメント完成品として付加価値が生じるのです。そのセメントも、生産工場のサイロの中で貯蔵されているだけでは、製造コストや金利という費用のかかる厄介なシロモノでしかありません。それを生コン工場や建設現場に「運んで」初めて、道路や橋やビルが完成して文明社会に役立つのです。

モノが動く、すなわち「物流」の担い手がプロドライバーの皆さんの役割です。その貨物が建設用資材でしたら、「国土建設に奉仕しているのだ！」といったガッツ感もあってしかるべきです。生活用品でしたら、「国民生活に貢献しているのだ！」と公言できるのです。食料品でしたら、「国民の食文化に貢献しているのだ！」ということになるでしょう。

そうした価値観や使命感は、モノを運ぶことから、サービスやココロを運ぶことにつながるのです。「運び屋から脱皮せよ」は運送会社経営者に共通したビジョンですが、それと呼応して、プロドライバーの皆さん自身がそうした職業観を持つことに意義があるのです。

ノミとハンマーで石を削る「石工」の職業観ＡＢＣＤ

わたしがよく引き合いにする「たとえ話」を紹介しましょう。プロドライバーの皆さんもこんな高い理念をもってハンドルを握ってほしいと願うのです。

ちょっと古めかしい時代を背景にした寓話になります。ノミとハンマーで石を刻んでいる四人の石工（職人）が主人公です。「あなたは何のために石を刻んでいるのですか？」という質問に対する四者四様の答えをバーチャルに展開してみましょう。

Ａの石工が答えました、「賃金を稼ぐため（食っていくため）さ」と。

Ｂの石工の答えは「石垣を造っているのです」と。

Ｃの石工は「大阪城を造っています」と答えました。

ここまでは著名な、ある経営コンサルタント先生の弁ですが、もう一つ、第四の石工の弁があるのです。これはヨシダのオリジナルです。

Dの石工曰く、「おれは乱世を治めるための居城を築いているのだ」がそれです。カッコいい！　と思いませんか？　どうでしょう、石を刻むという四人の共通の行為ですが、同じ仕事でも、やる人の心構えでこんなに差があるのです。次元が低いとか高いとか、理念があるとか、ないといったことになるのですが、同じ仕事をしていても、これら四人の石工の生きがい観や使命感はどえらい差があるのです。目の輝きや仕事に精出す姿勢には雲泥の差があるのです。仕事の成果にいたっては何をかいわんや、です。

プロドライバーの皆さんの立場に置き換えて考えてみてください。A型のドライバーでなく、B型からC型へ、さらにD型ドライバーを目指してほしいのです。

バーのホステスさんの変身ぶり

同じ職業でも心の持ち方で、することやることが、がらっと変わる例があります。実際に見聞きしたオモシロイことを述べておきましょう。あるスタンドバーのオーナーママさんが高齢になられたことから、かねて信頼していた一人のホステスさんに店の経営をゆだねました。雇われマダムって身分です。するとどうでしょう、彼女のそれからというものは、今まで貰っていたお客さんの名刺を見て片っ端から電話営業や会社訪問をし始め、あっという間にお店を今まで以上に繁盛させたのです。「心の持ち方」次第で、かくも大変貌をとげるのが人間なのです。

もう一人、スタンドのオーナー経営者ママさんから貰った挨拶状を紹介しておきましょう。曰く「……気持ちを新たに、再び年中無休で。日・祝は私だけの接客となりますが、どうぞお気軽に語らいにいらしてください……」と。経営者（オーナー）の気構えは見上げたものです。本書の本流でもある将来の個人トラック業者とオーバーラップさせることにいずれも価値があると思うのです。

「プロジェクトx　腕と度胸のトラック便物流革命が始まった」

「配達人」と言えば、もう一つ大事な運びものがあります。ココロ（心）です。あえてカタカナで書くのはほかでもありません。目に見えないのが心ですので、運ぶ対象を明らかにするために使うカタカナ文字だと思ってください。

プロドライバーの皆さんが運ぶココロとは、先に述べた「文明の発祥」である「モノとヒトが移動すること」の奥義に通じます。身近な話題を提供しましょう。

平成十三年五月二十九日にＮＨＫテレビ『プロジェクトx～腕と度胸のトラック便、翌日宅配～物流革命が始まった』が放映されました。ご覧になれなかった読者のために、ちょっとだけアウトラインを述べておきましょう。

プロドライバーの皆さんだったら知らぬものはいない、かのヤマト運輸の「セールスドライバー」が主人公です。北海道営業所のドライバー諸君が、小倉昌男社長さん（当時）の高い企業理念と経営方針を受けて、たった一個の荷物から幾多の苦難を乗り越えながら、今日の全国ネット宅配便という巨大マーケットを構築したドキュメントです。

スポットライトは同社が自負する「セールスドライバー」の活躍ぶりに当てられているのです。取締役全員が猛反対したのを尻目に、労組委員長さんが「（生き残るためには）おれたちが変わらなければならない！」と、経営トップの宅配事業進出政策に協力されたということです。

経営者の立場で感銘したことの一つは、小倉社長さんが社長を退任されたのを機に、北海道の全拠点をくまなく回られて、ドライバー諸君にねぎらいの言葉をかけられた、ということです。ドライバー冥利に尽きるのではないでしょうか。

宅急便という物流革命を実現したのは経営トップとしての先見と決断と実行力ではありますが、それに呼応して辛抱した現場のセールスドライバーたちが流した汗の結晶であることは申すまでもありません。プロドライバーの皆さんこそが革命児の役割を果たしたという意味で、ガッツの持てる職業ではありませんか！　と言いたいのです。

余談ですが、このテレビ放映のビデオを、わたしのクライアント会社がドライバー研修会に活用しました。一人漏れなく毎月の安全会議に参加してもらっていることから、同社で通算五回に及んだ会議でその都度一緒に観賞しました。自分たちと同じ職業にある人たちのドキュメントだけに、実に熱心に見入ってました。「ヒヤリハット報告」のあとに、全員がその感想を述べ合ったものでした。

ココロとゲンキの配達人

加藤房男さんと福士誠二さんという当時のセールスドライバーさんたちがインタービューで言われた言葉の幾つかを順不同ですが披瀝して、わたしが主張する「ココロの配達人」であることの大事さを代弁してもらいましょう。

「心意気（使命感）を感じた」「心を運びたい」「荷物の中に真心がつまっている」「満足感に満ち溢れていた」「主婦の立場になって」「十九年間支えになったことは、荷物がある！　ということだった」「真心を教えてくれた母への恩返し」「お客がしてほしいことをやらなければ」「人生における達成感を持つために」「大事なことはおカネのためでなく、使命感」「開発の面白さ」「お客さん宅の番犬が吠えるので、弁当の一部を残して食べさせた」等々、ココロにしみる言葉がそれでした。

「ゲンキ配達人」の役割を述べてみましょう。前述したヤマト運輸のセールスドライバーさんの例でも言えるのですが、北海道の雪の中を大事なお客さんの荷物を背中のリュックサックに入れて白い息をはきながら届ける元気な姿に、お客さんは感動すら覚えたと思います。

そのお客さんがお年寄りで、家に閉じこもりきりとしましょう。ドライバーさんが大きな声で「コンニチハ！　お変わりありませんか？　お荷物をお届けにきました！」と挨拶したら、確実にそのお年寄りのお客さんは喜ばれるでしょう。首を長くしてその荷物を待ってらしたら、なおさらです。「元気をちょうだいした！」ってことにもなると思うのです。

デフレ経済（このことは後で詳しく述べますが）で、シュンとして活力や元気の出ない感じの職場や家庭があるかもしれません。配達人の元気で爽やかな「まいどありがとうございま～す！」のひと声は、ひょっとして聴く人の心にゲンキを呼び覚ますことにもなるでしょう。

ココロにしみるコトバ

数年前のことですが、千葉県のクライアント会社オーナー会長に招かれて同社を訪問し、長時間の懇談と会食のあとに宿泊したホテルで、翌日曜日早朝のＮＨＫ教育テレビ「自分をみがく」から学んだことがあります。

元・一燈園（財団法人　懺悔奉仕　光泉林）同人・石川洋　師という人の対話（聴き手はＮＨＫの峰尾武男氏）でした。同師が言われた言葉を思わず書きとめました。爾来、今日に至るもプロドライバー諸君へのメッセージとして引用している言葉です。ドライバー教育にそんなことを？　と首をかしげられるのではないかな、と思うのですが、「配達人」という言葉も出てきますので、ちょっと見てほしいのです。

「つらいことが多いのは、感謝の心がないからだ。
苦しいことが多いのは、自分に甘えがあるからだ。
悲しいことが多いのは、自分のことしか分からないからだ。
心配することが多いのは、今を懸命に生きていないからだ。

行きづまりが多いのは、自分が裸になれないからだ」

同師は当時、満七十歳を迎えられるということから、次のような「七十歳成長訓」を語られました。

「何もないから、夢がある。

一人だから、万人を友とする。

若い人を先生にする。

言ったことは、成しとげる。

元気配達人になる。

本能のままでなく、「自覚律」が大事。

出逢いとは、新しい自分を発見することにある」

これら同師の言葉は一言一句、とっても味わい深いものがあると思いませんか？　どんな立場や職業や年齢の人たちにとっても、分かりやすい明快な教訓です。奇しくも、現下の「デフレ経済社会における生き方処方箋」としての価値がある言葉です。

プロドライバーの皆さんにこの言葉を大書したパネルでお話しすることの多い私ですが、ことのほか共感を得るのです。一言一句をプロドライバー人生のあり方に置き換えて味わうことができるからです。

同師は満七十歳（当時）になられてなお、あのような「成長訓」をご自身に課しておられるのです。「若い人を先生にする」は、若い現役ドライバー諸君に語りかける経営コンサルタントの立場にある私が痛感することしばしばでもあります。

「元気配達人になる」は、同師が満七十歳になられたのを機に「成長訓」として語っておられることに大きな意義を感じるのです。「七十歳にしてなお成長するための座右の銘」と受けとめるのですが、奇しくも同年輩の私自身のものとさせていただいているのです。

プロドライバーの皆さんもどうでしょう、単なるモノの配達人だけでなく、「サービスやココロやゲンキなど多目的の配達人」も演じることができる職業をすばらしいと思いませんか？　何とやりがいのある職業ではありませんか！

9　プロドライバーの定年後人生は「つぶしのきく人間」が演じられる！

「つぶしのきく人間」ってふざけるなよ、とお叱りを受けるかもしれませんが、この言葉は日本人より上手な関西弁をあやつるイーデス・ハンスン女史が、かつて講演で使われた言葉です。「つぶしのきく人間になろう」がそのテーマでした。「五十歳（当時）の私にとって、今は人生の折り返し点みたいなもの」と語られました。「折り返し点」ということは、もうひとつの五十年人生があるということを意識した生き方です。

デフレと高齢社会が求める「つぶしのきく人間」像

定年後人生どころか、その直前にリストラされて、何をしてよいやらと、戸惑っている中年の人たちも多いのです。「リニア（直線）型」人生を歩んできた今までの企業戦士は、専門以外のことになったら全くお手上げ、というケースもあるのです。こうした「つぶしのきかない人間」にはなりたくないものです。ちなみに、つぶしのきく人間は「サイクリック（循環）型」と呼ぶことができます。職業や趣味や生き方そのものを時代の変化に対応して多角的に変化させて生き抜く人生です。

プロドライバーのみなさんは、この辺り（つぶしのきく人間演出）のことはどうでしょうかね、と問題提起してみましょう。結論は、万事OK！　と言いたいのです。

ちょっとその前に、「つぶしのきく人間」になる必要があるかないかの論議も必要です。二十一世紀の日本は世界一の高齢社会です。総人口に占める満六十五歳の高齢者の割合は二〇〇五年で推定二〇％にもなります。少子高齢化が進むことから、労働人口も減少し、労働力不足が訪れるという説もあります。そうなれば、現在の高失業率も解消して、労働力の売り手市場時代の再来もあるだろう、といった楽観論もあるようです。

もしそういう時代に逆戻りすると想定しましたら、「つぶしのきく人間」になることなんて、必要でないかもしれません。労働力不足は就職機会に関する限り、現役労働者にとって有利であり、ために、定年後の新たな就職技術習得の努力などを必要としないからです。まず第一に、定年制そのものが延長されることは間違いないからです。つまり、「つぶしのきかない人間」でも現役の職業で何とか働けるまで働くことができる、と考えるからです。果たしてそうなるでしょうか？　おっとどっこい、そうは問屋が卸しませんよ、と言いたいのです。

働く場は減少の一途　転職するには「つぶしのきく人間」が求められる

経済学者でも預言者でもない私ですので、大言壮語は慎みますが、素人的考えだ、という批判を覚悟のうえの予測を述べてみましょう。プロドライバーの皆さんにとって、現在の職業の選択肢が将来的にも有利になる、ということを証明したいからです。

復習のためですが、「つぶしのきく人間」への努力が必要か不必要かは、就業機会の有無に関係します。そんなことからですが、ここでちょっと、その「就業機会」、すなわち働く場が求められるかどうかの実態を考えてみる必要があります。このことは、裏を返せば「失業者の実態」を知ることです。失業率を云々すれば、「デフレ経済」という経済問題に話が及びますが、詳しくは後で述べます。

プロドライバーの皆さんにとって、一見、日常勤務に関係のなさそうな経済問題を知らされることにどんな意義があるのか？　と、首を傾げられるのではないかと思うのですが、大いにあるのです。このようなことを知ったら、事故も起きないし、起こせないし、自分の仕事に対する高い認識も出てくるし、自分の職場と職業を死守する姿勢も出てくるからです。ちょっと辛抱して読み進んでください。

次章で詳しく述べますが、現在の日本（人）はデフレ経済であえいでいます。とりわけ製造業がコスト高の日本をあきらめて海外へ工場を移転するのに拍車がかかり、働く場がどんどん減っているのです。そのため、失業者の増大が続いています。賃金も下落しています。

雇用機会のプラス要因でＩＴ頭脳技術者がありますが、それとて、英語が堪能な外国人移民技術者にとって変わられそうな気配すらあるのです。日本人に「雇用ミスマッチ」（欲しい人材はいなくて、欲しくない労働力はあり余る状態）が発生しているのです。高給取りの頭脳労働者は外国人移民、能力の欠如した日本人は低賃金労働者もしくは失業者の仲間入り、といった皮肉な図式も一部では起きるでしょう。

製造業の雇用縮小　五年で一九〇〇万人転職が必要

失業者対策や雇用創出の一環として、政府は膨大な予算を投じて離職者を対象にした職業訓練や、大学へ社会人を受け入れて再教育することなどを発表しています。厚生労働省の研究会がまとめた試算によりますと、二〇〇六年までの今後五年間で約一九〇〇万人の正社員の転職が必要だということです。中高年を中心に製造業などからサービス業への労働移動を円滑に進める方策が課題になると指摘しているのです。つまり、一九〇〇万人の「つぶしのきく人間」づくりが必要だということです。いずれも時代に相応した新しい技術や知識を身に付けさせるという狙いですが、プロドライバーの皆さんには無用である、ということがオチなのです。もっとも、プロドライバーとて、ハンドルの上にノートパソコンをのっけて、帰り便貨物を検索するくらいの能力は必須ではあるでしょう。

ドライバーのつぶしのきかせ方処方箋

ちょっと、回りくどくなりましたが、ここで言いたいことは、少子化社会を前に日本の労働人口が減少することは確実だが、だからと言って、定年後でも働く職場が待ち受けてくれるということにはなりませんよ、ということです。

そこでですが、プロドライバーの皆さんにとってはどんな将来が待ち受けているだろうか、ということです。話が良すぎるのではないかと苦笑いされるかもしれませんが、皆さんが優秀なプロドライバーでしたら、定年後でも「つぶしのきく人間」になれるのだ、と言いたいのです。

先にも述べましたが、プロドライバーの皆さんは、定年後の職場でもドライバー職を全うすることができるのです。健康で優秀な業績のドライバーには、嘱託雇用として継続勤務する機会も与えられるでしょう。事実、大手特積み業者の一部では、定年退職ドライバーを対象登録とした「運転者派遣事業」を立ち上げています。企業労使がその可能性を認めているのです。

軽貨物個人事業者への転換やタクシー業界への転身もあります。昨今のリストラ旋風は、失業した元ホワイトカラー族がこれらの業界へ職場を求めているのです。新規参入です。プロドライバーの皆さんにとって、定年後人生における最大の就業機会の魅力があるのです。

ここにきて肝心の「つぶしのきかせ方処方箋」をお知らせしましょう。それは欧米物流先進諸国で主流となっている「オーナー・オペレター（個人トラック運送事業者）」への開業チャンスです。この制度は規制が根強いわが国トラック運送業界では未だに認められないものですが、軽貨物個人事業者の「普通車（二トン車以上）版」、もしくは、個人タクシーのトラック版、それにもう一つ、白ナンバーの大型ダンプカー個人営業の「個人事業者正常化版」とでも認識しておいてください。

「二十一世紀はオーナー・オペレターの時代だ」とは、物流業界で著名なある学者先生（故人）の弁ですが、かく言うヨシダはそのオピニオンリーダーを自負して大量の関連執筆活動を展開して今日に至ります。その具体的な内容は後のお楽しみです。

どうでしょう、プロドライバーの皆さん、世の中がどんなに変化しても、失業者が慢性化してもですが、あなたが健康で、モラルの高い、優秀なドライバーでありましたら、定年後人生を以上のように「つぶしのきく人間」として演出しつづけていくことが可能なのです。魅力ある職業だと再認識しませんか？

2章

現在の世の中、将来の世の中はどうなる？とすれば……

1　世の中の実態を知ってこそ、現在の自分の立場がナットクできるのだ！

ここまで読み進んだ読者にひと言お願い

さて、プロドライバーの皆さんは、本書をここまで読み進んでみて、現在の職業を選んだことを、まずはヨカッタ！　と思われたでしょうか？

それとも、ここまで読んでみて、どうも合点がいかないとか、おだてられたようでオモシロクない、といった反発を感じるドライバー君がいらっしゃるでしょうか？

もし、万々一のことですが、後者のような受けとめ方をされるドライバー君がいらっしゃるとしたらのことですが、正直言いますと、その方はこの先を読むことをあきらめてくださって結構だ、と私は思わないでもありません。そんなドライバーさんは、いらっしゃらないと信じたい一心ですが、もしいらしたら、そんな方はさっさとドライバー職をやめて、他人に危害や迷惑を及ぼさないような他の分野へ転職されたほうが賢明じゃあないですか、とご忠告申し上げたいのです。皮肉なことを申し上げてゴメンなさい！

前章で九節に分けて述べたプロドライバーの皆さんに対する精一杯の声援と励ましのメッセージですが、それでも理解できないドライバーだったら、先が思いやられると言いたいのです。ひょっとして、事故を起こしたり、飲酒運転もしかねない、心掛けやマナーの良くない性格のドライバー君ではないかな、と心配するからです。いわゆる、〝プロずれ〟した旧態依然のドライバー君になりかねないからだと言いたいのです。もっとも、そんな不心得な（失礼！）ドライバーさんの絶滅を願って書いたのが本書の目的ではあるのです。マジな話、です。

少しでも、う〜ん、そうかなあ、プロドライバーの職業って、そんなものと考えることが必要なのかなあ……、じゃあ思い直してガンバってみるか！　と感じることがあれば、引き続いてページをめくってみてください。読み進むにつれて、プロドライバーになってホントにヨカッタ！　と、ますます満足されるに違いないと確信するのです。

「井の中の蛙」になるな

さて、プロドライバーの皆さんに、このあたりでボツボツ知ってもらいたいことがあるのです。それは、皆さんが住んでいる「世の中」そのものについてです。エッ？　そんなことって、ドライバー人生にどんな関わりあいがあるの？　と言わないでほしいのです。お説教めいたものはイヤだぜ、おれたちの職業や生き方を考える上で関係ねえだろう、とはおっしゃらないでほしいのです。

人間って、誰だって言えることですが、自分自身の立場の優劣や幸不幸を自覚するには、他の職業にたずさわっている人たちの実態を知ることも必要です。世の中の実態がどうなっているのか等々を知ることも大事です。そうすることによって、自分自身を客観的に見つめることができるからです。

世の中がこうなんだから、あるいはこうなるのだから、この際、おれたちはこんな考えや人生観をもって生きていかなくちゃあ……、ということになると思うのです。とりわけ、自分の職業に対する価値観や実態などを認識するには、なんと言っても他人のそれを知ることも大事です。プロドライバーになってヨカッタ、マズかったの判断も、そこあたりからも出てくると思うのです。

ということからですが、この際、ちょっとばかり目を広く、大きく見開いて、皆さんの周囲を見回してみようではありませんか、と言いたいのです。

折しも、大前研一さんという著名な方が「身につけるべき経営幹部・一般のビジネスマンの習慣」と題したコメントを述べておられます。私のそうした主張を裏付けていることを誇らしく思うのです。曰く、「経営幹部はもちろんのこと、一般のビジネスマンも、世の中の変化に対する臭覚を磨き、自分のビジネスにどのような影響が出そうか、世界の中で起こっている変化の意味を常に自分の状況に照らして考える習慣を身につけておくべきだ」がそれです。

2 「デフレ経済」って、どんなものか知ってますか？

先ほどの「……つぶしのきく人間……」で出てきた「デフレ経済」のことをここでちょっと詳しく述べてみたいと思います。この「デフレ経済」は、プロドライバーの皆さんが世間に自慢できる〝ザ・プロフェショナルズ〟を見事に演じていくために、今、ぜひとも強く認識していただきたい経済問題なんです。お家で夕食を囲んで話題にされたら、一段とお父さんの、ご亭主としての値打ちが高まろうというものです。

申し遅れましたが、本書のタイトルにもある〝ザ・プロフェショナルズ〟って言葉の意味はご想像に難くないと思います。ひと口に言ったら、プロの中のプロ、ゼッタイに失敗しない、生粋の職人芸的プロ人間ってことです。「超専門的技能者」とでも呼べるでしょう。このことは後で出てきます。

トラック大学・やさしい経済学「デフレ論」ベンキョウのすすめ

プロドライバーの皆さんを相手に、経済学ではズブのシロウトの私が偉そうに経済論議をするってことでは決して無いのですが、このくらいの経済問題はジョウシキとして知っておくことも必要だと思うのです。

みなさんが運んでいる貨物の動向は日本経済そのものでもありますので、経済問題には大きな関心を持ってもらう必要があるのです。「トラック大学・やさしい経済学」ってな気分で読み進んでくだされば嬉しいのです。

現在のわが国経済の実態をひと言で表現する言葉があります。「デフレ」（＝デフレーション）です。プロドライバーの皆さん、「デフレ経済」って、何だか知ってます？「デフレ」という言葉が新聞やテレビに頻繁に出てくるようになりましたので、何を今さら、とおっしゃるかもしれません。

ここで私は、デフレの意味も理解せずして、本当の意味での良きプロドライバーになれっこない！　と言いたいのです。このことを知らなくては現在、そして将来にわたって生き残っていけないですよ、と言いたいのです！

現役で働いているプロドライバーの皆さんに、「デフレって何だか知っている人、手をあげてみてください……」とやりますと、ほとんど手があがりません。小さな声で、「それって、物価が下がることでしょう」が精一杯の答えです。「継続的に下落する」という言葉が正確なデフレ定義の一つですが、そんなとき、「インフレって何だか知っているでしょう」とやりますと、皆さんは一斉に手を挙げます。「インフレは物価が上がること」が、みなさんの答えです。「物価も上がった、運賃も上がった、ドライバーの賃金も上がった！」という、インフレの生活実感を体験しているのです。

その後で「インフレの反対がデフレなんですよ」と言ったら、即座に理解されます。インフレを知らない人はいませんので、その逆がデフレだ、と言ったほうが分かりやすいのです。ひと口に言えば、インフレは物価上昇。対してデフレは継続的に物価が下がり続ける経済状態のことです。

おっと、物価が下がるってイイことじゃあない、デフレ大歓迎だ！　と、都合のイイことだけを考えないでください。実は、デフレって、恐ろしいことなのです。

デフレ経済のプロセス（経緯）をもう一度、分かりやすく、今度はトラック運送会社と、そこで働くプロドライバーの皆さんの立場と並べて示してみましょう。ちょっとばかり、インテリ・ドライバー気取りで読み進んでみてください。きっと知っていてヨカッタ、と思うことがありますよ！

円高（一九八五年プラザ合意・国際的協調体制による）がことの始まり

デフレの最初の発生原因は「円高」です。案外と話題にされないことなのですが、今から一九年前の、一九八五年に、「プラザ合意」という国際的な約束事がなされたことが、事の発端なのです。日本の国際競争力（特に米国に対して）が強すぎて米国が困ることから、米国が音頭をとって国際介入し、当時の円の為替レートが二〇〇円～二五〇円だったものを、強引に一二〇円前後にした（された）のです。一説によれば、時の大蔵大臣・竹下登さん（故人）は、その国際舞台での外圧交渉では「縮み上がった」とも言われています。

ともあれ、これを「円高」というのですが、分かりやすく言えばこうです。当時、日本製のクルマを米国で一万ドルの価格で売っていたとしましょう。プラザ合意直前までは、二五〇万円の収入を日本のメーカーが得ていました。それが途端に、その半分の、たった一二〇万円しか入らなくなった、ということです。これではたまったものではありません。同じモノを輸出しても収入は半額になったのです。

さあ、それでは日本の輸出産業企業はどのように対処し始めたか、です。デフレになるのは、これからずっと先のことなのですが、円高はそのスタートラインになるのです。「デフレの元凶はプラザ合意による円高にあり」とやったら、インテリ・ドライバーって評価を受けること間違いなし、です。

国際競争力低下（輸出産業の海外移転が始まる）

さて、円高ということは、日本で、日本人の手でモノを作って輸出することは儲からなくなった、ということです。「国際競争力が低下」したということになるのです。輸出産業にとって、円高は不利ということです。

もっとも、輸入産業では円で支払う額が半減しますので、その分メリットが生じます。皆さんのトラックが消費する燃料はその最たるものです。もっとも、産油国が値上げしては、それ

図6　製造業の事業所数と従業者数

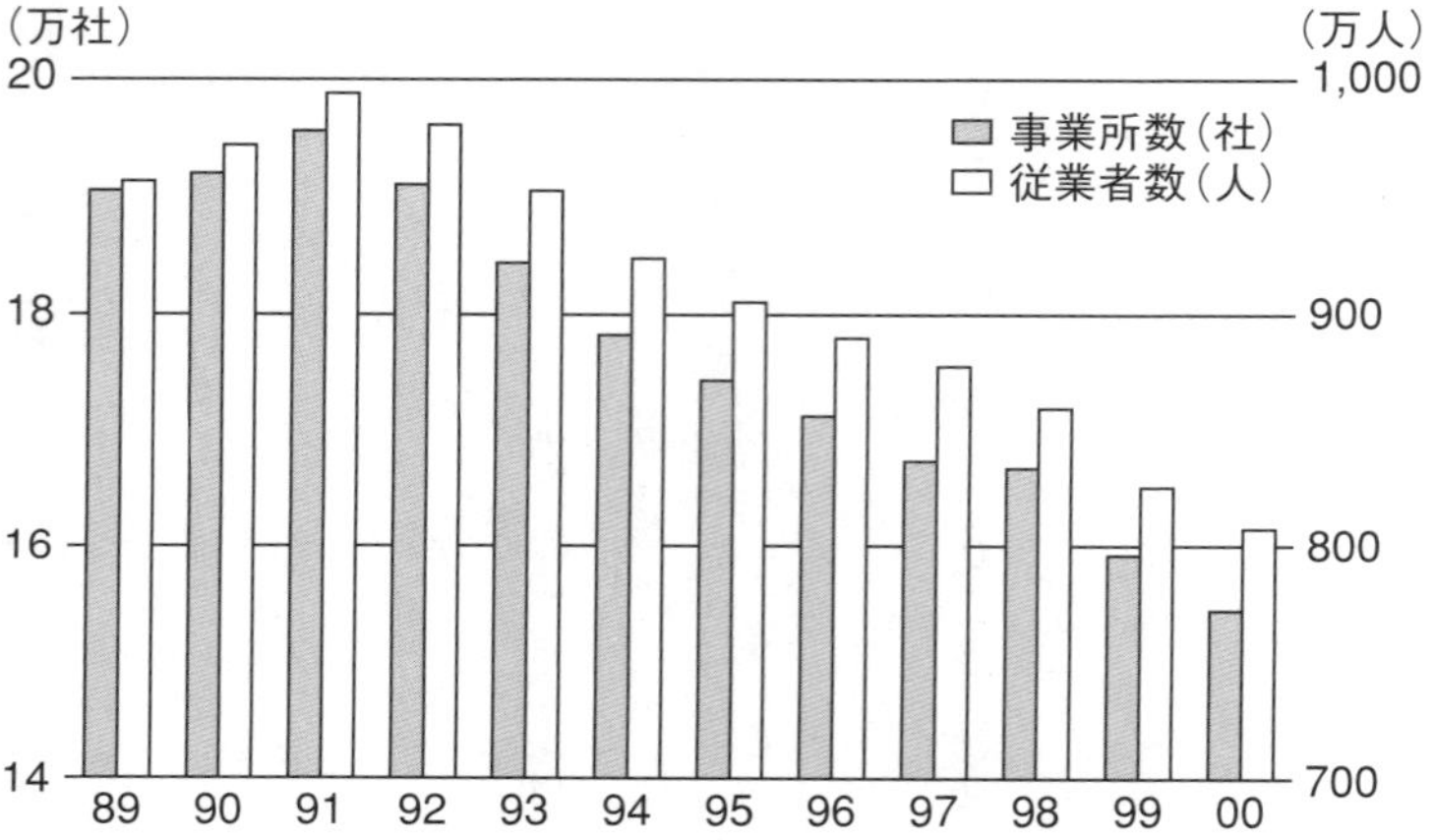

（経済産業省工業統計、従業者10人以上の事業所が対象）「WEDGE」2002 Augustより

も台無しになるのは仕方がありません。

この円高による国際競争力の低下に対応して起きたのが、「輸出産業の海外移転」です。

世界一高い賃金、世界一高い土地の日本を脱出して、賃金や土地の安い発展途上国へ工場を建てて、そこで生産して、世界市場や日本へ逆輸入するということが発生したのです。このやり方で成功した企業は数限りなくあります。身近な企業では「ユニクロ」があげられますね。私などはデスクに向かっているとき、もっぱらそのユニクロ愛好者です。

国内製造業の空洞化（職場の減少・人員削減の始まり）

製造業の海外移転によって発生したのが「国内産業の空洞化」です。国内の工場が空っぽになる現象です。ということは、そこで働いていた人たちは職場を失うことです。そこで生産され商品を運ぶトラック運送会社も荷主や貨物を失います。当然のことですが、いたるところで人員整理（リストラ）が発生します。円高を元凶としてデフレに陥り、製造業の空洞化が進行しているのですが、その恐るべき実態を示すグラフ（図6）をご覧ください。ご覧のように、製造業の事業所数や従業員数が激減しているのです。

不況感台頭（消費者マインドの後退）

工場が海外に逃げてしまいますと、仕事にあぶれる人が多くなります。消費者に「不況感の台頭」が生じます。不景気だフケイキだ、という消費者の心理が出てきて、モノを買わなくなるのです。財布のひもがかたくなるのです。「消費者マインドの後退」ってヤツです。

在庫増・生産過剰（需給インバランス）

モノが売れませんと、メーカーや卸業者の在庫が増えます。倉庫業者も貨物の倉入・倉出があって儲かるのですが、貨物が倉庫に眠っていては儲かりません。それにつれてトラック運送業者の取り扱い貨物量も少なくなるのは先刻ご承知のとおりです。

一方、メーカーは在庫がちょっと増えたからといって、すぐに生産を減らすことができません。オートメーションの流れ作業で、止めれば生産コストが高くなるからです。結果において

「生産過剰」となります。

難しい言葉では、「需要と供給のインバランス」と言いまして、消費者が消費する量とメーカーが生産する量がバランスよくとれていれば問題がないのですが、チグハグになってしまうことです。インフレ時代には、それがモノ不足をもたらし、デフレ時代ではモノがあり余るということです。

同じことが労働力についても言えるのです。プロドライバーの皆さんも、その「労働力」ですが、これが余ってきたのです。いずれもバランスが崩れた現象（インバランス）です。

物価（運賃・サービス料金）の下落

モノが余れば、モノの値段（物価）は当然下がります。モノだけでなく、それを運ぶ「運賃」も下がります。歩合給が主流のトラック運送会社ですから、みなさんの賃金もイイ結果にはなりません。ちょっと、生臭くなりますが、このことは後に出てきます。

モノの値段が下がれば、一般のサービス料金も下がります。運賃もサービス料金の部類です。理髪とかマッサージとかいった人件費そのものの「サービス料金」も下がって当然ですが、これらは最後の最後になるでしょう。

一時的な消費者の実質的購買力増加

さて、物価が下がること自体は消費者にとってイイことではあります。「一時的消費者の実質的購買力増加」といいまして、ちょっとの間ですが、消費者のモノを買う力が増えるのです。給料がそのままで、物価が下がるのですから、賃金は上がったということと同じです。晩酌にもう一本のビールを増やそうとか、マイカーを新しいのに取り替えよう、って欲も出てくるのです。ところが、それはつかの間のデフレのメリットでして、後から出てくる賃下げや失業者の仲間入りなどで吹っ飛んでしまうのです。

でも、バブルで膨れ上がったべらぼうな土地の値段が下落したり、物価が下がることはそれ自体、結構なことではあるのです。何せ、日本の物価は世界一で、世界一高い賃金の割りに充実感がなかったのですからイイことではあるのです。デフレ経済のせめてものメリットとしたいものです。でも、こういったことは案外と企業労使双方が話題にしていません。

企業売上減・利益減・返済金利負担増

消費者にとってこのあたりまではイイのですが、気が付いたら、消費者が勤めている会社の売上や利益が減少しています。

会社にとって、いままでの借金の返済元利金の負担がのしかかります。トラック運送会社で言えば、トラックのローン、車庫地の賃借料または購入資金借入金元利返済といった「固定費」

の負担増といった形で、経営が苦しくなることです。

設備投資減少（トラック代替延長）

そうなりますと、企業は一斉に「設備投資」を抑えるようになります。トラック運送会社では、老朽化したトラックの代替をあきらめて、八年ものを一〇年に、一〇年ものをさらに使えるまで延長する、ということです。

余談ですが、トラックの使用耐用年数は年々延びていますよね。ごく近年になって営業トラックの平均使用年数が一〇年を突破しましたが、私の現役時代は第一次オイルショック（一九七三年十一月）を機に、一気に一〇年、さらに数年後には一二年以上に延長したものです。オドロキでしょう！　トラックボディーの「さび止め」新商品処理サービス事業を導入したのが使用年数延長のきっかけではあったのですが、時代の先取りをしたものです。皆さんが乗っているトラックをいかに長く、大事に使うかが、みなさんの会社労使生き残り戦略の一つでもあるのですよ、と言いたいのです。

本格的な雇用調整（人件費削減のリストラ）

さて、その次に来るのは、企業の本格的な「雇用調整」です。モノが売れない、作っても在庫が多くなるだけですから、人を雇うことを調整することになります。近年の新聞紙上で絶えることのないほど報道される「人件費削減のリストラ」がそれです。そこで始まるのが本格的な「失業者の増大」です。詳しくは後に出てきます。

失業者が増えることは、働きたくても働く職場がないことです。働く人たち（労働者）の数があり余るということは、それを雇う側の経営者からみますと、労働力は「買い手市場」です。労働力を買う側に都合の良い状態です。その逆がインフレ高度成長時代の人不足による「売り手市場」でした。労働力を売る側の労働者に都合の良い市場がそれでした。それが逆転したのです。このあたりからデフレのボディーブローが出てくるのです。

失業者増大（賃金下落・雇用形態の変革）

「労働力の需給バランス」が崩れて、労働力が過剰になったら、労働の対価（賃金）が下がるのです。モノが余れば物価が下がる、と同じリクツです。

賃金が下がるってことは、皆さんにとって嫌なことではあるのですが、どうしても避けて通れないのがデフレ経済の落とし子であると言える「賃下げ」です。皆さんにとって嫌なシロモノですが、このことは避けずに、読み続けてください。

トラック運送会社で言いますと、貨物の量が減れば、トラックは余ってきます。トラックを遊ばせるより、少しでも動かしたほうがイイとばかり、運賃を下げても仕事を獲得しようとします。運賃ダンピングがそれです。そのしわ寄せがドライバーの皆さんに大なり小なりかかってくるのです。

さて、一般論としてですが、賃金が（も）下がることがデフレの一つの現象だ、とひとまず考えておいてください。そうは言っても、賃金問題は聖域だ、手を付けるべきでない、といった考えが企業労使に大なり小なりあることは事実です。

そこでですが、賃金引き下げに似た結果をもたらす制度として「雇用形態の変革」という動きが発生しているのです。正社員をできるだけ少なくして、パート、アルバイト、フリーター、請負制社員、派遣社員、契約社員等々へ転換するのがそれです。

極端な例は、仕事そのものを下請けに丸投げする、しようとする動きです。アウトソーシング（外部委託）という、れっきとした仕組みです。あとに出てくる「インデペンデント・コントラクター」（独立契約個人業者）もその傾向です。もっとも、こうした一連の動向は、日本企業固有の「年功序列給制」や「終身雇用制」といった賃金制度が行き詰まってきた結果でして、ここにきて、欧米諸国の賃金制度や雇用制度を「後追い」し始めた、という皮肉な見方もあるのです。

消費者の購買力・意欲減退

デフレが忍び寄ってきた初期の段階では、先ほども述べましたが、物価が下がるのに気を良くした消費者は、いったんはモノを買い始めました。一時的に高くなったかのような購買力がそうさせたのです。

しかし、周囲を見回すと、失業者がどんどん増えているのです。そうなりますと、他人事ではなくなってきます。残業賃やボーナスは少なくなり、明日はわが身、とばかり、財布の紐を締めにかかります。消費者の購買力や意欲が大きく減退してくるのです。モノを買うことを控えることになります。

供給過剰→更なる物価下落→企業倒産の増加→更なる失業者増加→「デフレ経済の悪循環（デフレ・スパイラル）」

消費者がモノを買わなかったら、更に物価は下落します。モノが売れないし、売れても採算割れということから、企業倒産も増えてきます。失業者も増大します。そのような繰り返しをデフレ経済の悪循環（デフレ・スパイラル）というのです。「雪だるま式」に景気が悪化していく状態になるのです。お金が雪だるま式に増えるのでなく、借金が増えるのです。現在問題になっている金融機関の不良債権処理の結果がさらにそうした悪循環に追い討ちをかけるでしょう。

今回のデフレは「南北平均化現象」大きなうねりは止められない？

以上が「デフレ経済」のメカニズムとシナリオですが、結果においてちょっとオモシロイ見方を述べておきましょう。それは「南北平均化現象」という耳慣れない言葉です。今から述べることを理解して家族や友人の皆さんに語ってくだされば「スゴイ考え方！」とあなたのお株が上がろうというものです。トライしてみてください。ホント！

南北というのは地球の南半球と北半球です。概して南半球は発展途上国が多い地域で、北半球は先進諸国の多い地域です。南は貧乏、北は金持ちと言ったら言い過ぎですが、どちらかと言えばそんな傾向が見られます。

ご存じのように二十一世紀は「グローバル経済」といいまして、経済の仕組みがグローバル化（地球規模化）しています。前に述べた「産業空洞化（日本の製造業が賃金の安い発展途上国へ工場を移転することで国内の工場が空っぽになる現象）」はその最たるものです。製造から商品の流れがボーダレス（国境無し）になってきているのですから、人の流れもボーダレスになりつつあるのです。国際的観光旅行というだけでなく、働く人たちの国際的移動が発生しているのです。商品の価格破壊どころか、人材の価格破壊までが発生しているのが現在のデフレでもあるのです。

さ、そこでですが、大きなうねりと胎動が見られることに注目してください。それは物価や賃金の高い国や地域ではそれらが下がり、逆にそれら（物価や賃金）の低い国や地域ではそれらが高くなる、という現象です。これが「南北平均化現象」です。この現象は地下のマグマのように止めることはできないと考えてください。

お気づきでしょうが、デフレ対策もあれこれと論議されていますが、あまり効果は期待できません。デフレの本当のメカニズムが結果として地球全体の平均化をもたらしつつあるのですから、日本だけの局地的な政策や手法ではできっこないのです！　そんなことから、デフレと対決する姿勢ではなく、デフレと上手に付き合っていくことを考えたほうが賢いと考えることが求められているのです。不幸なことですが、ほとんどの人たちがこのことに気づいていないのです！

と、まあ、偉そうなデッカイことを述べましたが、大事なことですので、デフレ論議のスペースをちょっと長くいただきました。デフレへの認識を持つことで、プロドライバーの皆さんが、これからの仕事にどのように対処していったらよいのか、ということになるのです。こうした経済的背景を十分認識すれば、皆さんの職場であるトラック運送業界の立場もよく理解でき、それにふさわしいプロドライバーの心掛けも行動も生まれてくる、というのが、「デフレ講義」のオチなのです。嫌なヤツ、と思わないでほしいのです。このことを認識する者のそれは、二十一世紀生き方処方箋の心得にも通じるからです。

3　失業者がどれほどあるってこと、知ってますか？

デフレ経済がもたらす様々の問題点の中で、プロドライバーの皆さんにとっても、無関心でおれないのが「失業者問題」です。失業組にはゼッタイにならないからダイジョ～ブ！　と思う方でも、この際ですのでちょっと辛抱して読み進んでみてください。ここにも、プロドライバーになってヨカッタ！　と思っていただけることがあるからです。

今、失業者の数や率はどのくらいあるのか、プロドライバーの皆さんはご存じでしょうか？　そんなことって、知らねえや、とはおっしゃらないでほしいのです。

デフレが戦後初めてであると同様に、実は、失業率や失業者数も戦後初めての規模になっているのです。皆さんの同僚仲間のプロドライバーでも、一時的に失業している人がいるにちがいありません。でも案外と、失業保険も切れて路頭に迷っているプロドライバーはあまり聞いたことがありません。日本全国で五万八千数百社、ドライバーの数にして八〇万人を突破する大きな労働市場のトラック運送業界ですから、どこかに潜り込んでいるし、潜り込めるからでしょうか。

しかし、現在のような「失業者慢性化」の時代では、プロドライバーの世界でもライバルがどんどん出てくることを知る必要があります。「ドライバー職への新規参入組」がそれです。事故をよく起こしたり、マナーの良くないドライバー君たちは、新手のライバルの台頭で職業替えを迫られることにもなりかねないのですよ、と言いたいのです。この「新手のライバル」が問題なのですが、これは後の話題にします。

失業率や失業者数の「表と裏」

ところで、なぜ失業者の実態を知らねばならないのか、といった声もあろうかと思います。良きプロのドライバーになるための、これもまたジョウシキの一つだと言いたいのです。さきほど触れた「ライバルの出現」は、失業者慢性化時代の自然のなりゆきです。

人間、生きていくためには、なりふり構わずに職業を変えることもためらいません。プロドライバーの皆さんも心して現在の職場を守っていかなかったら、大変なことになりますよ、と強調したいから、あえて失業者の実態にスポットライトをあてるのです。まず、失業率や失業者数の実態をみてみましょう。

二〇〇二年度期中平均の公称失業率は五・五％でした。政府試算の四・五％を大きく上回りました。ちなみに、同期三月末の公称失業者数は三四八万人で過去最多です。爾来、五・四％前後を行ったりきたりの高止まりです。二〇〇三年度期中平均の失業率は五・三％、失業者数は三五〇万人です。

実は、この「公称」という言葉には意味があるのです。職を探しながら、職にありつけない人たちがそれであって、就職活動そのものを諦めている人たちは失業者とみなしていないのです。そのうちに、いつか職は見つかるさ、といった楽観的な気持ちがあるかないかは別ですが、そうした人たちについては「潜在失業者」と呼んでいます。公称失業者数（率）には、この潜在失業者がカウントされていないのです。それを含めますと、何と、失業率は一〇%を超えるという、とてつもない数字になるのです。もっとも、その一部の人たちが「フリーター」という名の、新しいかたちの就労者であることはご存じのとおりです。

こんな実態を政府があまり大きく報道しますと、大変なことになりかねません。与党政権の政治家にとっては致命傷的な経済状態を意味するからです。一部の評論家や学者先生らの発言からうかがえるのですが、一例を述べておきましょう。プロドライバーという職業を選んだことに、まんざら無縁でない価値を自覚できると思うからです。

実際の失業率は一〇%以上！

日本経済新聞に「経済教室」というコラムがあります。二〇〇一年四月四日のそれで、京都大学の橘木俊詔教授が指摘されているのです。曰く、「就職したくてもできない人や、職が見つかりそうにないので求職意欲を失ってあきらめている人たちも失業者とみなす、いわゆる『潜在失業者（求職意欲喪失者）』を含めれば、失業率は公表の二倍になっており、一〇%前後に達する深刻さです。これは欧州の多くの国が失業率一〇%前後で悩んでいるのとほぼ同水準と言っ

図7　OECD加盟各国の失業率

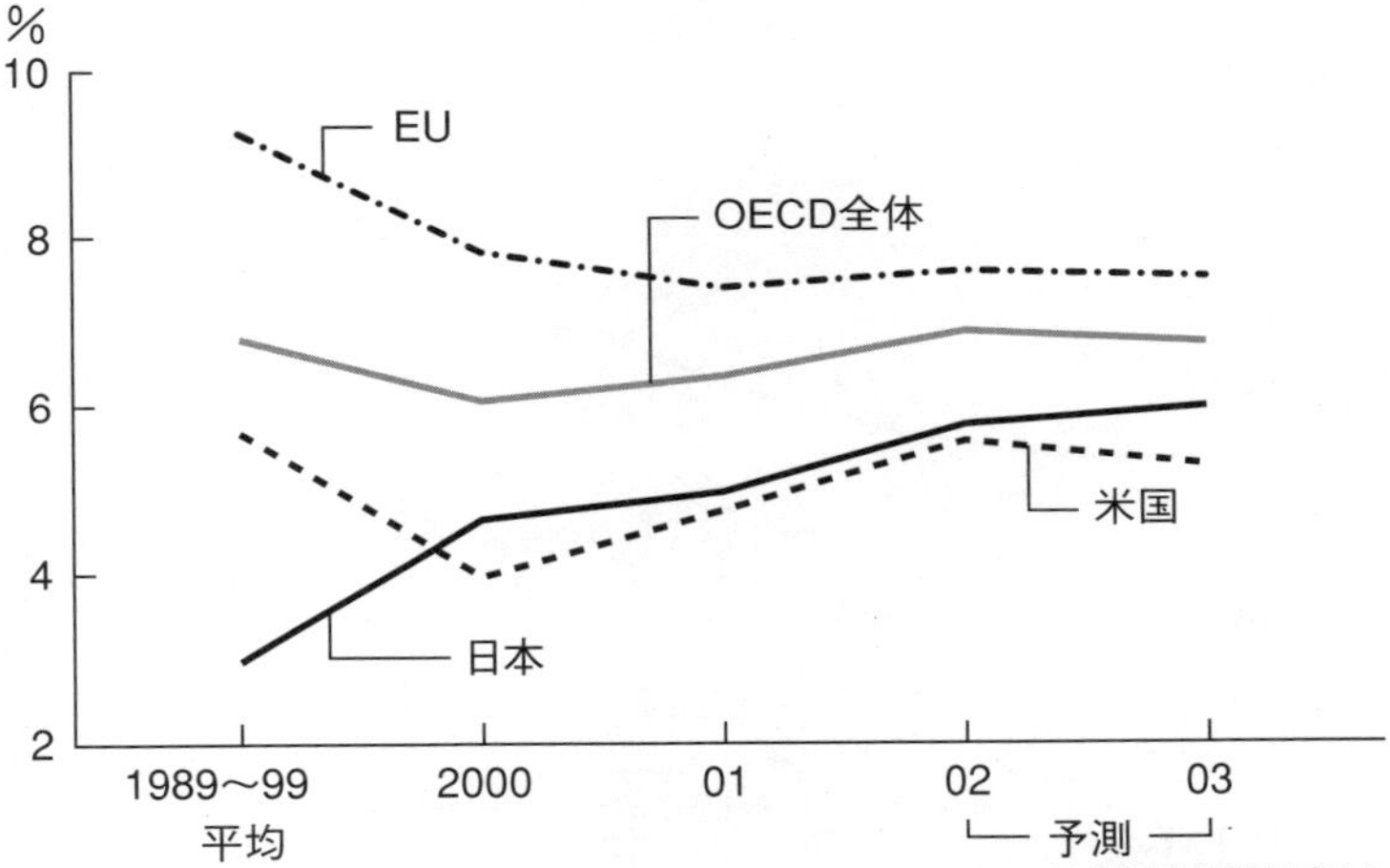

日本経済新聞記事より

て過言でない」と指摘されているのです。

似たようなことが、内閣府の政策統括官室(旧経済企画庁)でも報告されています。一般紙でなく、二〇〇一年十一月十六日号のある週刊誌で目ざとく見つけたのですが、「もう一つの『政府試算』は『実質失業率一〇・四%』」とあるのです。同誌曰く、「すでに実質的に七三八万人が失業し、さらに、いつクビになってもおかしくない五二六万人もの失業予備軍がひかえている。《一、〇〇〇万人失業時代》はとっくに現実のものになったとみていい」と。

世界主要国（OECD加盟国）の失業率

ちなみに、最近新聞紙上で見かけた「世界主要国の失業率」(図7)をみますと、二〇〇一年時点で、日本=四・九%、米国=四・五

図8　若年層の完全失業率

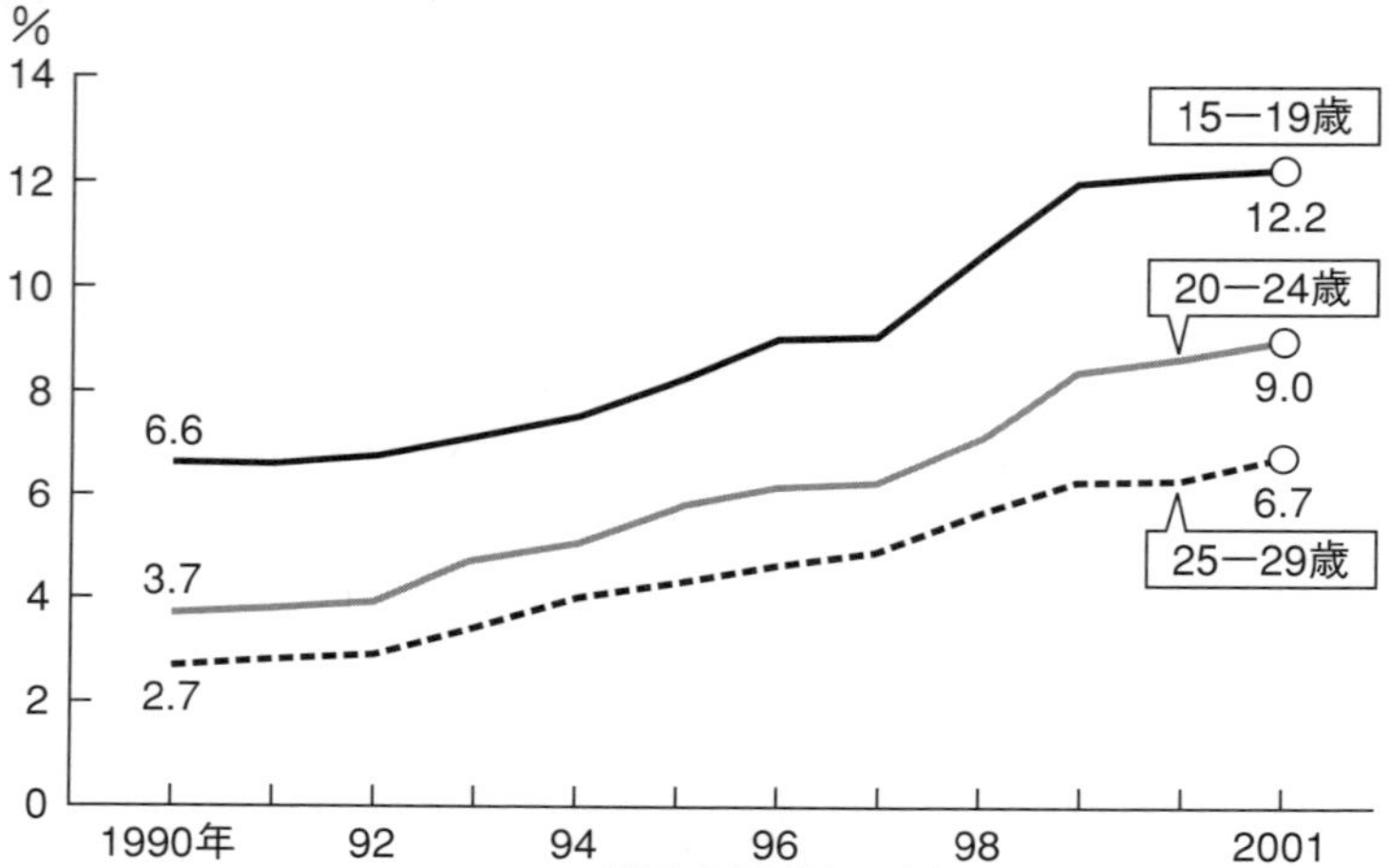

（総務省「労働力調査」から・日本経済新聞記事より）

％強、ＥＵ（欧州一五カ国連合）平均＝七・五％、ＯＥＣＤ（経済協力開発機構加盟三〇ヶ国）平均＝七・七％強、といったところです。

二〇〇二年〜三年における各国の失業率の「予測」ラインを延長して見ますと、どうやら六％、七％といったところです。日本だけが際立って低率になるとは考えられません。

失業率においても「並みの国」になる可能性

おりしも、一昨年の労働経済白書がレポートしています。今年の失業率は六％になり、失業率において日本は（も）「並みの国」になる可能性がある、と。

先にも述べた世界人口が暴発している事実も含めますと、こうした日本の失業率の増大はトラック運送業界にも大きな影響を与えてくると思ってください。

前にも述べましたが、日本は高齢化が世界一早く、少子社会と相まって、労働力の低下が云々されています。ということから、一部では、遠からず労働力不足時代が再来して、われわれ日本人にとって労働者天国がまたやってくるさ、とのん気なことを考えているフシがなきにしもあらず、です。ここでも、おっとどっこい、とんでもない！　と言いたいのです。「並みの国」と言えば、外人労働者の移民問題なども控えています。このことは後で出てきます。

深刻さ増す若年失業

失業率においても「並みの国」になると言えば、深刻さを物語る傾向に若年層の失業率があげられます。以前から欧米諸国では若年層の失業率が極めて高いのですが、金の卵と言われた日本から見れば若年層の失業は信じられないようなことです。しかし、その現象が日本でも発生しつつあるのです（図8）。

二〇〇二年通期の完全失業率は五・五％（季節調整値）でした。ご覧のように二〇〇一年の統計では、十五～十九歳の年齢層では何と一二・二％（原数値）と二ケタを超えているのです。二十～二十四歳が九・〇％（同）、二十五～二十九歳が六・七％（同）と高率です。

厚生労働省の調査によりますと、こうした若年層失業率の高さの原因は、学校を卒業したときに就職口が少なく、本人の意に沿わない就職をした結果、短期間で離職するケースが多いことがうかがわれるのです。一方では、「親との同居で経済的な困窮度低く、急いで再就職しなければならない必要もない」（同省）ことが一因として挙げられているのです。最近では「パラサイト」（寄生虫）と呼ばれる無業者がいるのです。就職口がないのを横目に、大学卒の若者があえて大学院に進学することもなく、高卒者の中にも大学への進学をするでもなく、といった按配の若者たちです。

高失業率下でも人手不足とは？　これではドイツの二の舞いになる！

本書の終わりごろに出てくることに「雇用ミスマッチ」という問題があります。トラックドライバーに当てはめて言いますとこうです。マナーが良くなく、事故も起こしそうなドライバーはウヨウヨいる（たくさん入社希望してくる）が、経営者側の目にかない、採用したいと思うような質の良いドライバーはなかなか見つからない、ということです。

この国では失業者が四〇〇万人近くあるというのに、何と、その一方では「人手不足」現象が随所に、現実に起きているのです！　前述した意味からすると、トラック運送業界もそうした業種の一つであるかもしれません。

このヘンな現象に目を向けて考えてみる必要があると思いませんか？　と言いたいのです。3K（キツイ・キタナイ・キケン）の仕事は嫌だ、という現代っ子サラリーマンの職業観や人生観がその背景にあるのです。同じキケンでもリスク（危機・冒険）へのチャレンジ精神までもが日本人に欠如しているのが困りものです。精神的に過酷な職業であるＩＴ技術者になるのも嫌だ、というのが若者気質としたら、日本の未来は怪しいものです。

後にも出てきますが、ドイツ国民は日本よりそういった面では大先輩を演じて、そのツケで現在悩んでいるのです。自国民労働者の失業率は一二％で、日本のそれの約倍です。３Ｋ仕事を移民労働者に依存してきたまでは良いですが、気づいたらこの体たらくです。その二の舞いになってもイイのですか？　と自問自答することも必要です。

この問題をここで深追いすることは避けますが、人手不足で深刻な職種の一つに介護士や看護師があると言われます。そうでなくても老齢化・少子化で働く人が少なくなっているのに、仕事の選り好みの一方で、自分自身も失業者の仲間入り、という珍現象が起きているのです。オカシイ？　と思いませんか？　なあに、そのうちに少子化で就職口は増えてくるさ、とうそぶかないでほしいのです。本書を読み進むにつれてそんな考えは甘すぎる！　と気づかれます。

わが国政府は「労働者不足対策としての外国人受け入れは適当でない」という一九九九年に決めた基本方針をもとに、「労働力不足には少子化対策や女性・高齢者の雇用拡大で対応する」というタテマエ論に終始しています。肝心なことは日本人サラリーマンにもっと前向きに３Ｋ仕事にも目を向けていくべきだ、という提言が必要だと思うのですが、政治家も企業経営者もほとんど口にしません。諦めているとしか言いようがありません。小手先の雇用対策とか、雇用の場を創出せよ、といった政策は、絵に描いたモチだと思ったほうが賢明です。このままではドイツの後追いです。

考えてみると、トラックドライバーという職業も3Kとまではいかないとしても、「走る凶器」といった悪いイメージゆえに「キケンな職業」にランクされかねないというのが現実です。さ、そこでですが、それを自他共に打破するものとして次のことを強調しましょう。

失業中の人にとって本書はプロドライバー職への新規参入の動機とヒントになる

手前ミソを承知のうえですが、もし読者の中に、再就職の当てがなく、かつ、ご自身がこれから先の職業選択肢に迷っておられる方がおられると仮定しましょう。心境の変化を感じられることも無きにしもあらず、と思うことを述べてみます。後にも出てくることですが、軽自動車による個人トラック業者（軽貨物運送業者）は全国で一三万人を突破しています。近年ではリストラで失業している人たちが参入しています。国民皆免許時代であることから、手っ取り早い個人営業への道でもあるのです。二種免許のタクシー業界でも同じことがうかがえます。

そんなことからですが、本書を読み進んで行かれるに従って、プロドライバーという職業は意外にも、あなたの至近距離にあることに気づかれるのではないかと思うのです。事実、前章でも書きましたが、本書一章3節「トラックドライバー以外の職業を選ばなかった理由は何だろう?」（P35~39）相当の箇所を私のホームページで読まれた、ある大企業でリストラに遭遇した人物が告白の電子メールをよこしてこられたのです。「……もっと早くこれを読んでいたら、私はトラックドライバーになっていただろうに、残念だ!」と。この方は、ホンキでプロドライバーの道を模索されているのです。

「プロずれ」した人はいらない？

こんなことを考えていきますと、ヘンな想像やある種の期待を抱くことさえあるのです。トラックが居眠り運転で交通事故を起こしたとか、プロとして恥ずかしい話ですが、飲酒運転で事故を起こして社会問題に発展した、とかいったことも発生しています。不心得なドライバー諸君がいることは否定できません。ちょっと嫌な表現ですが、「プロずれ」した（業界常識や慣習にどっぷりと染まっている人）ドライバーが多いのも事実です。そんな業界の実態にあって、まったく新しい動機や価値観、さらに今までのプロドライバーとはちょっと変わった収入に対する期待感とか満足感でプロドライバー職を選択して参入する人たちが出てくると思うのです。もし、そのような動向が発生したと期待しましょう。その方たちが奇しくも旧態依然（失礼！）のセクトのプロドライバーにとって代わる存在になることも想像できるのです。「良貨は悪貨を駆逐する」といったらきわど過ぎるでしょうか？　事実、他産業でリストラされてこの世界に新規参入してこられる人たちをクライアント企業に多く見るのですが、その人たちは、ひと味もふた味も異なった個性や人生観や職業観をもって新風を吹き込んでいるのです。それじゃあ、オレも考えてみるか、と感じてくだされば嬉しい限りです。

「悪貨は良貨を駆逐する」から「良貨（物）は悪貨（物）を駆逐する」へ

ところで、先ほど「良貨は悪貨を駆逐する」と書きました。インテリドライバーの中から、「アレッ？　それって反対に『悪貨は良貨を駆逐する』ではなかったたっけ？・？・」という声が出てきそうです。そうなんです。ホントは「悪貨は良貨を駆逐する」というのが有名な言葉なのです。その前に、ちょっと脱線しますが、この大事な言葉を逆にとらえて話を展開したいのです。その前に、こんなことを言いますと、別の読者から悪貨の「貨」って、それは「貨物」の「貨」なのかな？　低運賃を強要する悪い荷主のことかな、といった声も出てくるかもしれません。駄洒落めいた話になって恐縮ですが、このあたりでちょっと気分転換のつもりで「悪貨・良貨」のお話をさせてください。

この「貨」はお金の「貨幣」が本来の言葉です。もっとも、このあとに、それが貨物の貨でもあるということをヨシダ流に述べるのですが、まずは本来の貨幣について述べてみます。なんだかややこしいことになってゴメンなさいですが、トラック大学でちょっと勉強する気分になってくだされば有り難いのです。

「悪貨は良貨を駆逐する」という言葉は「無理が通れば道理引っ込む」のように、「悪の栄え」を意味するように一般的には使われています。昔むかしあるところに……、ではありませんが、今から四百四十数年前の一五五八年、時の英国女王エリザベス一世に王室の財政代理人として仕えていたトーマス・グレイシャムという人物が同女王に手紙を書いて進言したときの言葉だと言い伝えられており、後年に至って「グレイシャムの法則」として知られているものです。英語ではBad money drives out good.というセリフです。もっとも、この逸話はニュートンのリンゴの話の類であると言われるほど確たる証拠はないそうですが……。

「悪貨」（悪い貨幣）の具体的出所はといいますと、こうです。十六世紀後半、当時の英国では銀貨が使われていました。銀貨の正しい純度は一〇〇〇分の九二五と決めてあったのですが、一五四二年にヘンリー八世が銀貨の純銀含有量を減らしはじめました。財政がひっ迫していたからです。財政が苦しくなれば貨幣を増発するのは現代も同じです。デフレの真反対にあるインフレはそんなことからも発生するのです。そのうちに、金・銀の生産に限りがあることから、国王は金銀の純度を変えずに貨幣を薄っぺらにしたり、小さくしたのですが、ついに、貨幣の品位を変えてしまいました。具体的には、銀の含有量を規定量の六分の一に減らしてしまったのです。「改鋳」というものですが、わが国でも徳川幕府が度々やりました。大判小判の金銀の含有率を下げたのです。額面は同じでも、肝心の金銀の含有量を減らしたのです。いわゆる規格外の貨幣であることから「悪貨」と呼ばれたのです。

その悪貨が世に出回るとどうなるかということが焦点です。人々はもともとあったホンモノの金貨や銀貨を使わず、家に貯め込みました。良貨を溶かして金の延べ棒にすれば、同じ額面の悪貨より値打ちが上がるからです。やがて、こうした良貨が市場に出回らなくなりました。「悪貨は良貨を（流通市場から）駆逐する」という言葉はかくして生まれたのです。

と、まあ、学生時代にさかのぼった復習をしましたが、「悪貨・良貨」の由来や意味をご理解いただいたとして次に進みます。まず「悪貨」についてヨシダ・オリジナルの説を述べてみましょう。これからが本書の本節で著者が言わんとする本番です。

一つは、貨幣の金銀含有率を優秀なドライバーの在籍率に置き換えて考えることができるということです。つまり、金銀の値打ちのある優秀なドライバー社員が多ければその分、その含有量（率）が高くなり、会社という名の通貨の信用度が高くなるということです。ひとつの会社で例えば保有台数が一五台とし、その優秀なドライバーが過半数であるかないかが焦点です。

質の悪いドライバーが過半数であるとした場合を想定しましょう。少数セクトであるその会社の質の良いドライバーが、数の上や影響力において、次第に弱くなり、やがて雰囲気などで嫌気がさし、会社を去っていくという光景です。辞めていかない場合は、ひょっとして、良貨であるべき良質のドライバーがそうした悪い相棒たちの悪影響を受けて、悪いほうへ感化されてしまうこともあるでしょう。結果において、良質のドライバーという名の良貨は「悪貨は良貨を駆逐する」の言葉通り消えていきます。

反対に、良貨が過半数であるとします。数においてマイノリティー（少数派）である悪貨と呼ばれるドライバーたちは、良貨のドライバーの影響力に屈して良いほうへ感化されるでしょう。それが嫌なら悪貨のドライバーの多く(失礼！)にとって居心地のイイ会社、すなわち、少々の事故やマナーの悪さがあっても首にはならないような会社を求めて去っていきます。結果において「良貨は悪貨を駆逐する」という図式です。どちらが良い結果を企業労使の双方にもたらすかは今さら言うまでもないでしょう。

かくしてのことですが、新しい価値観や人生観や職業観をもって新規参入してくるドライバーが多ければ多いほど、この「新陳代謝（新しいものが古いものに変わる・生物の酸化作用で旧細胞が分解して体外に排出され、同化作用で得た物質が新細胞を作ること）」が活発になり、社員ドライバーの質が向上する、ということになり、「良貨は悪貨を駆逐する」ことになるのです。

さて、貨幣からもうひとつの「貨」の持つ意味を述べてみましょう。それは皆さんが日ごろ手にする「貨物」そのものです。貨物は皆さんの会社にとって「荷主」さんそのものです。トラック運送会社労使にとって荷主さんが提示する「貨物の運賃」の良し悪しで、荷主や貨物の良い悪いと決め付けるのは不謹慎ですが、話の順序として述べましょう。良貨（幣）を「良い貨物」と置き換えましょう。通常、良い貨物とは、運賃が比較的良いものを指します。もっとも、運賃が良いからといって、滅多に出てこない貨物より、運賃は低くても毎日、大量の輸送量が確保されたほうがパイが多くて歓迎されるのではあるのですが、ま、このことは別にしてのことにしましょう。

比較的高い運賃を獲得するには、それなりの高い付加価値サービスを提供しなければ期待できません。ドライバーが単なる「運び屋」でなく、パソコン端末機を駆使したり、営業的な活動をするドライバーです。そうした荷主側の要求や必要性があるから高い運賃を提示できるのです。それにはそれにふさわしい高品質のドライバーが求められます。

そこで言えることは、荷主にとっても、その貨物を運送する側にとっても、良質の輸送サービスを提供して初めて荷主の付託に応えられるのです。したがって、良貨（物）には良質（高品質の）ドライバーによってのみ運送契約業務の遂行が可能です。

反対に運賃の低い貨物には、レベルの高い会社は手を出しません。レベルの高い会社はドライバー賃金もそこそこに維持していますので、不当に安い運賃では収支が合いません。類は類を呼ぶということにもなりかねません。

こんなことから言えることですが、良貨のドライバーが良貨（物）を維持する条件であるな

図9　各国・地域の製造業労働者の賃金比較（日本を1とした場合）

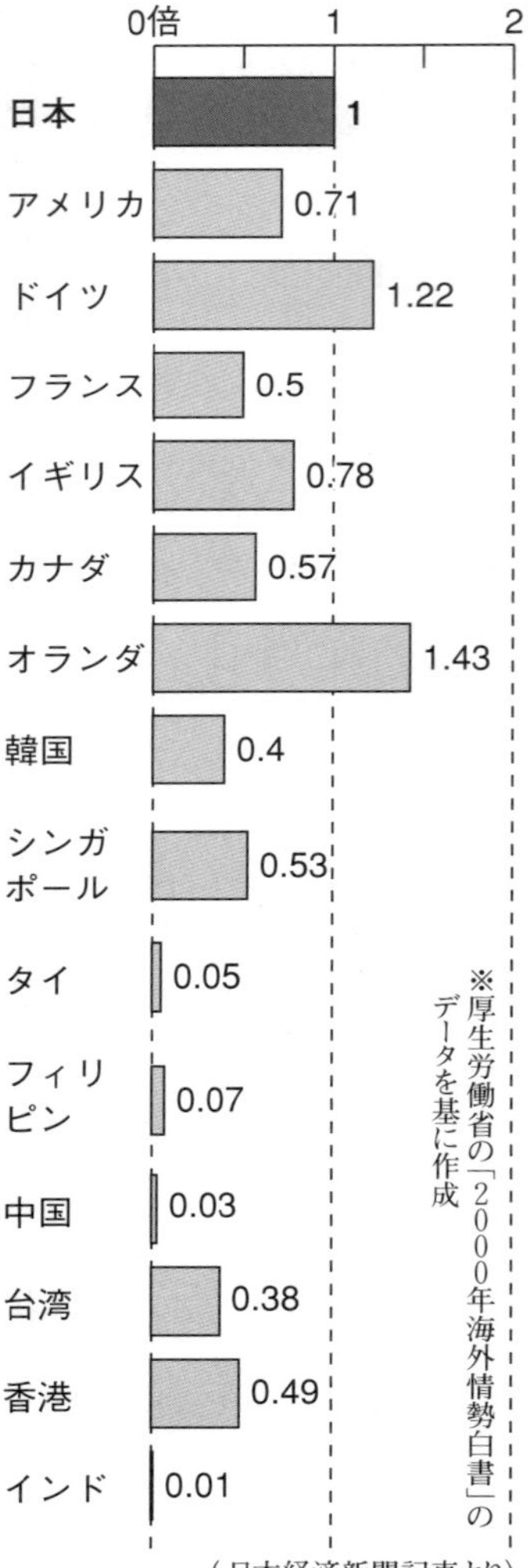

※厚生労働省の「２０００年海外情勢白書」のデータを基に作成

（日本経済新聞記事より）

図10　紡織業の賃金水準

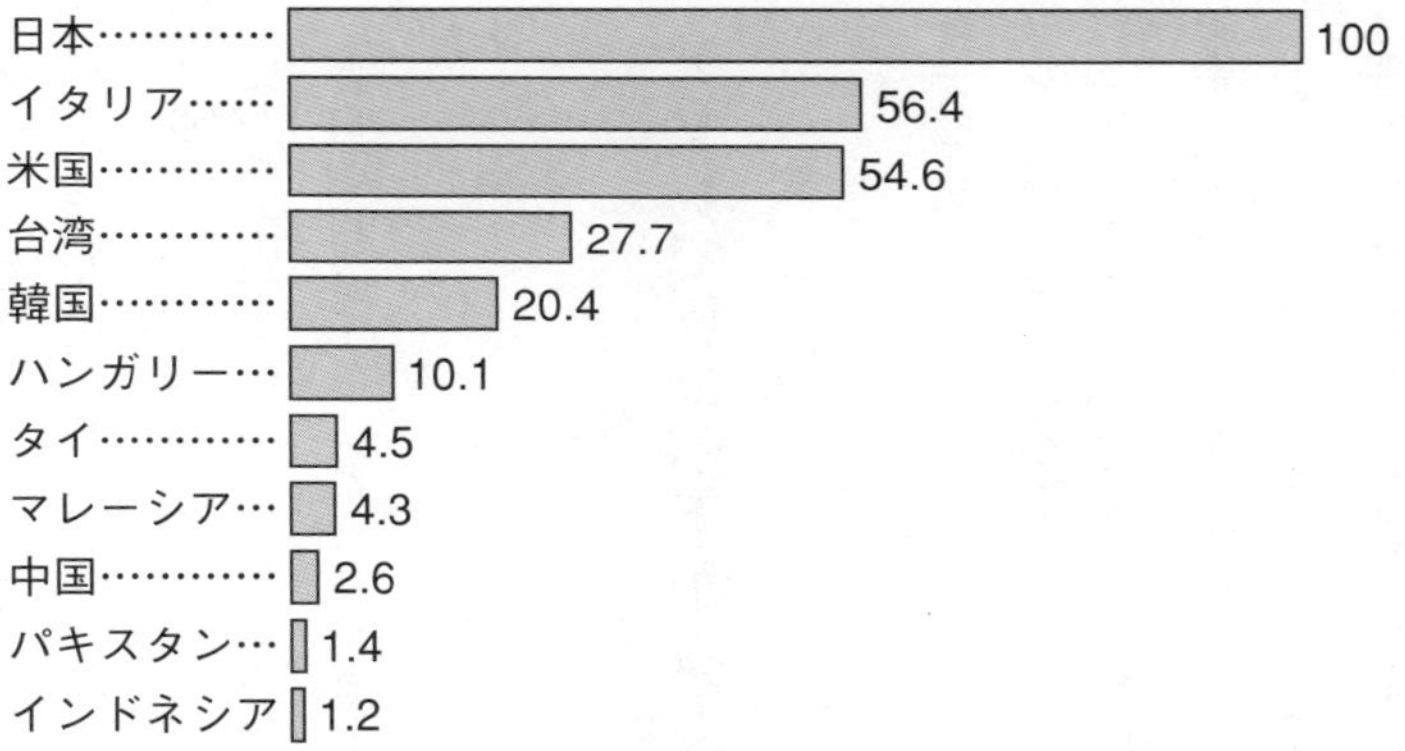

（注）日本紡績協会資料、1時間当たりで日本を100とした場合の主要国・地域の指数。2000年秋調査

日本経済新聞記事より

らば、そのセクトが多くなればなるほど、悪貨のドライバーは少なくなり、ために悪貨（物）もそれに伴って少なくなっていく……、といった図式が想像できるのではないでしょうか？

ギョッとする日本人の賃金水準

さて、話を戻します。半世紀の繁栄を後に、戦後初めて体験することになった現在のデフレ経済です。完全雇用から一転して、史上空前の高失業率時代に突入したのです。それがどんなことを意味するのか、大多数の日本人はまだまだ自覚が足りません。図9・10を見て、あらためて認識することが必要です。低賃金で高い質の労働者を抱える中国や東南アジア諸国のすさまじい追い上げがあるのです。中国の賃金水準をご覧ください。製造業でたったの三%、紡績業では二・六%です。これでは勝負のしようがありません。生産拠点の同国への移転と逆輸入が起きるのは当たり前っていう状態です。

過去半世紀のモノサシでこれからの一〇年、そこから先のことを想像しますと、とんでもないことになりかねません。高失業率時代におけるプロドライバーの皆さんの立場はどうなるのか？　と自問自答することも、良きドライバーへの指針になると思うのです。

4　デフレで賃金が下がる！　これは大変だ！

賃金デフレ

デフレ経済がどんな経緯をたどって、国民にどんな影響を及ぼすのかを、以上のように述べてきました。そのなかで、プロドライバーの皆さんにとって、もっとも嫌なものは、何と言っても賃金が下落するのではないか？　ということです。エッ！　こりゃ大変だ！　と聞き耳（読み目）を立ててくだされば嬉しいのです。それって、すでに体験しているさ、やむを得ないことだと理解しているさ、と思われる方も少なくないでしょう。そういう方たちへは、社長さんに代わって詳しく、より納得のいく状況説明をすることにしましょう。

デフレ経済のいわば「落とし子」みたいなのが、賃金の下落です。賃金デフレです。現役で働く人たちだけでなく、年金生活者にとっても年金額の減額が実施されようとしているのです。公的年金の給付額を物価下落に応じて引き下げるのです。

国民のすべてにとって一番嫌なことは収入減です。でも、物価が下がっているのですから賃金は下がって当たり前、ではあるのです。もし、賃金が下がらなかったら、実質的な「購買力」が増えたことを意味しますので、賃金が上がったことになるわけです。これでは経営者はたまりません。運賃（売上）も下がり、利益も吹っ飛んでしまう中で、実質的な賃上げでは経営者側にとって不公平ということになります。

インフレ時代の賃上げ（労働力は「売り手市場」）

こうしたことへの認識を強くするために、ちょっとばかり、その逆の「インフレ時代」に戻った話をすることも意義があると考えます。行ったり来たりで頭の回転が必要ですが、辛抱して読み進んでください。

現役のプロドライバーで活躍している皆さんは、例外なく、インフレ経済の受益者でした。物価が上がった以上に賃金も上がったからでした。マイホームの月額ローン返済も、インフレで給料が増えた分だけ、負担が軽くなったのは先刻ご承知の通りです。

職業の選択肢にからめて言いますと、インフレ時代は「超完全雇用」という、サラリーマンにとっては極楽みたいな経済社会でした。自分に適した職業の選択肢よりも、よりカッコいい会社への就職を優先させたものでした。

物価が上がるインフレは、モノが足りないことが原因でした。消費に対して生産が追っつかないから、モノの値段が上がったのです。モノが足りない時代は、モノの輸送力も大きな営業力でした。ということから、トラック運賃も上がりました。皆さんが勤務している運送会社も「売り手市場」ってヤツでした。ドライバーの質を高めるより、トラックの必要台数を揃えることの方が先決ってな時代でした。

労働力売り手市場が招いた錯覚

一方、世の中には、しかと自分に適した「職業」を頭に入れずに、「何となく会社のイメージに憧れて」といった安易な動機で会社を選ぶ人が多くありました。希望する会社の、あるセクションの特定の職業を期待して、では必ずしもありませんでした。「就職」でなく、それは「就社」であったとも言えるでしょう。特定の職業を目指してでなく、特定の会社を目指して、といったものでした。その点、同じサラリーマンでも、技術屋畑の人は確実に自分自身の得手や特技を意識したうえで就職先を選択しています。でも、リストラ時代には、それとて専門以外の職場への強引な配置転換という試練に立たされているのが昨今です。

それにしてもですが、概して言えることは、自分の能力や動機は二の次にして、より知名度の高い会社を選んだ、というケースが少なくないのです。配置転換で自分がどんな職種（職業）に回されるか、といったことにはまったく無関心だったのです。終身雇用制というありがたい安住の場所と制度が約束されていたものですから、性に合わない職種についても我慢できたし、してきたのです。会社が定年まで面倒をみてくれるだろう、と信じながら辛抱してきたのです。第一、会社も社員に対して現在ほど厳しい注文や期待をしなくても経営が成り立っていたのです。会社も余裕があったから、社員の職業訓練や研修をしてくれました。

ところが、そのツケが、リストラ旋風が吹きまくる現在のデフレ時代に発生しているのです。このことをプロドライバーの皆さんは、よそ事として傍観しないでほしいのです。会社を放り出されて、何をしてよいか路頭に迷っている人たちの何と多いことでしょう。

それにひきかえ、おれたちドライバーはどうだったかな、と思い出してみてほしいのです。ほとんどのドライバー諸君は、浮かれた気分でなく、好きで選んだ職業でしたね。このことがデフレ経済時代にあって、ことのほか有利な結果を生むことになると言いたいのです。感謝や満足の心をちょっと自覚してほしい、と言いたいのですが、どうでしょう？

時代の流れに左右されることなく、自分自身の好みや能力をわきまえたうえで、職業を選択したプロドライバーの皆さんは先見の明があった、と言えそうです。幸いなことですが、そうした生き方が、前章でも述べた、二十一世紀の生き方につながるのです。

デフレ時代の賃下げ（労働力は「買い手市場」）

さて、デフレ経済がもたらす賃金下落ですが、現役企業労使にとって、それは生まれて初めてのことであることに間違いありません。満七十二歳の私ですら初体験なのです。もっとも、私が生まれた一九三一年の二年前に、世界大恐慌が起こりました。世界的に時を同じくして起こった経済大恐慌でした。それにくらべると、現在の日本のデフレ経済不況なんて微々たるものではあるのです。雲泥の差、といったほうがイイでしょう。

現役企業人の端くれで、高齢者の立場にある私ですら体感したことのないデフレ経済です。ですから、私より若い経営者もサラリーマンも、ドダイそれがどんなに恐ろしいものか分かるハズはありません。その対処の仕方もシカリです。

実態が理解できないから、やれ経済再生のためにだとか、内需拡大とか大騒ぎしているのです。当分の間はどんなにしたって良くなりっこないのです。政治家はそんなことを言ったら選挙で落っこちるから言わないのです。そういった意味では、プロドライバーの皆さんはこの本を読んでヨカッタ！　と思うことがここにもあるのです。

今までの世界経済の動きとこれからの動きに注目

これからの世界経済の行方を探る意味で、一世紀前にさかのぼった世界の「経済波動」を考査してみましょう。日露戦争（一九〇四～一九〇五年）や第一次世界大戦（一九一四～一九一八年）が世界経済を不況から好況に煽りました。戦争特需ってヤツです。

一九二九年に発生した世界大恐慌はアメリカに端を発し、全世界に波及した史上かつてみない深刻なものでした。「大学は出たけれど」といった流行歌が流行ったのはそのときでした。そして第二次世界大戦（一九三九〜一九四五年）が勃発して、ヒトやモノのスクラップ&ビルドというヘンな世界的需要が、不況脱出の突破口になったのは皮肉でした。第二次大戦後の日本の目覚ましい経済発展が「朝鮮戦争」という戦争特需でなされたことは、現代の若い人たちがあまり自覚していません。北朝鮮の拉致問題など、悲惨な出来事の背景に、当時の朝鮮戦争で利益を得た私たち日本人がある、というくらいの認識が必要です。

こうした歴史の繰り返しをみますと、これまでの経済不況の解決手段は戦争を引き起こすことにあったとさえ言えるのです。でも、これからの不況脱出は、そんなことではできませんし、許されていいハズもありません。それどころか、地球人口は暴発しつつあり、地球資源は衰退の一途をたどりつつあります。加えて地球温暖化など環境破壊は不気味に進みつつあるのです。

そんなことからですが、現在のデフレ経済はまだまだ長く続く、と覚悟したほうが賢明です。そんな経済環境の中にあって、賃金カットやリストラは激しさを増しています。当然と言えばトウゼンの現象ではあるのですが、働く者にとって収入減は辛いことではあるでしょう。

「他産業並み賃金を！」はナンセンス

こんな生臭いことを歯に衣着せずに書く一方で、私はプロドライバーの皆さんに、この職業を選んだことをヨカッタ！　と思おうではありませんか、と色々な視点から述べてきました。そこでですが、この際、好ましいことではないけれども、デフレ経済下では、ある程度の賃下げもやむなし、といった割り切りをすることが大事だと認識したうえで、あらためて現在の職業の利点を再認識、再評価してほしいのです。具体的には、「他産業賃金ベース」には目をくれることなく、トラック運送業界独自の賃金水準やシステムへの前向きな対応を心がけてほしい、と願うのです。

「他産業並み賃金を」といったキャッチフレーズに企業の労使が固執し過ぎたために、今にしてそのツケが回ってきているのではないかな、という例を述べてみましょう。その業界から憎まれるのを承知のうえですが、他山の石にしてほしいのです。

規制の枠に安住したタクシー業界

「他産業並み賃金を！」というキャッチフレーズは、実のところ、皆さんのトラック運送業界経営者から聞こえてくるものではありません。この言葉は、タクシー業界からしばしば発せられた「運賃値上げ申請時の『方便』」でした。「でした」と過去形にするのは、ほかでもありません。平成十四年二月に施行された「タクシー事業への新規参入や運賃設定の規制を大幅に緩める『改正道路運送法』」以前のことであるからです。それまでは、タクシー業界の定期的とも言える運賃値上げ申請の折に、決まって経営者側から出てきた申請理由の一つが、「タクシードライバーの賃金を他産業並みにしてほしいから」ということだったのです。私は、そうしたタクシー業界の姿勢に批判的でした。多くの論文やエッセイでそのことに言及して皮肉ったものです。

ところが、くだんの「改正道路運送法」施行以来、そのキャッチフレーズはピタリとなくなりました。自由競争時代に突入したから、そんなのん気なことを言ってたら、世間どころか、同業者間でも笑い者になってしまうからです。

どだい、異業種、異業界が同一賃金を期待できるものでは決してあり得ません。米国のチームスターズ・ユニオン（一八万余の全米最大規模の労働組合）のようなものは例外中の例外でありまして、それぞれの業界相場賃金水準は否定できないのです。トラック運送業でいえば、労働組合を擁する大手特積み業者のドライバー賃金が一般の中小零細業者に比べ高い水準にあることから、現代においては、競争力維持のため、拠点間輸送を中小規模の同業者にアウトソーシング（下請け）することに切り替えています。これなどは、大手運送会社とて、業界の賃金水準を無視できないと認識している証拠です。正社員ドライバーの定年退職後の補充を契約社員や下請化にシフトする傾向が顕著であることがそれを裏付けています。

タクシー運賃とトラック運賃の違い

ついでにですが、タクシー運賃とトラック運賃の過去における宿命的な違いに触れておきましょう。プロのトラックドライバーの皆さんに賃金理解を得るためです。

トラック運賃もタクシー運賃みたいに、メーターを倒せば、ハイ幾ら、といった按配にならないものか、といった論議が、まことしやかに出たことがあるのです。全ト協会議の場で、でした。当時委員の一人であった私は、「ナンセンスです！」と一蹴したことがあります。その論理は簡単です。

人が移動する手段は、「徒歩・自転車・マイカー・バス・鉄道・飛行機・船・タクシー」とさまざまです。そのいずれを選択するかは、当事者の都合や好みや必要性や利便性、さらには料金負担能力といったもので決められるのです。ということは、利用される側の交通機関の論理からすれば、当方をご利用の際の運賃は、ハイこれです、と提示できることです。運賃が高いと思えば、ナットクできる他の輸送機関を選んでください、と、それまでです。だから認可運賃がまかり通ったのです。

自由化された現在のタクシー業界ですが、かたくなに「自動認可運賃」を守るのも自由、運賃値下げも自由です。いずれも業者側の自由裁量がまかり通るというわけです。嫌なら、利用してもらわなくって結構です、といった按配です。

ところが、一方のトラック輸送は、といいますと、長距離大量輸送などは別として、輸送委託者（荷主）にとって、トラック以外の輸送手段ではほとんど不可能です。ために、何がなんでもトラック運送業者を頼ってこられるのです。しかし、荷主が負担すべき運送コストには限界があります。しかも、運送業者はゴマンとあるのです。

さ、そこで発生するのが「運賃交渉」です。荷主側の許容コストに見合うまで、それが可能になるまで徹底したトラック運送業者との交渉が始まるわけです。納得できなければ、他の運送業者と交渉せざるを得ませんし、相手はたくさんいるのです。そんなことから、トラック運賃はタクシー運賃みたいには設定できないのです。しかも、デフレ経済下では「輸送力（トラック）」は荷主にとって買い手市場です。この辺りの理解と認識がプロトラックドライバーに求められることを強調しておきたいのです。

タクシーとトラックのどちらがイイか

タクシー業界労使から反発されかねないことを覚悟のうえの蛇足の弁を述べておきましょう。私は早くからタクシー業界の体質を冷静に見破り、早晩、トラック業界以上に競争が激化することを予言し、かつ、タクシードライバーの皆さんの賃金も下落する、しかも、その度合いは、失業するよりマシだといった状態にまでなる、と予言していたものです。一九九三年に一ヶ月間米国取材旅行をした際に、多くのタクシードライバーと接して話した中でそれを痛感したのがその背景にあったのです。ま、そんなこともあってのことですが、規制に守られ過ぎる業界の行く末を冷静に観察してきた私ですので、今日のタクシー業界の姿は早くから予見していたのです。爾来、トラックドライバーの皆さんにお話しするときには、決まって口にすることがあるのです。ドライバー人生を選ぶのならタクシーよりトラックの方がイイですよ、がそれなんです。

タクシー業界に規制緩和の大波が

タクシー業界は規制の枠の中で安住してきました。自由化の波に直面して、業界自助努力の差が顕著になりつつあります。タクシー事業への新規参入や運賃設定の規制を大幅に緩める改正道路運送法が施行されたのは二〇〇三年二月でした。規制にどっぷりと浸っていたこの業界（失礼！）ですが、しばらくは変化が見られませんでした。横目で同業者の動きを見ながら、といった具合でした。ところが、三ヶ月たってから変化が見え始めたのです。全国で一七三社が運賃変更（値下げ）を申請したのです。関西地区が目立つということです。

申請の内容の主なものを拾ってみますと、通常運賃の値下げ、五〇〇〇円を超える部分の五割引き、深夜早朝割り増し廃止など。さらに、「眠り込んでも自宅まで送ります」とか、利用者が料金が上がる直前で降りることのできる「カウントダウンタクシー」や、イギリスの高級車・ジャガーを導入して高級感で他社との違いを打ち出す等々、従来の規制時代とは打って変わった商戦法を競い始めているのです。ごく最近の新聞報道（日本経済新聞）によりますと、タクシー業界の規制緩和から丸二年経った現在、大阪府では八割、東京では二割弱のタクシー企業が運賃引き下げに動いた、とあります。全国では一六・九％の企業が値下げに動いたそうです。

　こうした運賃自由化にともなって、ドライバーの賃金は確実に下降線をたどっています。タクシードライバーの賃金水準は、この業界の雇用形態の多様化と相まって、下落の度合いは進むと考えます。失業するよりはマシ、といった風潮すら台頭するだろうと、早くから予言していたのは、そうしたことへの予見からでした。それが現実のものになりつつあるのがタクシー業界です。

　京都のＭＫタクシーをご存じでしょう。タクシー業界では異端者みたいに見られていた異色のオーナーが率いる企業ですが、同社のドライバーは実質的には個人タクシー的賃金システムによって成長しているのです。このことが、わが国タクシー業界の将来像を示しているとすら私は喝破しています。そのＭＫさんがまたまた新戦法を打ち出されています。私が主張してやまない個人トラック制度にも合致するのですが、大変に興味ある同社の戦法ですので、後で詳しく紹介します。

5　外国人労働者が増加する！　油断できないぞ！

表向きの失業者だけでも三〇〇万人を突破し続ける一方で、何と、外国人労働者の日本への流入が増大しているのです！　ＩＴ（情報技術）技術者だけならともかくも、肉体労働者、しかも、単純労働者を含めて、デス。

日本で働いている外国人労働者の数は、それが合法的であるか非合法的かの別なく、正確な数字は分からないそうです。インターネットで検索した範囲の情報の一端を抜き出してみます。ここでも、おれたちトラックドライバーに関係はねえだろう、とは言わないでほしいのです。ホントのマジに、です！　今から述べることをよく知ってハンドルを握るのと、関係ねえやと、他人事のようにあしらってハンドルを握るのとでは、ドエライ違いが生じるのですよ、と言いたいのです。

日本は戦後の高度成長期（一九五〇年半ばから一九七三年）において、政策として外国人労働者を受け入れないで発展しました。その間、外国人労働者の「自然発生的流入」を体験しないできたのですが、これは先進諸国で稀なことで、日本だけといってよいだろう、とあります。

フランスをはじめ、西欧諸国や米国は大量の外国人労働者を積極的に受け入れてきたのですが、それは経済発展のために移民労働力に依存せざるを得なかったからです。地理的、歴史的要因もその背景にありました。

外国人労働者の移民を必要としなかったワケ

では、日本は外国人労働力に依存しないでどうして成長できたか、ということです。一つの理由は、農村から都市へ大量の労働力が移動した、移動できたということです。集団就職する高卒者たちを会社の幹部が駅頭で「ようこそ、わが社へ！」と出迎えた光景がその労働力移動の実際を物語ります。

二つ目は、女性のパートや学生を中心にしたアルバイトなどの労働力に依存したことです。女性や学生が職場に進出する姿は、欧米諸国でごく当たり前のことですが、当時の日本では珍しかっただけに、労働力確保の余裕があったというものです。

三つ目は、企業の合理化やオートメーション化の進展が外国人労働者の機能の役割を果たした、ということが指摘されています。高度成長時代の人手不足を補うために、経営者側は必死で設備投資をして生産性を高めたものでした。ロボット化はその典型です。

こんなことから、日本では外国人労働者の受け入れの必要性もあまりなかったのです。しかし、高度成長期の人手不足時代には、財界の要望などで、政府や学会が検討したことがあったのですが、受け入れは行わないという方針で今日まで来ているのです。

ところが、一九八〇年代に入り、外国人労働者が日本に流入し始め、年々増加の一途をたどっているのです。留学生や研修生といった形で入国した外国人が、何らかの形で働き始めたのがその背景の一つです。

「出入国管理及び難民認定法（入管法）」に見る外国人移民の実態

日本では「出入国管理及び難民認定法」（入管法）によって、「単純労働者」の受け入れを原則として認めていません。したがって、現在日本にいる外国人労働者は、そのほとんどが「不法就労者」です。そのために、その数の詳細を知ることは不可能だとされます。

ちなみに、「不法就労のかどによる摘発者」の数は、一九八二年に一、八八九人だったものが、一九九一年には三二、九〇八人にも達しているのです。こうした摘発者の数から推計すると、外国人労働者の実際の数は一九九三年の時点で三〇万人余もあるのです。さらに、そのほかに、「資格外就労」の形で働いている外国人労働者は約五万人存在していると言われます。それに加えて、合法化されている「出稼ぎ日系人」が一九九二年現在で約二万人近く存在する、とあるのです。合わせて五、六〇万人の外国人労働者が日本で就労しているというのです。

実態がそんなこともあって、平成元年十二月、「入管法」の一部改正が成立しました。ややこしい法律を、この場で詳しく述べることは避けますが、簡単に言えば、一つは、「わが国経済社会の国際化による外国人雇用の要望が高まり、国際協調や発展途上国の人材育成等のため」といったことを背景にした、「在留資格の整備・拡大→国際社会への対応」です。日本だけが外国人移民はお断りでは、国際的に格好がつかないということです。

二つは、「急増する不法就労外国人対策→雇用者処罰規定の導入」。これは、雇用主やブローカーの介在が不法就労外国人の増加を助長しているということへの罰則強化です。

三つは、「単純労働者は当面受け入れない」などです。これは従来どおりのものを厳しくすることです。問題は、この単純労働者です。表向きはそれですが、日系人や研修生や就学生などが「隠れみの」になっているケースが多いのです。タテマエは「単純労働者は受け入れない」ですが、ホンネでは「認めている」というのが事実で、周辺諸国もそのように捉えている、というのが実態です。

財界団体、自由民主党、政府当局は、「単純労働に従事する外国人は認めない」という原則を固持しつつ、事実上は単純労働者の導入を可能にするような方策を探っている、という解釈もあり、そうした日本政府の対応を、「二重基準（ダブル・スタンダード）に基づく現実への対応」と称している、と関係筋で喝破するフシがあるのです。いわゆる、タテマエとホンネの使い分けです。皮肉な表現を使えば、日本人の特有の対応ノウハウです。

増え続ける外国人移民労働者

法務省発表によると、二〇〇一年末時点の外国人登録者数が一七七万八、一六二人に達し、三三年連続で過去最多を記録したとあります。日本の総人口（二〇〇一年十月の推計）に占める割合は一・四％で、これも過去最高だそうです。一〇年前と比べた伸び率は四五・九％で、急増ぶりが目立っています。

ちょっと、難しい法律問題やその解釈や実態を述べましたが、これもひとえに、プロドライバーの皆さんにとって、「ライバル」の一角になり得るということから、絶対に避けて通れない話題として述べたのです。外国人トラックドライバーの出現、という生臭い直接的な話題では当面ないとしても、外国人労働者の進出で追われる（失業する）日本人労働者がトラックドライバー職に新規参入する気配が濃厚なんですよ！　というのが私のここでの主張です。

先進諸国に見られるＩＴ技術者移民の増大

さて、ここでは単純労働者に的を当てて述べましたが、ＩＴ技術者の外国人移民は日本を含む世界の先進諸国では猛烈に活発です。肝心の日本における外国人ＩＴ技術者移民計画が手もとにないのが残念ですが、ドイツの例を物語る新聞記事から拾って述べてみましょう。何かにつけて日本とドイツは類似点があり、他山の石とすることも大事だからです。

同国の社会・労働省によると、一昨年の一年間に特別労働許可証を発行したＩＴ関連の外国人技術者は約八、六〇〇人とかです。同国のＩＴ分野の人材不足解消には程遠い状態とかで、政府は勧誘活動を強化する方針です。

ドイツではＩＴ関連の技術者が九万人不足しており、年間五万人以上の移民が必要とした報告書をまとめており、政府は、これをたたき台に、質の高い移民労働力を中長期的に進める「新移民法」をまとめた、とあるのです。

ドイツでは、現在でも大量の移民労働者があるために、失業率が極めて高いことから、移民を排斥する右翼が台頭するなど、社会不安が否定できません。ちなみに、同国の失業率は一〇％を超えています。旧西ドイツは七・三％、旧東ドイツが一七・三％です。そのような状況にもかかわらず、質の高い移民労働者をどんどん受け入れなければ、グローバル経済にドイツ自体がついていけない、という深刻な悩みを持っているのです。

フランスも移民労働者問題に関しては同様で、先の大統領選挙では移民労働者を排斥する右翼候補との決戦投票もあったりしたのはご存じの通りです。

わが国の移民労働者問題もいずれ、これら移民受け入れ先進諸国の悩みを後追いすることを覚悟する必要があるのですが、当面は受け入れに積極的ではありません。かの中国日本総領事館で発生した北朝鮮人五人の亡命事件が、日本に外国人受け入れ論議を巻き起こしました。難民亡命か政治亡命かの別なく、覚悟せねばならないひとつの国際的流れであるでしょう。

ともあれ、ＩＴ技術者に限っては、それを急がないと日本も立ち遅れるのが実態です。ＩＴ技術者移民外国人が日本に定住し、結婚して子供をもうける世代になったときが問題です。当事者も技術の日進月歩で体力に限界が生じてくるかもしれません。奥さんや子供に至っては、ＩＴ技術者として働くことができるとは限りません。ひょっとして、トラックドライバー職を選ばないとは断言できないでしょう。「油断できないぞ！」と言うのは、こうした将来の日本の労働市場を予想してのことなのです。

折しも日本経済新聞で深刻な日本のＩＴ技術者不足の実態を見せつけられました。平成十四年九月二十二日付「ＳＵＮＤＡＹ　ＮＩＫＫＥＩ」です。「ＩＴ技術者が足りない！　ソフト開発外国人が救う」の見出し全面記事を読んで何だか寂しくなりました。この分野でも日本人が後発だからです。

冒頭の言葉を原文のまま紹介します。「日本企業で働く外国人システムエンジニア（ＳＥ）が増えている。ソフトウエア開発の下請けではなく、中核部分を担いつつある。背景には日本の技術者不足がある。この二〇年、技術革新に対応した人材をうまく育てられなかったソフト業界に思わぬ国際化の波が押し寄せている」がそれです。

大手銀行の基幹システムを刷新すると、五〇〇〇億円以上の費用と三年程度の歳月がかかるのが常識とか。それをわずか六〇億円のコストで一〇ヶ月の短期間に完成した、とあるのは新生銀行です。その主役はインド人技術者です。同行のシステム企画部スタッフは総勢二六〇人。その約三分の一が業務委託の先であるインドの日本語も喋れるソフト会社社員だそうです。

業界関係者は「現在数千人いるといわれる外国人ＳＥを数年で三万人程度に引き上げる計画が進行中」と打ち明けているそうです。その背景には、日本政府、企業、大学がそうした人材育成の有効な手を打ってなかったことが指摘されているのです。「日本の大学が生み出すＩＴ技術者は毎年二万人と、中国の六分の一にすぎない」とは情報サービス産業協会の佐藤雄二朗会長の弁です。「失われた一〇年」どころか、「失われた二〇年」になるとの声さえある、不気味な内容の記事です。

それにしてもですが、このような高度の技術者を目指す日本人が少ないという事実の一方で、3K（キツイ・キタナイ・キケン）職業は（も）イヤだという日本人が多いのです。日本はどうなるのでしょう？　プロドライバーという職業が案外と脚光を浴びる時代が来るのではないかな、と思うのですが、皆さんはどう思われますでしょうか？

6　二〇一〇年ごろのニッポンはこんな国になる！

あと六年足らずで二〇一〇年です。預言者気取りでそのころのニッポンの姿を語るつもりはないのですが、私がトラック運送業界の規制緩和や将来像を講演で語ったり、執筆活動する際に、よく引き合いに出すことがあるのです。皆さんが働いている職場に関係しますので、他人事としてではなく、ホンキで読み進んでほしいのです。立派なプロドライバー人生を送るために、です。

経済審議会答申「二〇一〇年ごろを目標とした新しい経済計画　経済社会のあるべき姿と経済新生の政策方針」

書いたり喋ったりするのが本業の私にとって、情報収集は何より大事です。読むもの、見るもの、聞くもの、すべてがネタ集めです。一九九九年七月のことです。当時「経済審議会」という組織がありました。会長はかのトヨタ自動車の豊田章一郎名誉会長でした。民間の代表的各界企業のトップを中心に、労働組合や主婦連合会という幅広い代表者の構成によるものでした。事務局は経済企画庁内にありました。当時の経済企画庁長官と言えば、かの堺屋太一さんでした。先に述べた、「好き嫌いで仕事を選びなさい」の主です。先の省庁再編成で、現在では「経済財政諮問会議」に統合されています。その旧経済審議会が当時の小渕恵三総理大臣に「答申」したものがあるのです。

題して、「二〇一〇年ごろを目標とした新しい経済計画　経済社会のあるべき姿と経済新生の政策方針」という答申書です。インターネットでこの答申書の全文をプリントアウトしたのですが、当時の私のパソコンでは数時間を要したほどの長文です。その答申書の表紙に、豊田章一郎会長が小渕恵三総理大臣（いずれも当時）に宛てた文書があり、その末尾に「……この際、この答申の趣旨について、国民の十分な理解と協力が得られるよう努められたい」と念を押しているのです。

話が前後して恐縮ですが、この言葉通りに政府がその答申書に書かれたことを真剣に国民に伝え、理解を求めていれば、現在のデフレ経済で右往左往することなく、国民に苦しくても耐えていこう！　と呼びかけていたのに、と思うことがあるのです。そこに書かれている内容は、今まで私が述べてきことの背景にあるものとして、この先を真剣に読み進んでほしいのです。

考えると、何故！　なぜ？　と思うほど、この答申書の内容が、どうしたことか、その後の財界や政界や国民の間で論議や話題にされていないのです。もっとも、発表された当初は、マスコミがこぞってこの答申書の内容をいったんは報じたのですが、その後のフォローが全くと言ってよいほど途切れてしまったのです。「二〇一〇年ごろを目標とした」という長期の経済政策にもかかわらず、なぜか関係者は無視してしまった、といった感じです。私に言わせれば、ものの見事に、答申の通りになりつつあると言いたいことがあるのです。今までに私が述べてきたことの多くは、そこに書かれた、予言されたことが少なからぬ影響を与えているのです。プロドライバーの皆さんに関係あると考えられるものに限って述べてみましょう。

完全失業率の予測

「……職業ミスマッチが拡大するとみられるなど、完全失業率を高める要因は多い。こうした中で、二〇一〇年ごろの完全失業率は三％台後半から四％台前半と見込まれる……」とあるのです。

「職業ミスマッチ」については後述しますが、「雇用ミスマッチ」に通じます。このことでプロドライバーの皆さんに知ってほしいことは、すでに、トラック運送業界でも、この「雇用ミスマッチ」が発生しているということです。職業（雇用）ミスマッチとは、欲しい人はいないが、欲しくない人はウヨウヨいる、という状態です。「欲しい人」の条件の一つは、単に質とか技術とかの問題だけでなく、経営が成り立つ範囲内の賃金水準を納得して働く意志があるかないかもその要因であることは確かです。

さて、問題は失業率の予測です。この答申が出た当時は、政治経済界でデフレのデの字も出てこなかった時代です。この答申が出たのが一九九九年七月ですから、当時からすれば一〇年先の予測です。当時、小渕政権は借金王を自称しながら、あの手この手の経済刺激策でお金をばらまきました。バブル後の経済立て直しの中には、当然失業率の低下は視野にあったハズです。そうした精一杯の努力の結果が、「一〇年後の失業率三％台後半（三・七％程度）から四％台前半（四・三％程度）」であるということは、そこに至るまでの一〇年間はそれ以上の失業率になることは覚悟の上であると解釈するべきです。そうした山場を乗り越えて一〇年後にはやっと三％台後半から四％台前半になりますよ、それが日本の現況からして精一杯の成果なんですよ、ということなのです。言わば、一〇年先の失業率達成努力目標です。

このように考えてきますと、現在の五％を突破する公称失業率は当たり前、と言えると思うのです。それがどうしたことか、右往左往です。答申内容が全く国民の理解や協力を得ていないし、政府もその努力を全くしてこなかった、と皮肉りたいのが私の心境です。前項で述べた「デフレで賃金が下がる。こりゃ大変だ！」の意味がお分かりでしょう。

所得格差の是認

「……個人が自己責任のもとに、自立した存在であることの認識が高まっている。そうした社会においては、創造的価値の生産やリスクをとることによって大きな所得格差が拡大する可能性となる。成功者と失敗者の間で、所得格差が拡大する可能性があるが、挑戦とそれに伴うリスクに相応する報酬は正当な評価であり、それによる所得格差は是認される……」とあります。

「自己責任」は、良きプロドライバーを志す皆さんにとって、格好のキーワードたり得るでしょう。事故を起こしたら、その尻拭いは自分自身だ、といった心構えが大事なのです。これが前項の「職業（雇用）ミスマッチ」を回避させるドライバー側の戦略にもなるのです。

「創造的価値の生産性やリスクをとることによって、大きな所得格差が拡大する可能性」は、プロドライバーの皆さんにとって、これまた格好の予測です。ここでは、このことに関して多くは述べません。

「挑戦とそれに伴うリスク」は後から出てくる個人償却制や個人トラック制への挑戦とリスクに置き換えられるでしょう。問題は、「所得格差の是認」にあります。平たく言えば、「貧富の差の是認」です。

この次に出てくる「結果の平等から機会の平等」に関連しますが、日本人は戦後このかた、平等主義を信奉してきたフシがあります。貧富の差を美徳としない国民性であったと思います。中産階級的な生活を求めてきました。それが否定されたのです。努力するものとそうでない者、実力のある者とない者の格差があって当たり前、という時代の到来を予測しているのです。高度成長期、ある総理大臣が「貧乏人は麦飯を食って当たり前」と言い放って、それがもとで総理の座を降ろされました。そうした日本人の国民性を表徴しています。「分相応の生活をする」ということは至極当たり前なことではあるのですが、国民性がそれを許さなかったのです。

自己の能力を存分に発揮して応分の報酬を期待する多くの人材が、そのような何でも平等主義に見切りをつけて海外流出したのは、そうした背景もあったのです。ここでも、前述した「デフレで賃金が下がる！　こりゃ、大変だ！」が真実味を持つと思うのです。

「結果の平等」から「機会の平等」へ

「……平等には、すべての人々が等しい挑戦のチャンスを持つという意味での『機会の平等』と、所得格差の是認や消費の規格化による公平感を重視する『結果の平等』がある。生産手段の国有化や官僚統制によって、事前的に『結果の平等』を図る社会構造が二十世紀には世界の多くの国で試みられたが、結果は失敗に終わった……」とあります。

「結果の平等」を図る社会構造が「失敗に終わった」と断言しているのです。大学受験でいえば、大学入試を何とかパスして入学したら、卒業は何とかできた、卒業すれば何とかそこその企業へ就職できた、いったん就職したら、何とか定年まで勤めることができた、というのが結果の平等でした。現在はすでに、そのメカニズムが崩壊していることはご存じの通りです。ところが、これからの大学も、実力なしで卒業したら、企業は見向きもしてくれません。それどころか、大学教育の「機会の平等」が働いて、入学は誰でもできるという「機会の平等」の裏返しに、学力がなければ卒業はできないという仕組みになるのです。それは「結果の優劣」であるでしょう。この辺りのことは「ドライバー以外の職業を選ばなかった理由を思い起こしてみませんか？」を思い起こしてほしいのです。

トラック運送業界における「機会の平等」とは？

皆さんの勤務先であるトラック運送会社に例をとりますと、こうです。この業界には、「最低車両台数規制」というやっかいな規制があります。かつては、人口規模に応じて、「最低五両以上」「七両以上」「一〇両以上」といったトラック保有台数を確保しなければ運輸許可がとれなかったのです。後に出てきますが、欧米物流先進諸国で主流となっている「オーナー・オペレーター（個人トラック業者）」を日本でも認めるべきだという主張を（私が、と言ったら僭越ですが）ジャンジャンやったものですから、すったもんだの結果、妥協の産物として「全国一律五両以上」という規制緩和が成立したのです。つまり、五両のトラックを揃えれば、トラック運送業界に新規参入できるようになったのです。

つまり、誰でも、いつでも、比較的たやすく、トラック運送事業を開業することができるという、「機会の平等」に沿った制度ができ上がりつつあるのです。もっとも、本当の意味での「トラック運送業界への新規参入機会の平等」とは、私がここ一〇年間主張し続けている「個人トラック制の認可」、つまり、たった一両でも個人運送事業が開業できるってことです。このことは後に譲ります。エッ？　それは興味ありだ！　という声が聞こえてきそうですね。そうだとしたら本書の価値はぐ～んと上がるというものです。ま、読み進んでください。

さて、以上、旧経済審議会答申から三つのテーマを抜粋して、皆さんの業界と職業に絡めて述べてきました。皆さんが現役のトラックドライバーで活躍するこれからの一〇年間、あるいはその後は皆さんのお子さんたちが成人して働く年代になっても、現在のような失業率が慢性化し、場合によっては生活レベルを切り下げる心の準備をしていくことが無難だと言いたいのです。備えあれば憂いなし、です。

7　地球人口六三億人、二〇五〇年は八九億人?!

もう一つの地球が必要になる！

いつでしたか、NHKテレビが報じてました。米国で真剣に研究されているのですが、火星を「第二の地球」にするという、途方もない計画です。その内容は避けますが、決して夢物語ではないのです。半世紀から一世紀の間に、という現実味のある計画です。人口暴発と地球環境悪化がその背景にあるのです。

そんな先のことをプロドライバーの俺たちが知る必要があるの？　といった声がここでも聞こえてきそうですね。でも、前項で述べた二〇一〇年ごろにおける日本経済社会の生き方処方箋の延長線上に、世界、いや地球そのものがどうなるのか、といったことを考えることも意義があると思うのです。「東京都排ガス規制促進」はその一つです。条例で定めた粒子状物質（PM）排出基準に満たないディーゼル車の運行禁止や速度抑制装置（スピードリミッター）などは、プロドライバーの皆さんの知られるところです。文字通り「グローバルな（地球規模の）」視野でハンドルを握って生活することが良きドライバーたり得る、と思うのです。

「二〇〇一年版　世界人口白書」の不気味な予測

国連人口基金（本部・ニューヨーク）は「二〇〇一年版　世界人口白書」を発表しています。それによると、世界の人口は二〇五〇年に九三億人に達するという推計を明らかにしています。これは同基金が一九九九年発表の推計値より四億一、三〇〇万人の増加です。二年前の推定値より大幅に伸びていることです。増加分のうち五九％が、一六の途上国で占めているとあります。国連人口部の統計によると、現在の世界人口は六一億三、四〇〇万人で、年間七、七〇〇万人の割合で増え続けているそうです。人口規模に関する限り、二年間で一つ以上の日本が地球上に出現するってことです。

同白書のテーマは「人口と環境の変化～人類の足跡と未来への道しるべ～」です。経済のグローバル化が世界に富をもたらした一方で、大気汚染や温暖化など地球環境の悪化を招いたと分析、世界人口の二〇％を占める国（先進諸国）が個人消費総額の八六％を占めている現状を示しています。富と消費の偏りです。

ちなみに、本書の編集最終段階で「二〇〇三年世界人口白書（テーマ・一〇億の思春期の若者のために～健康と権利への投資～）」をインターネットで検索してみましたので追記します。昨年十月時点では世界人口が六三億人です。二〇五〇年までに「八九億人」に増加する、と述べています。二〇〇一年版では「九三億人」でしたが、かなりの差が生じています。これらはあくまで「予想」であるので、状況変化による誤差は止むを得ないでしょう。エイズ関連の死亡の増加や、先進諸国での出生率の低下などによる結果であると報じています。同白書のテーマがその背景を示唆しています。いずれにしても、これから半世紀以上先までの世界人口は確実に増加し続けることは疑う余地はありません。

経済のグローバル化で国際競争力はボーダレス化

考えてみますと、世界に目を向けるとき、大きな問題点は人口暴発ですが、同時に自覚しておかなければならないことの大きな問題は、経済のグローバル化によって生じている南北格差、すなわち、北半球の先進諸国と南半球の開発途上国とのギャップがもたらす所得格差とそれによる国際競争力格差です。さらに加えて、国境を越えたヒトとモノの流れの自由化です。

トラック運送業界で言えば、ＥＵ一五ヶ国連合の貨物輸送がボーダレスになったことがよい例です。日本国内のトラック運送業者が競争でしのぎを削っていることからみると、想像を絶する過酷な競争が繰り広げられているのです。賃金の国内地域差なんて問題ではありません。国家間のドライバー賃金格差に加えて、為替レートによる問題もあるのです。前に述べた「南北の平均化現象」に似たものが、このＥＵ一五カ国の地域で発生しているのです。

プロドライバーの皆さん、どうでしょう、日本だけに目を向けていたら途方もない方向に世界が動いていることに気づかないことがお分かりでしょう。日本人として日本国内で処していくうえで、こうしたことを認識して生きていくのと、そうでないのとでは、生活態度そのものにも大きな格差が出てくると言いたいのです。

3章

あなたが人生を託している
トラック運送業界のことを知ってますか？

1　トラック運送会社は毎年一千数百増え続けている！　なぜでしょう？

良きプロドライバーを目指すためのジョウシキの一つに、自分たちが働いている業界、すなわち、人生を託しているトラック運送業界のことを知る必要があります。プロドライバーになって良かった悪かったの判断や認識も、その業界の実情を理解しているか、していないかに関わるからです。

その手始めに、この業界にはどのくらいの数の業者がひしめいているのか、そしてその業者数はどんなに変化しているのか等々といったことを認識することが大事です。同業者はライバル（競争相手）であるからです。会社同士がライバルであることは、同時にそこで働くドライバーの皆さんにとってもライバル同士になるからです。ライバルを知らずして、それへの備えや心がけも出てこないと言いたいのです。まして、事故を起こす、起こさないの優劣や善悪の意識も希薄になりかねない、からです。

一九五〇年以来の業者数の推移

運送会社で働いているプロドライバーの皆さんに、「日本全国でトラック運送会社が何社あるか、知っていますか？」と尋ねますと、ほとんどが全く、的外れの答えを口にします。無理もありません。こんな話題は皆さんの職場で、社長さんからあまり聞かされていないと思うからです。と、こんなことを歯に衣着せず言いますと、皆さんの社長さんからお小言をうけるかも知れませんね。でも、それを覚悟のうえでのことですが、社内で本格的なドライバー(安全)教育を実施しているところは案外と多くないのです。本書を読んでいるプロドライバーの皆さん、自問自答してみてください。長距離トラックのドライバーさんだったら特にですが、何ヶ月も社長さんの訓示を受けたことはない、という人は決して少なくないでしょう。

事故防止教育はいちばん大事なことでありながら、正直なところ、案外と当事者であるドライバー任せ、といった感じがしないでもないのです。職業柄、社員全員を一堂に集めることができないという理由からかどうかは別ですが、多くの社長さん方は、プロドライバーの皆さんは一応、国家試験を受けて運転免許を取得しているということから、ひとまず信頼してよいだろう、といった経営者側のホンネが見え隠れしないでもありません。ま、このこと自体はドライバーの皆さんにとってまんざら悪いことではないでしょう。でも、それが落とし穴ってことを企業労使が自覚する必要があるのです。

ま、そんなこともあってか、こと細やかにドライバーの心得や、まして業界のことを話さなくても、まあ何とか「自主的に」ドライバーの役目は果たしてくれるだろう、といった心情が否定できないのです。そうした社長さんの期待に応えるのがプロドライバーの皆さんの責務ですよ、と言いたいのですが、ま、これは置いときましょう。

図11　トラック運送事業への新規参入の推移

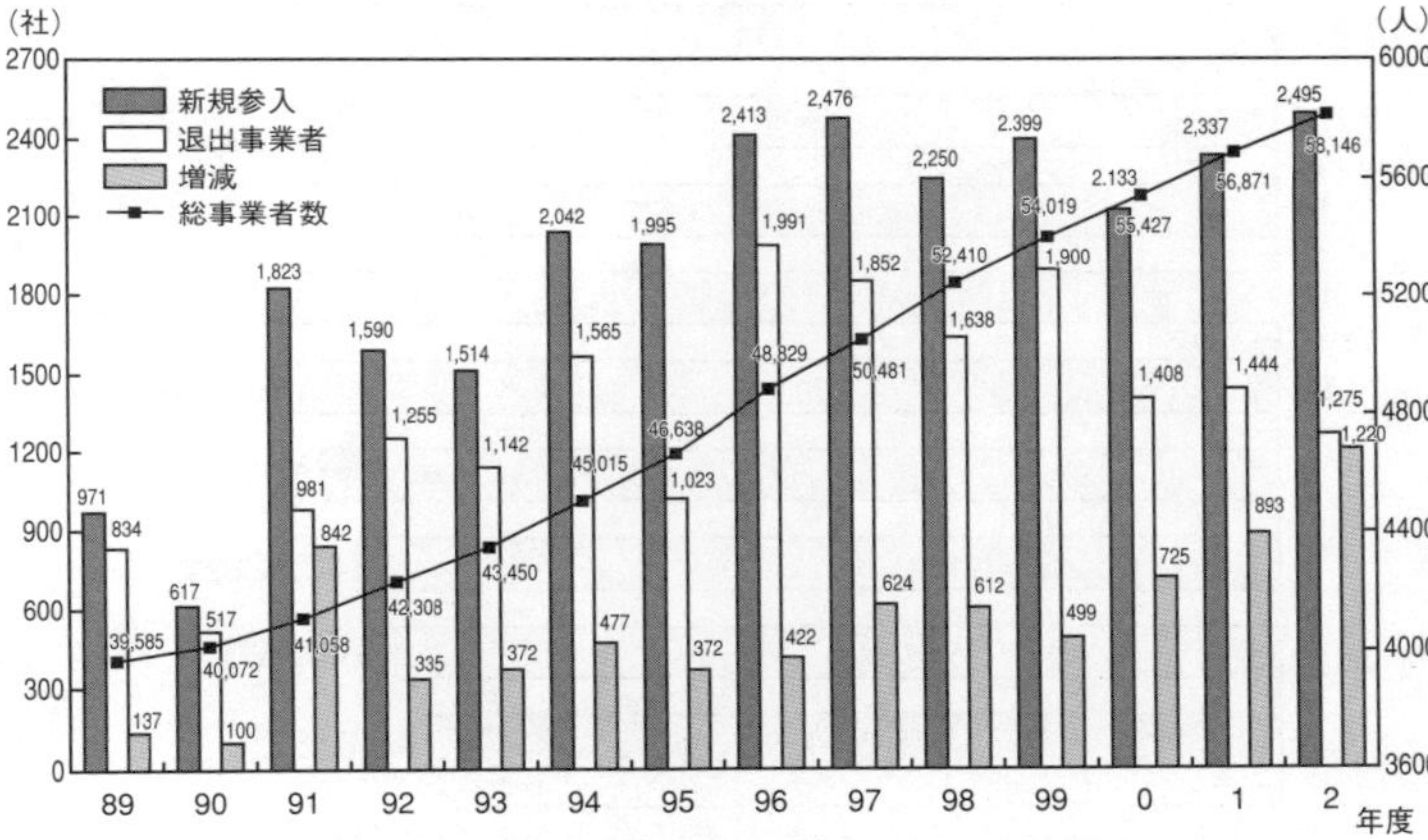

国土交通省の資料による。（退出等には合併、譲渡により消滅した事業者も含む。）
輸送経済新聞より

さて、肝心の業者数ですが、直近の資料からみますと、平成十五年三月末現在（二〇〇三年度）の業者数は、五八、一四六社です。エッ？　そんなにたくさんの業者がいるの？　と思うか、思わないかは別にしてですが、問題は、どのくらいのスピードで業者が増加しているのかということに関心を持ってほしいのです。

過去一〇年間の平均でみますと、実に、毎年、二、〇六八社もの業者が増えているのです。ちなみに、倒産を含む年間の「廃業者数」は平均わずか五八〇業者です（図11）。現役で頑張っているプロドライバーの皆さんの多くが、まだ生まれていなかった第二次世界大戦終了五年後の昭和二十五（一九五〇）年の業者数は、ご覧のようにわずか現在の一〇分の一でした（図12）。

図12　トラック事業者の推移

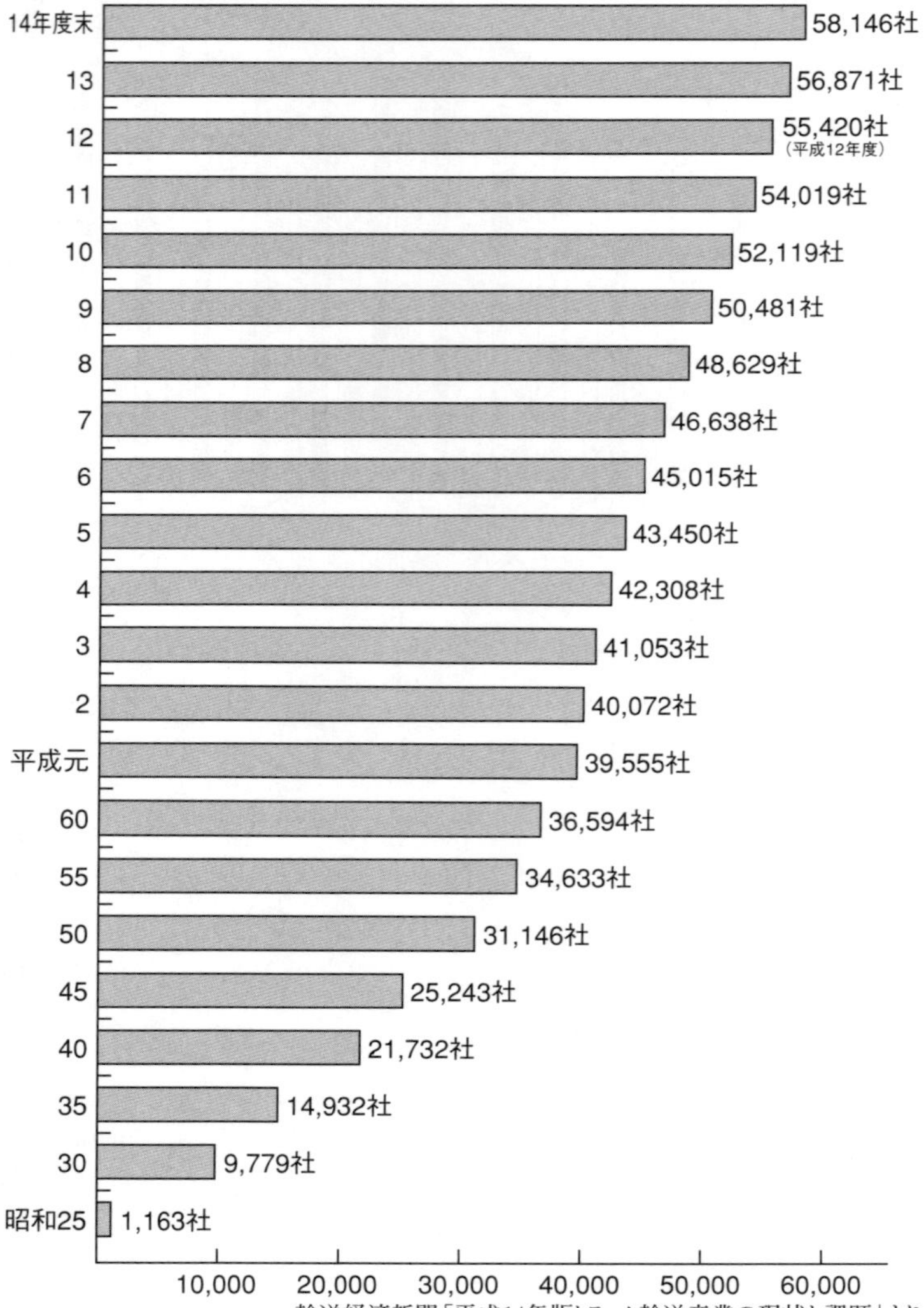

輸送経済新聞「平成14年版トラック輸送産業の現状と課題」より

後にも出てくる問題ですが、日本における「開業率」と「廃業率」の推移（非一次産業の企業数ベース）を見ると異様な様相がうかがえるのです。つまり、一九七八年ごろまでは開業率が約六％で、廃業率の約三・七％を大きく引き離していました。ところが、一九八三年ごろからそれが逆転して、一九九一年ごろからぐんぐんとその差が広がっているのです。一九九六年時点では開業率約三・五％、対して廃業率は約五・五％です。このままでいくと、日本では職場がだんだんと無くなってしまうという、何とも不気味な様相ではあるのです。

トラック運送業界の開業率は優等生、廃業率も低さにおいて優等生

ところが、この「開業率」に関する限り、わがトラック運送業界は「超優等生」です。つまり、開業率は過去一〇年間の平均でみると、「年率四・三％」という高い率で、対して「廃業率」は「年率〇・四六％」という極めて低い率です。この数字だけからみると、この業界は新規参入の魅力がよほど抜群のようですね。

と、こんなこと書きますと、冗談じゃあねえや、運賃が下落して俺たちの賃金も減っているのに景気がイイってもんじゃあないや、といったボヤキも聞こえてきそうです。でも、そんなボヤキの一方で、倒産や儲からないからや～めた、といって店じまいするケースがご覧のように極めて少ないことに注目してほしいのです。

この不景気に?!　と首をかしげる気にもなるというものです。皮肉なことですが、業界紙は

最近の現状を「倒産ケース最悪！」などと報じているのです。事実、過去の実績からみると、確かに最悪状態ではあるのです。しかし、繰り返すようですが、新しくこの業界に入ってくる業者（経営者と社員ドライバー）も過去最大なのです。この辺りの実態にプロドライバーの皆さんも大いに関心を持つ必要があると言いたいのです。後に出てくるプロドライバーの「ライバル意識」の必要性がここでもうかがえるのです。

2　元気ハツラツ、たくましい「軽貨物個人運送業者」

わが国の一般貨物自動車運送業界のことを語るうえで、避けて通れない、通るべきでないものに、「貨物軽自動車運送事業」があります。通称、軽貨運送業者で、個人営業が認められているのは先刻ご承知の通りです。本書の読者の中にはこの業界で活躍しておられるオーナー・オペレーターも少なくないと思います。本書の読者対象が主として社員ドライバーですので、その辺りのことは斟酌して読んでください。

ご存じのように、これは届出制ですので、だれでも簡単に営業開始のできる商売です。格好のパパママ・ファミリー商売で、昨今では、投資資金も極めて少なくてすむことなどから、リストラになったホワイトカラー族や定年後人生で年金をもらいながら、好きなクルマで商売を、といった人たちも多く見かけられます。

全ト協の資料をみますと、二〇〇〇年度末の軽貨運送業者数は一二万八、一二一業者、二〇〇一年度末は一三万一、〇七六業者、二〇〇二年度末は一三万七、六二〇業者と、それぞれ一・〇二％、一・〇五％微増しています。二〇〇三年度は失業者の増大による新規参入組でこの業界でも業者数が増えることでしょう。

弱音をはかない軽貨物個人運送業者

特記すべきことは、この業界のオーナー・オペレーターさんたちは、一般貨物運送業者と比べて、案外と元気がイイのです。と、こんなことを言ったら、一般貨物運送業者の労使から、俺たちには元気がないってことか、と苦言が出るかもしれません。事実、業界専門新聞などを見ると、一般貨物の方からは昨今の運賃下落に大きな悲鳴が聞こえる反面、軽貨物業者さんの方からは、ついぞ悲鳴が聞こえてこないのです。もともと、規制緩和の落とし子とも言えるような超零細運送業者ですので、さまざまの競争は覚悟のうえだからでしょう。競争心や対応戦略に関する限り、固定観念を持ちやすい一般貨物業者さんと比べ、極めて柔軟のように見受けられます。一般管理費が限りなくゼロに近く、かつ、収入に対する欲望も一般貨物のドライバーさんたちと比べて控え目な感じです。

そこでですが、両者（軽貨物個人業者さんと一般貨物のドライバーさん）にお伝えしておきたいことがあるのです。後からでも出てくる大事な問題ではあるのですが、ここでは簡単に述べておきましょう。

軽自動車から普通車への転換に虎視眈々

まず、軽貨物個人業者さんに対してです。個人トラックが認可される時代が来たら、皆さんの中から、「普通車」（一般）へ転身する機会が到来することにもなりますよ、ということです。事実、この業界で著名な上場会社の社長さんが、ある業界誌の座談記事で言っておられるのです。個人トラックが認められたら、一斉に軽自動車から普通車に転換する、と。同社では軽自動車に色々と工夫されて積載量が少しでも多くなるようにされているのです。運転台の上にも荷物が入れられる工夫をしているのです。普通トラックによる個人事業認可の時代が到来することを視野に、従来型の二トン車や四トン車を、より小回りのきくスペックに改造する機会をうかがっておられるとさえ思うのです。

一般貨物のプロドライバーの皆さん、それに経営者の方々にもですが、あなどり難い「ライバル（競争相手）」が、これら軽貨物個人業者さんになり得るのですよ、ということです。詳しくは後に出てきます。

ある軽貨物運送業者（二業者）の例

この業界のある大手企業さんが私の地元東広島市で「開業説明会」を開催された折、当時関連執筆活動をしていたことから取材をお願いして立ち会いました。休憩中のことです。待合室で一人の業者さんと話をする機会がありました。その人物が言うには、自分の持ち車は使わずに、構内作業をさせられるので文句を言いに来た、と。そこで私は助言してあげました。イイじゃあないですか。あなたが軽トラ業者であるからこそ、そうした構内作業をさせてくれるのですよ。そうでなかったら、作業員としても使ってくれませんよ。あなたの軽トラはそうした幅広い業務を保証してくれる商売道具だと考えたらどうでしょうかね？　燃料も使わず、トラックも傷めずに、と。モチ、その人はナットク！　って感じで帰っていきました。私が個トラ提言活動をしていると知った彼は、それじゃあ、そのときには普通車にランクアップして頑張りまっせ、とご機嫌でした。

七、八年前に小倉市で一般企業の経営者を対象にした講演をしたことがあります。国鉄（当時）の民営化を期に軽トラ業者に転身したという人物が、私の個トラ提言活動を知って発言しました。個トラ時代になってもボクは普通車に切り替えません、と。なぜならば、軽トラで十分稼げるからだ、と胸を張っていました。年末・お盆の贈答品時期には八〇万円から一二〇万円の稼ぎができると豪語していました。ただし、その最盛期中の睡眠時間は三、四時間だとも言ってました。事故を起こしたことは？　と水を向けたら、即座にＮＯ！　でした。軽トラ業者の人物像や稼ぎはピンからキリですよね。

軽トラ業者の名古屋立てこもり爆発事件

軽トラ業者に関連してぜひとも追記しておきたいことに、ご存じ、契約先の会社の支店長さんを道連れにオフィスに燃料をぶっかけて自爆死、くだんの支店長さんも爆死させた軽トラ業者の起こした極めて重大な犯罪事件です。この事件は軽トラ業者に関して好ましくないイメージを招きかねませんので、あえて私見を述べておきましょう。

こんな出来事を通して世の批評家たちは、弱者の肩を持ったごとく、契約条件の過酷さを引き合いに出します。とんでもありません！　読者の皆さんにお願いですが、この事件に関してクールな見方をしてほしいと願います。一三万（業者）分の一の業者が起こした初めてのこのような事件です。それでもって軽トラ業者の実像とは断じて思わないでください。

軽トラ開業は元請け業者が提供する自社ブランドの軽トラを高く売りつけるのが本来の目的で、軽トラ業者は利用されている、といったヤッカミが一部にあります。ホントにそうならば、手を出さねばイイだけのことです。何も元請け業者に味方するわけではないのですが、統一したスペックの軽トラを大量発注してこそ現在の値段で供給できるのであって、営業活動は元請けにお任せ、それらを有効に活用して共存共栄するか、しないかは、当事者同士の問題です。

どだい、一〇〇万円そこそこの投資で簡単に稼げるなら誰だって手を付けます。しかも、営業力も経験もほとんどない状態で、ただ元請け会社の指示通りにすれば、額の大小はあってもある程度の収入が得られるのですから、こんな商売ってザラにはないでしょう。事実、昨今の軽トラ業者さんの中には、女性や年金受給者が小遣い稼ぎといった気楽な気持ちでやっている方もいらっしゃるのです。同じことが昨今のタクシー業界でも顕著です。

割高の軽自動車トラックを買わされたとか、手数料を取られると愚痴っても、それじゃあ、自力で得意先を確保してやればイイじゃないか、と言われても仕方ないでしょう。商売ってそんなものなのです。

そんな折、業界新聞「物流ウィークリー」が昨年十月六日号「声」の欄の末尾に興味あるコメントを寄せているのに目がとまりました。以下にその原文のままを再現します。曰く、「私は軽貨物の出身。名古屋の立てこもり爆発事件を見て思うのは『どっちもどっち』ということ。『運送業というよりクルマ販売業』と勤務先の軽貨物会社を指摘している元委託ドライバーのコメントも流れていたが、あれは本音だと思う。とはいえ、努力もせずに『月収四十万円』を期待するほうも問題。割高な車両代は、独立開業の手助けをしてもらった手数料くらいに考えていないとシンドイよ」（広島県内の運送会社社長）

後に出てくる「オーナー・オペレーターを傘下に君臨する超優良企業」（P二五八）で述べていますが、九万人（台）の個人事業者を見事に育成して傘下に擁し、共存している企業があるのです。米国のランドスター・システムズ社がそれですが、現在の日本で何千台もの軽トラを傘下に擁して活躍する元請け企業は、まさに「日本版ランドスター・システムズの軽トラ版」とでも呼べるでしょう。将来の一般貨物運送業界でも、この種の日本版企業が誕生してくることが予想されるのです。

3 「最低保有台数規制」って何だろう？ その理由は？

わが国のトラック運送会社の数とその増減の実態を知ってもらったら、次に関心を持ってほしいことに、「最低保有台数規制」ってものがあります。これは「貨物自動車運送事業許可」を取得する際に必要とされる一つの「認可基準」です。かりに皆さんがトラックドライバー体験をもとに、独立して運送会社を開業するとしたら、「最低、これだけのトラック台数を確保しないといけませんよ」という「基準」です。「法律」とあえて呼ばない、呼べないのは、それが「貨物自動車運送事業法」には全く明記されていないからです。この法律に基づく「許可申請」が希望者から当局（各地の運輸支局）に提出されたら、「この基準で処理しなさいよ」という、運輸局長による「通達」の中に明記されている規準です。

人口規模で決められていた「台数規制」

肝心の「最低保有台数規制」にある「台数」とは何台か？　です。思わせぶりに説明する気はないのですが、ごく数年前までの基準にさかのぼって説明させてください。著者のヨシダにとって、いわく因縁のあるシロモノであるからです。

「従来の」最低保有台数基準は、人口に応じて、五両以上、七両以上、一〇両以上というものでした。七つの運輸局で若干の相違はあったのですが、具体的には、人口一〇万人以上の都市は一〇両以上、五万人以上で一〇万人未満都市では七両以上、五万人以下の都市では五両以上、というのが一応の基準でした。でした、と過去形です。

後にも出てくる大変に重要な問題ですが、この「最低保有台数規制」っていう規制は、私の知る限り、世界広しといえども、日本だけにある規制のようです。

業界最大の規制緩和「最低保有台数規制の撤廃」是非論

実は、この規制を廃止すべきだという考えのもと、私が動きだしたのです。つまり、一両でも運送事業が営まれるようにするべきだ、といった主張や提言をし始めたのです。それは平成四年ごろからのことです。いわゆる、「最低保有台数規制の撤廃」です。エッ？　普通車一両で個人事業が出来るようになるの？　じゃあ、俺も開業するか！　と気負い込んでいただくと嬉しいのは筆者の私なんですが、ま、それはちょっと置いといて、先に進みましょう。

次の章で詳しく述べることですが、そもそもこの「最低保有台数規制」を撤廃すべきだという主張を、今から何と三〇年くらいも前にされた方がおられるのです。もっとも、私がそれを提言し始めて何年も後になってその事実を知ったことではあるのですが、そのご人物とは、プロドライバーの皆さんだったら誰でもご存じの、かの有名な「黒猫ヤマトの宅急便」ヤマト運輸株式会社の中興の祖である小倉昌男さんその人です。ＮＨＫテレビ「プロジェクトx　腕と度胸のトラック便、翌日宅配　物流革命が始まった！」のことは一章の九節「モノとサービスとココロとゲンキの配達人ってステキじゃあないですか！」で述べました。小倉社長さん（当時）と言えば、当時の運輸省に新規免許問題で大喧嘩をけしかけた大人物です。

すったもんだで「全国一律五両以上」

その小倉さんに先見の明があったことは当初全く知らないままのことでしたが、私は膨大な量の提言論文やエッセイを業界紙（誌）に発表し、当時の政府や民間関係団体・機関に猛然とアピールしました。その様はドラマチックで、生々しいドキュメントでした。その当時の模様は後述しますが、すった、もんだの大激論、大論争の結果、平成十二年三月に、「全国一律五両以上」ということで、一件落着したのです。それが今日に及んでいる、最低保有台数規制の「台数」です。

ヘンな話ですが、かつての「五両以上、七両以上、一〇両以上」は各運輸局長の胸下三寸（？）で決められていたシロモノです。しかし、今回の「五両以上」は、いわば当該関係者（当時の運輸省・業者団体である全ト協・政府・民間関係機関等）が大激論のうえに決定したシロモノですので、これは従来の運輸局長が示す単なる「通達基準」ではなく、まさに「法律」として活かされるべき「認可条件」であるというのが私の主張です。

「五両未満業者」は非合法業者

ところで、現在、読者の皆さんの中には、アレッ？　俺んチの会社には五両もないけどな……と、首をかしげる方がひょっとしてあるかもしれませんね。「五両未満業者」すなわち、保有台数四両以下の業者さんがものすごくたくさん存在しているのです。全国でかれこれ四、五千業者はあると考えられるのです。

わが国は法治国家です。前述のような過程を経て決まった「全国一律五両以上」という基準は法律であると考えてしかるべきだと思います。とすれば、「五両未満業者」は「非合法業者」ってことになります。非合法業者と言えば物騒な言葉ですが、実は、この表現は当時、侃々諤々《かんかんがくがく》の議論があった中で、時の全ト協の田口利夫会長（故人・当時の西濃運輸社長）がお使いになった言葉です。私の提言にある種の理解を示しておられた（と、私は信じていたものですが）業界団体の会長の弁でした。「こうした非合法業者の問題を抜きにして、最低保有台数規制の是非を云々するのはおかしい」とも発言されたものでした。

このような非合法業者さんはしたがって、新たにトラックを買い増して五両基準を達成するか、それができなければ廃業しなさい、ということになりますよね。事実、全ト協は、後年に至って、低利の資金を貸すから増車して合法業者になってください、と啓蒙しているのです。昨今のデフレ経済でそんなことができるハズもないのですがねえ。

もし、こうした非合法業者に該当する会社に勤めているドライバーが読者におられましたら、この問題はその方の職場が無くなるという生活権にも関わる重大な問題なんですよ！　と、このことだけでも胸に入れておいてほしいのです。先に進みましょう。

「五両規制」の根拠は無しも同然

さて、ドライバーの生活権にも関わる重大な問題である「全国一律五両以上」ですが、では、なぜ、そのような規制が必要なのか？　という疑問がわいてくるでしょう。許認可行政省庁である国土交通省にその回答を求めたいことではあるのですが、万人が納得できる回答はゼッタイに期待できない、というのが私の弁です。

話が前後しますが、プロドライバーの皆さんでしたら知らない人がいないほど知れ渡ったドライバーの個人営業があります。個人タクシーや軽貨物個人業者、大型ダンプトラック個人業者です。このような個人営業が認められているのに、なぜ、「普通トラック（積載量二トン以上）」に限って個人営業ができないのか、ということです。こんな実情を話しますと、ずぶの素人さんでも、全くだ！　なぜだ？　といった声が跳ね返ってきます。

強いて国土交通省を代弁しますと、こんな理由にもなりそうです。と言うより、このくらいの理由しか挙げられないと思うのです。すなわち、「トラック運行は管理監督者がいないと、ドライバーは事故を起こしやすい。その管理者の賃金を各車が負担するわけだが、それには最低五両くらいの台数があれば、一両当たりの負担額にして（例えばの話）四万円×五両＝二〇万円也の管理者賃金が払えるだろう。五両以下だったら、一両当たりの負担額が大きくなり過ぎて運賃コストに支障が出て、荷主の理解は得られないかもしれないから、五両にしておこう……」がそれです。皮肉なことを言ってゴメンなさい。

ドライバーは所詮労働者？　経営者にはなれない？　とんでもない！

もっと皮肉なことを言うようですが、プロドライバーの皆さんにお伝えしておきたいことがあるのです。それは、個人トラックは認められないと主張する国土交通省のお役人に垣間見れるドライバーの人物像です。プロドライバーの皆さんが勤務している会社が所属しているトラック協会の一部でも見られる思想です。「プロドライバーは所詮、労働者だ、管理監督せねば事故を起こしかねない輩《やから》だ」ということです。ということは、「普通トラックのプロドライバーの皆さんは、経営者にはなれっこないし、経営者と見なすこともできない」というに等しいのです！あえて「普通トラックの」というのは、前述した個人タクシーや軽貨物やダンプトラックのドライバーに限って個人営業を認めているからです。

こんなことを言ったら、俺たちを安く見ないでくれ！　といった反論を期待したいのですが、どうでしょう？　お説の通りだ、俺たちは所詮、労働者だ、経営者にはなれっこない、というプロドライバーの方があるとすれば、忠告しておきましょう。さっさと職業換えされたほうが御身のトクですよ、とね。だって、それじゃあ、何百万円、一千何百万円もの高額商売機器であるトラックを預かって運行する資格がないからです。高額設備機器の操業・管理責任者でもあるのがプロドライバーの役割であるからです。意義ありまっか？　デス！

さて、「全国一律五両以上」が運送会社設立の「認可条件」になった現在です。このことが、前述した新規参入業者の増大を誘発しているのです。こうしたことを念頭に入れてプロドライバーの皆さんがこれからの仕事に精出してほしいと願うのですが、そのことは後述するとして、ここでは一つだけ述べておきましょう。五両でスタート（開業）する社長さんは（も）ハンドルを握って稼ぐのです！

さて、これからのわが国トラック運送企業はどんな体をなしていくのだろうか、ということに話を転じてみましょう。

4　わが国トラック運送事業の二十一世紀像
キーワードは、零細化・三極分化・業務提携

ちょっとばかりデッカイ話題を気取って述べるつもりは毛頭ないのですが、いろんな状況を判断しながら、ヨシダ・オリジナルのわが国トラック運送業の「二十一世紀像」を述べてみたいと思います。二十一世紀のわが国トラック運送業界はこんな姿になる、という独自の予想です。そんなマクロのことって、オレたちプロドライバーの知ったことじゃあないさ、とは言わないでほしいのです。こうしたことを知ると知らないとでは、これからのプロドライバーとしての処し方にドエライ違いが出てくるのです。ホント！

全ト協・沖縄県トラック協会「近代化物流セミナー」で講演

実は、本節のテーマと全く同じもので、何回か講演したことがあります。その一つは、平成十二年八月に行った沖縄県における講演です。全ト協と沖縄県トラック協会共催による「近代化物流セミナー」でのものでした。荷主と物流会社、それに運輸行政マンが対象のセミナー講演でした。

個トラ王国・沖縄

ちなみに、沖縄県は日本で唯一の「個人トラック認可」の県です。米軍占領下にあった当時の琉球政府時代が生んだ落とし子みたいな制度です。ついでに述べておきましょう。同県の事業者数（当時）は約一、一一二業者です。そのうち、六六三業者が一人一車（個人トラック）です。法人事業者二三九社の四六％が「社員の個人経営的色彩の強い」合名会社または合資会社であることから、実質的には、全体で七七三社が個人トラックということです。率にして六九・五％、約七割が個人トラックであると分析されるのです。その沖縄県業者も「全国一律五両以上」を適用しようとするのが全ト協ですので、これでは沖縄県の業者はたまったものではありません。個人事業だからできるのであって、四人も五人も雇った商売なんてできっこないというのが業者のホンネであるからです。

沖縄県で個人トラックが堂々と営業している（認められている）のだから、逆にこの制度を日本全国に適用すべきだ、というのが私の主張でもあるのですが、ま、このことは置いときましょう。

二極分化論から三極分化論へ

「わが国トラック運送事業のあるべき姿」という内容の論議は後を絶ちません。大か小かといった二極分化論はいつの時代にも言われてきました。元請け業者の優越感と裏腹に、「ピンはねされる」といった下請け業者のやっかみに似た被害者意識に対する論議も旧態依然です。「輸送秩序確立運動」という名の全国運動はそうしたことへの業者コンセンサスづくりではあるでしょう。そうしたことの繰り返しの歴史の中で、前述したような業者数は相も変わらない増大傾向にあるのです。しかし、その中身は二極分化でもなければ、元請け・下請け関係の近代化でもなく、逆に従来の業界スタイルが濃厚になっているとさえ分析できるのです。

そこで私は、長年の体験や、あるいはトラック協会（全ト協・広島県ト協）役員活動等を通して体感し、近年に至っては欧米物流先進諸国で「主流」とまでなっているオーナー・オペレーター（個人トラック）の実態を知るにつけて確信するようになったことがあるのです。

一部の関係者からはある種の異論も出てくることを覚悟のうえですが、現実を直視しながら、独自の「二十一世紀像」を述べてみます。今から述べることはこの業界の経営者だけでなく、プロドライバーの皆さんにとっても重要な方向付けになり得ると思いますので、真剣に読み進んでほしいのです。

プロドライバーの皆さんの職場であるわが国トラック運送業界の「将来像」として、私は三つのキーワードを提唱しています。「零細化・三極分化・業務提携」です。逐次、説明してみましょう。皆さんの社長さんが読まれても参考になる内容ですので、ちょっと気取ってもイイですから、辛抱して読み進んでみてください。「トラックドライバー帝王学のすすめ」を実践してほしいのです。

キーワードその1「零細化」

零細化とは、一社当たりの規模（保有台数）が極めて小さくなることです。零細企業の典型はファミリーのパパママ・ショップっていうのがありますが、わが国トラック運送会社で言えば、従来の一社当たり保有台数がだんだんと少なくなることを意味します。

一社当たり保有台数の推移

運送会社の設備規模の大小は、なんといっても「一社当たり保有台数」をみることが適切です。ご覧のように、一〇両以下の零細業者が全体の四八・一％とほぼ半分を占めています（表2）。この「一社当たり保有台数」の割り出しは、「在籍運転者総数」を業者総数で割ったものがいちばん適切です。車両台数から割り出すと、トレーラーなど被牽引車が総台数に入っていることとか、遊休車両もあることなどで、一社当たり保有台数の実態がつかめないからです。そこで、「全ト協の平成十四年トラック輸送データ集　２００２」（表3）からピックアップして「一社当たり平均保有台数」の実態を割り出してみました。「一社当たり実働保有車両数」と呼んだほうがよいかもしれませんが、ここでは「一社当たり保有台数」に統一して表現します（表4）。

ご覧のように、一社当たり保有台数からみた業者規模は、年々小さくなっています。後にも出てくることですが、この一社当たり保有台数規模からみると、わが国トラック運送業界は世界

表2　規模別トラック運送事業者数

車両数別

（単位:社）

業種＼台	10台以下	11〜20	21〜30	31〜50	51〜100	101〜200	201〜500	501以上	計
特別積合せ	39	19	16	22	56	59	44	17	272
一般	22,060	13,927	6,262	4,717	2,668	629	119	19	50,401
特定	967	87	22	17	5	1	0	0	1,099
霊柩	3,582	57	9	4	2	1	0	0	3,655
計	26,648	14,090	6,309	4,760	2,731	690	163	36	55,427
構成比（%）	48.1	25.4	11.4	8.6	4.9	1.2	0.3	0.1	100.0

「平成14年版トラック輸送産業の現状と課題」より

表3　トラック運送事業従業員数の推移

（単位:人）

職種＼年度	平成2	3	4	5	6	7	8	9	10	11
役　員	78,501	—	—	—	—	—	—	—	—	—
従業員	1,039,805	1,078,910	1,100,242	1,117,305	1,130,568	—	—	—	—	—
事務員	148,942	159,772	163,892	162,692	164,075	—	—	—	—	—
労務員	890,863	919,138	936,350	954,613	966,493	—	—	—	—	—
積卸員	45,638	63,726	66,140	66,978	71,052	—	—	—	—	—
運転者	823,692	855,412	870,210	887,635	895,441	891,128	853,262	889,770	866,280	853,728
助　手	13,524	—	—	—	—	—	—	—	—	—
技　工	8,009	—	—	—	—	—	—	—	—	—
その他	25,814	52,957	61,256	58,634	61,461	—	—	—	—	—
合　計	1,144,120	1,131,867	1,161,498	1,175,939	1,192,029	1,186,910	1,145,790	1,215,969	1,194,888	1,190,043

資料：国土交通省「陸運統計要覧」（平成13年版）、国土交通省自動車交通局貨物課
（注）：1. 平成3年度からは、積卸員の項に助手を含み、その他には役員と技工を含む。
　　　2. 平成7年度からは運転者と全従業員のみの統計となった。

「平成14年トラック輸送データ集　2002」より

表4　トラック運送事業者数・ドライバー数・一社当たり保有台数

年度	業者数	ドライバー数	一社当たり保有台数
平成二年度	四〇、〇七二社	八二三、六九二人	二〇・六両
三	四一、〇五三	八五五、〇四二	二〇・六
四	四二、〇三八	八七〇、二一〇	二〇・七
五	四三、四五〇	八八七、六三五	二〇・四
六	四五、〇一五	八九五、四四一	一九・九
七	四六、六三八	八九一、一二八	一九・一
八	四八、六二九	八五三、二六二	一七・六
九	五〇、四八一	八八九、七七〇	一七・六
一〇	五二、一一九	八六六、二八〇	一六・六
一一	五四、〇一九	八五三、七二八	一五・八
一二	五五、四二七	八三三、〇三五	一五・〇
一三	五六、八七一	八二〇、〇〇〇（推定）	一四・五
一四	五八、一四六	八一〇、〇〇〇（推定）	一三・九

一の規模なんです。エッ？　ホント？　と首をかしげる読者も多いと思います。事実、業界講演会でこのことを話しますと社長さん連中は絶句されるのです。ちなみに、世界一の物流大国とされるオランダの一社当たり保有台数は欧米諸国のそれに抜きん出て一一両です。ということは、欧米諸国ではどうなの？　といった声があがりそうですが、後のお楽しみ、です。

問題は、その一社当たり保有台数が大きいのが良いのか悪いのかということですが、ここでは多くを述べるのは避けて後に譲ります。ただ一つだけ、物流コスト高が指摘される日本ですが、どうやらこの辺りにも原因があるのです。一般管理費の割高です。社長さんの役員報酬や事務所経費などをプロドライバーの皆さんが担当するトラック毎に負担している経費です。

零細化の根拠

さて、二十一世紀におけるこの業界将来像を示す第一のキーワードに「零細化」を挙げましたが、ご覧のように着実に零細化に向かっています。運転者数からみると、平成六年度の八九五、四四一人をピークに減少に転じています。にも関わらず、業者数はプラスマイナス毎年一千数百社の増大です。算数的にみても零細化は確実です。

では、そうした零細化の原因はどこにあるのか、ということです。真っ先に挙げられるのが、かの「全国一律五両以上」という認可条件の緩和であることは疑う余地がありません。遠くない将来、現在の一四両が一〇両を割る日が到来するでしょう。そうならなければダメだ、とさえ極言して憚らないのが私です。それを更に促進するのはほかでもありません、後から出てくることですが、「最低車両台数規制の撤廃」というわが国トラック運送業界における究極の規制緩和です。一人一車、すなわち、欧米諸国並みの個人トラック（オーナー・オペレーター、またの名をインデペンデント・コントラクター《独立請負業者》）が認可されるのを機に、一挙に欧米物流先進諸国並みの零細化に突入すると予想するのです。

でも、ここ数年間は現状の「全国一律五両以上」で推移するでしょう。ちなみに、この規模の会社は、社長さんも奥さんも息子さんもハンドルを握って、しかもその報酬はといえば、すべて出来高制といった感じの、事実上の個人トラックみたいな零細業者が発生する、と考えたほうが賢明です。

面白いことには、と言ったら行政に睨まれるかもしれませんが、昔は認可基準の車両台数とドライバーをきちんと揃えなければ営業開始ができなかったのです。しかし、現在では、一両でも取得したら、すぐに営業開始できるのです。二台目、三台目は景気が悪くて荷主が確保できないから、当分は一両でやっていきます、ということも黙認（？）される状態が見受けられるのです。納車されたトラック一両からでも仕事が始められるということですから、比較的簡単に開業できるのです。開業しやすくなったから、プロドライバーの皆さん有志五人が一緒になって旗揚げするケースもあると考えられます。ドライバー全員が「取締役」になれば、労働基準法の適用除外になるでしょう。

このようにみてくると、零細化現象を否定することは誰しもできなくなったと考えてよいと思います。そこで一般的に考えられることがあります。それは零細化が経営上、果たして成り立つのか？　という疑問です。零細業者は概して、弱者の代名詞みたいにみられます。このことからすれば、こうした零細化には限界があるのではないか？　といった見方も出てくるかもしれません。ご心配は無用です。前述したパパママ・ショップではありませんが、雑草の如きしたたかさが期待されるのです。

超低コストは零細業者のお家芸

運送コストの最たるものは人件費です。零細業者の労使は共に欲張りませんし、欲張ったら経営が成り立たないことを充分にわきまえているのです。第一、事故を起こしたら、俺たちの会社はひとたまりもなく倒産してしまう、という危機感がいっぱいです。

一方、一般管理費は限りなくゼロに近づきます。社長自らがハンドルを握って稼ぐからです。一般管理費と言えば、皮肉なことですが、現在の平均保有台数業者（一四両）が最大の比率です。全ト協の「経営分析報告書（平成十三年度決算版）」を見ると一七%台です。対して大手特積み業者のそれは七、八%です。

ちなみに、この「一般管理費」を別の資料から拾い出してみましょう。ドライバーの皆さんにとって、ちょっと難しいことかもしれませんが、社長さんに伝えてあげてくだされば、皆さんのお株が上がろうというものです。イイことを教えてくれた！　とね。ぜひともトライしてごらんなさい、がここでの私のメッセージです。

資料の出所は「ＴＫＣ経営指標（平成十四年版）」です。税務申告した多くの企業から集計した、貴重で、かつ信頼性抜群のものです。税金の本家・国税庁のお墨付き資料でもあります。

「一般貨物自動車運送業」の対象二、一一三社、平均従業員数三二・四人、一企業当たり売上高四億八〇七万一〇〇〇円という規模の平均「販売費・一般管理費」の対売上高比率は一九・一％です。平均従業員規模で分類しますと、五・一人＝四九・六％、九・五人＝三八・九％、一七・四人＝三〇・八％、三〇・七人＝二二・二％、五五・九人＝一八・四人、九七・二人＝一四・七％、一二九・五人＝一二・二％、二七一・〇人＝七・八％です。

注目に値するのは五・一人規模の場合は四九・六％、つまり、売上額の半分近い額が一般管理費を占めている、ということです。このことは、裏を返せば、社長さん自身がハンドルを握って稼ぎ、かつ、その役員報酬が一般管理費に計上されている、というに等しいのです。全ト協の経営分析報告書の数値とはいささかギャップがうかがえるのですが、このことは置いときましょう。

後にも出てきますが、零細業者は、営業力の行使を放棄して、超低コスト実輸送戦力提供者として下請に特化して生き残る戦略もあるのです。この辺りの洞察と方向付けが今までのトラック協会に欠落していた、というのが私の持論でもあるのです。

さ、ここでプロドライバーの皆さんに考えてほしいことがあるのです。俺たちの業界はどんどんと業者数が増え続け、零細化現象が明らかだ、とすれば、新しく誕生してくる運送会社のドライバー諸君は、どんな考え方を持った同僚なんだろうか？　と首を傾げてほしいのです。一〇年なにがしかこの業界で働いてきているプロドライバーの俺たちを尻目に、新しい感覚や人生観や価値観を持ったドライバーが増えているってことなのかな？　と、ちょっと立ち止まって考えてくださったら嬉しいのです。

新しい感覚や人生観や価値観といったら、何を皆さんは想像されるでしょうか？　ここが大事なのです。すでにその一部は述べました。最大にマークしなくてはならないことは、新規参入組の労使は、賃金報酬に対する欲望の度合いが従来型のそれと比べると、さほど高くないということです。失業するよりはマシだ、といったホンネの新規参入組が出てくるのです。

そこで必要になってくることは、俺たちにとって「新しいライバル」が台頭してきているのではないかな？　と受けとめることだと思うのです。「ドライバーが持つべきライバル意識」についいては後述しますが、プロドライバーの皆さんが、こうしたこれからの業界の傾向を知ったうえでハンドルを握るのと、まったくそんなことに無関心でトラックを運転するのとではドエライ優劣格差が出てくるのですよ、と言いたいのです。

キーワードの第一に「零細化」を挙げることの理由をよく理解されたものと考えます。

キーワードその2「三極分化」

さまざまの業界で「二極分化」という言葉をよく耳にします。ピンからキリでなく、ピンもしくはキリのいずれか、ということです。すなわち、中のない、大か小かどっちか、といった両極端に分かれることです。トラック業界でもこの言葉は永年言われ続けてきています。何百台の会社か、それとも数台の零細業者か、とでも言われそうな二極分化論ですが、ことトラック運送業界ではとんでもない、と言いたいのです。この業界の二極分化はあり得ない！と確信をもって主張します。プロドライバーの皆さんは、日々の職場でそれを実感されているのではないかと思うのです。本書をここまで読み進んだ読者でしたら、二極分化論は的外れの予測だったとお分かりでしょう。

欧米物流先進諸国に見る三極分化

私は「三極分化」を予言します。そのことを述べる前に、ちょっと気分転換かたがた、米国の著名な運送会社のことを述べておきましょう。後にも出てきますので、肝心なことだけを述べておきます。ランドスター・システムズ社という、全米トラック運送会社では屈指の優良株を維持している会社のことです。

一九九三年に一ヶ月間単身で米国取材旅行した折に知った会社ですが、同社は当時、傘下に七、〇〇〇人のオーナー・オペレーターを持って、自社トラックはゼロでした。それが現在では、その数が九、〇〇〇人を突破しているのです。同社のクロー会長がアメリカトラック協会機関誌「トランスポート・トピックス」の座談会記事で発言した言葉が鮮明なのです。英語の分かる読者のために、原文を記しておきましょう。曰く、A company has to be very good and very big, or very good and very small. The worst place to be is in the middle.と。要約すれば、「これからのトラック運送会社は、ものすごく優秀で、しかも規模は極めて大きいか、それとも、ものすごく優秀で、極めて小さい規模の会社かの、どっちかだ。一番悪い立場にあるのは、その中間的な会社だ」という意味です。中間的な業者とは、さほど優秀でもなく、充分に大きな規模でもなく、さりとて優秀でもなく、零細にも徹しきれない中途半端な業者、ということです。

クロー会長のこの弁は、一見して二極分化論者のようですが、「超優秀・大規模・零細規模」といった三極分化を示唆していると受けとめられるのです。かく言う私は、独自の「三極分化論」を展開しています。プロドライバーの皆さんはどのセクトに身を置くか、ということが、これからの重要な選択肢にもなると受けとめ、他人事では決してないのだという気持ちで読み進んでください。

三極分化の第一極は「元請け業者」

三極分化の第一極（「第一セクト」と呼びましょう）は「元請け業者」を指します。具体的には、低コスト輸送力、営業力、信用力、管理能力、それに資金力などを豊富に持って、元請け業者としての地位を自他とも維持できる企業セクトです。「低コスト輸送力」はこれから述べるすべてのセクトに不可欠な要素であることを強調しておきます。

元請け業者の地位を確保するに際して大事なことは、企業の規模（保有台数）大小には全く関係がない、という点です。ここがヨシダ・オリジナルの持論たるゆえんですが、もっと詳しく説明しましょう。企業規模が大きければ元請け業者になれるとは言えません。同時にまた、元請け業者としての地位を確保する肝心の荷主企業は零細業者さんだってイイのです。零細荷主さんには零細運送会社が元請けになり得る、という図式もあり得るのです。

たとえ数台規模の会社でも元請け業者への仲間入りは可能なのです。前述した元請け業者としての要因（低コスト輸送力・営業力・信用力・管理能力・資金力）は、したがって、相手の荷主さん次第で、その中の全部でなく、「営業力・信用力」だけでも元請けの地位を確保できるのです。管理能力や資金力は多くの下請け業者を傘下に持って元請け業者の地位を確保する際に必要とされるのです。

第一セクトの「元請け業者」とは、かくして、企業規模には全く関係なく、やり方次第で大中小零細規模のいずれでも可能だということがお分かりでしょう。遠からず六万社に達する運送会社がひしめく時代ですが、どうです？　こんなモノの考え方を持ったら生き残れる夢があるじゃあないですか？　プロドライバーの皆さん次第でそれが可能なんですよ！　というのがここでの私のメッセージです。

三極分化の第二極は「下請け業者」

三極分化の第二セクトは「下請け業者」に徹し、かつそれを自己のベストの選択肢としてそれに専念する企業です。「下請け」という言葉にコンプレックスを抱くフシが少なくありません。とんでもないことです。日本人は言葉のアヤに執着し、「協力業者」とかいった、カッコいい表現を使って相手に敬意を表します。協力業者さん、と敬意を表しながら、一方では下請けイジメをするなど言行不一致がみられるのが日本企業の日本的たるゆえんです。と、これは皮肉が過ぎますかね。

グローバル経済時代ですので、ビジネスライクに処すことも必要です。英語では「サブコントラクター」（サブ＝～の下に、～の下の）（コントラクター＝請負契約業者）がその正式な呼称です。契約社会の欧米諸国では、元請け・下請けの契約書（サブコントラクター・アグリーメント）が厳然と成立し、双方の権利と義務が列記されているのです。阿吽《あうん》の呼吸とか言って、後でピンはねした、された、といがみ合うのとはドエライ違いです。

ついでに述べておきましょう。米国などでは、下請け業者が求めたら、元請け業者はその元請け運賃を開示（ディスクローズ）することが法律で義務付けられているのです。

さて、ここでも強調しますが、この第二セクトの下請け業者とは、企業規模（保有台数）には全く関係がないということです。保有台数が何百台であれ、数台であれ、経営者の経営方針に従って、元請け資格保持は断念して、下請けに徹した選択肢によるセクトにもなり得るということです。

このセクトにみられる典型的なタイプとは、くだんの元請け資質にある「営業力・管理能力・資金力」は苦手だが、「低コスト輸送力」に関しては、その頭に「超」がつくほど得意中の得意だ、とする業者です。「超低コスト実輸送戦力」に特化していこうとする経営姿勢で下請けに専念するセクトです。それはそれでイイ、立派な選択肢だと言いたいのです。

実際に見聞する事例ですが、五〇〇~六〇〇台もの自社保有車両を持ちながら、一〇〇パーセント下請けに甘んじている企業もあるのです。幸いなことに、大手特積み業者は近年に至って、労働組合ドライバーで賃金ベースが高いことから、拠点間輸送をアウトソーシング（下請け）にシフトされているのです。超低コスト実輸送戦力を唯一の武器にしている企業にとって、それはまさに無限のマーケットでもあるのです。

物流コストが高いと指摘される日本経済ですが、「超低コスト実輸送戦力」はすべての物流業界に強く求められているのです。

持てる経営資源（ヒト・モノ・カネ・情報）のすべてを把握して行使できれば最高ですが、経営者の資質や得手不得手で、その一部だけに特化して生き残る戦略もあってイイと思うのです。と、こんなことを述べてきますと、プロドライバーの皆さんの中には、俺って営業したりするのは苦手だけど、こんなことなら、独立しても結構食っていけるゾ、と内心思ってくだささればシメタものです。

三極分化の第三極は新規台頭の「超零細業者」

三極分化の第三セクトは、将来認可されると考えられる「個人トラック業者（オーナー・オペレーター、別名インデペンデント・コントラクター）」です。欧米物流先進諸国では、このセクトが主流であることは前後で述べていることです。

わが国トラック運送業界では最大で最後、究極の規制緩和である「個人トラック制度の認可」を提唱している私ですので、この辺りのことになると、ヨシダ・オリジナルの将来像であると自負します。

トラック協会が代表するこの業界は、表向き（タテマエ）では個トラ反対が圧倒的です。したがって、業界内部からは正面切って今から私が展開する「超零細業者」セクトの出現論は出ないし、思っていても出せないでしょう。

個人トラックは数年後に認可されると信じるのですが、この業界はタテマエとホンネのダブルスタンダードがありますので、かなりの業者さんはその認可の日を心ひそかに待ち望んでいるフシもあるのです。そういう考えを持っておられる業者さんの経営者と社員ドライバーにはぜひともこの項に注目してほしいのです。経営者は社員から個トラに転身した個トラ業者を超低コスト実輸送戦力下請け業者として起用するか、片や、社員ドライバー諸君はサラリーマン・ドライバーから個トラ（経営者）に転身して、今までどおりの仕事をして行けるか、にかかっているからです。

個人トラックについて詳しいことは後に出てきますが、大事なことは、この超零細業者である個人トラックは（も）元請け、下請け、そして今度はそれら両セクトの二次下請けのいずれにも対応できる全く新しいセクトである、という点です。

この第三セクトこそが、プロドライバーの皆さんにとって、夢と希望とガッツ感の持てる新しいドライバー人生の突破口にもなり得るのですよ！　というのが私のここでのメッセージでもあるのです。詳しくは続いて読んでくだされば分かります。

キーワードその3「業務提携」

わが国トラック運送事業の二十一世紀像を示す第三のキーワードは、業者間における「業務提携」です。「近代的業務提携」と称したほうがイイのですが、キーワードは短いことをもって良しとしましょう。

プロドライバーの皆さんにとって、当面はあまり関心がないかもしれません。でも、皆さんの中には同業者の下請けや孫請けなどで仕事をしているケースも少なくないでしょう。ま、それがよりスマートな形で現実化することを提唱しますので、この問題は他人事でなく、俺たちドライバーにも関わり合いがあるので関心を抱こう、と考えてほしいのです。

「業務提携」は「従来型融通配車」の近代化版、ピンはね思想は時代遅れ

「業務提携」と言ったらちょっとかっこイイですが、平たく言えば「従来型の融通配車」です。前にも述べましたが、この業界では元請け・下請け間で「ピンはねした、ピンはねされた」という加害者・被害者意識が否定できません。商取引において当然のそれは「商習慣」でありながら、泥臭い感じがしてなりません。

業界には、そんなことからか、下請けの悲哀を感じるかのように、やたらと「脱下請け」とかいった言葉が一人歩きしている感じがしてなりません。必要に応じて、下請けに徹することも生き残り戦略であり得るのですが、いつか機会をみて元請けに、といった野望めいた心も否定できないのです。それがために、こっそりと荷主さんのところへ行って、運賃は元請けさんより安くしますから当社を元請けに指名してチョウダイ、とやるのです。これが業者間の相互信頼どころか、不信感を煽っているのです。

そこにグサッとホンネで提言を仕掛けるのが、ヨシダ・オリジナルの「業務提携」なるキーワードなのです。まあ、読んでみてください。プロドライバーの皆さんにとって無縁のことでは決してないのですよ。

まずは、結論を先に述べましょう。二十一世紀像のキーワード「零細化」と「三極分化」を有効に実現する（させる）ための手段として不可欠なのが、第三のキーワードであるこの「業

務提携」だと言いたいのです。

ちょっと復習になりますが、一社当たり保有台数が二〇両から一五両へ、更に、個人トラック時代を踏まえて一〇両以下になるというのが、第一のキーワード「零細化」でした。更に第二のキーワード「三極分化」で元請け・下請け、孫請けへの特化、しかも、それには企業規模の大小は関係ない、と直言してきました。とすればですが、そうした多様なセクトの業者をいかに上手に組み合わせたり、相互扶助や相互協力を実現するか、という課題が残るのです。それが「業者間における近代的業務提携」となるのです。

この業界、とりわけトラック協会（役員）は、どうしたことか、いちばん大事なこのテーマに取り組んで来なかったフシが濃厚です。言いたくても、立場上言えないからです。と、こんなことを書きますと、それってどういう意味？ といった声が出ると思います。

トラック協会の役員さんは、まずは中規模以上から大手企業の社長さんらが中核を成しています。下請け業者を利用する立場にある会社の経営者が多いのです。そんな立場の役員さんが大きな声で「業務提携を推進しようではありませんか」とやったらどうでしょう。「何言ってやがるんだ、お前さんがピンはねをしている張本人だろう。それを正当化しようとするのか」といった反発も予想されるからです。

ちょっと自慢話になって恐縮なんですが、元請け・下請け間における「業者間業務提携」の提言に関するエピソードを挟ませてください。五万数千社のトラック運送会社が日常茶飯事に行っているのが「融通配車」であることは、プロドライバーの皆さんが肌で体験しておられることでです。その事実をカッコいい言葉で表現して全ト協の運動に取り入れさせたことがあるのです。昭和六十一年七月のことでした。当時、全ト協の「輸送秩序確立専門委員」であった私がその委員会で提言し、かつ、「六一輸送秩序確立運動」の具体的実施事項に取り入れられたのです。曰く、「近代的な業務提携の推進業者間においては相互の信頼を高め、近代的な業務提携を推進する。また、取扱運送関係においては、会員間の善意と良識を踏まえた適性手数料の授受によって、明るい輸送秩序の気風を醸成する」がそれでした。

ピンはねする、される、という思想が根強い業界で、堂々と「手数料」を正当化し、欧米的な「契約社会」を目指すのが拙論だったのですが、ことの重大さゆえに、その提言者責任において論文を書いたのです。題して、「業界自助努力による輸送秩序確立施策への提言～業者間相互信頼強化と適性手数料授受に基づく近代的業務提携の推進～」がそれでした。長ったらしいタイトルですが、これを見ただけでその中味が想像できるというシロモノでした。当時、この論文（全四三ページ）が全ト協の手で出版され、全国の都道府県トラック協会の全役員に配布されたのでした。

その反応は？　ですが、その直後に「税制対策委員」にシフトしたのですが、どうしたことか、その翌年には、その項目が外されました。「ピンはね」を正当化することになり、誤解を生じかねないから削除しよう……ということで外されたのかな？　と、現在に至って⁇　です。日本人特有の「事なかれ主義」の結果かな、と苦笑いを禁じ得ません。

ヨシダって大胆な発言をするな、と思われることを期待しての蛇足の弁でした。これもひとえに、読者の方々への息抜きのために著者が配慮として述べたエピソードとしてご勘弁ください。


と、まあ、長々と述べてきた二十一世紀像のキーワードを中心にした拙論の展開でしたが、このように考えてきますと、五万八千社の社長さんや、そこで働く八十数万人のプロドライバーの皆さんとて、考え方や生き方をちょっと変えるだけで、結構、これからのトラック人生を前向きで楽しむことができるかな、まんざらでもないな、とニンマリされることになれば嬉しい限りです。どうでしょうか?

そうです、それぞれの得手不得手をわきまえながら、かつ、分相応の報酬でそれなりの満足感を持ち続け、好きなハンドルを握って生活できるなんて、ステキじゃないか! と自問自答することも生活の知恵じゃないかと思うのです……。

5　二十一世紀型リーダーの三条件――洞察力・説明責任・動機づけ――

これって、プロドライバー向けのメッセージ？

エッ？「リーダーの三条件」って、これ、俺たちプロドライバー向けのメッセージですか？読む相手が俺たちの社長じゃあないんですか？　と怪訝な思いでこの五節のテーマに見入る読者もあろうかと思います。この項を書きながら、実は、私自身、ニヤニヤしながらキーを叩いているのです。意地悪い意図では決してありません！　ホンキでプロドライバーの皆さんにも自覚してほしいことがあるからです。「リーダー」＝「個人業者（自らのリーダー）」に通じるのです。

プロドライバーは高額設備「トラック」の操業・損益責任者

今までの流れからお察しと思いますが、プロドライバーの皆さんは、トラックという名の「高額設備機器の操業・管理責任者」です。言うなれば、資本金にして一、〇〇〇万円以上のトラック運送個人事業者の気構えでなくっては務まらない職業人です。「指示待ち人間」でなく、自分の判断と良識を持ってハンドルを握って生産性を上げるのですから、ちょっとした経営者マインド（心掛け）を持たねば、まともな仕事はできっこありません。そんなことから、プロドライバーの皆さんは自分自身をリーダーの端くれ、と自称してほしいのです。皆さんの合言葉は「アイ・アム・マイ・オウン・ボス（俺は俺自身の監督者だ＝俺が親分だ）」でなくってはいけない、と先に述べました。そんなことからですが、ここは一番、親分やリーダーになったつもりで読み進んでほしいのです。これも「帝王学のすすめ」とするゆえんです。

企業労使生き残り戦略としての「リーダーの条件」

そこで、プロドライバーの皆さんの理解を得たいと願うことがあるのです。それは、このテーマは本来ならば、皆さんの社長さん向けに発信したい情報なのですが、社員ドライバーの立場にある皆さんが、本書を縁に、先回りしてその内容を知って対応してくだされればありがたいのです。そのことが、この後に出てくる「トラック運送企業労使生き残り戦略」に役立つと考えるからなのです。何だか、だんだんと高尚な話題になりますが、プロドライバーの皆さんに期待するもの大であるだけに、率直に受けとめて読み進んで欲しいのです。準備はよろしいですか？　じゃあ、できるだけ簡単明瞭に説明しましょう。

このテーマの提唱者は、元はと言えば、かの現・経済財政政策担当大臣であり、慶応義塾大学教授でもあった竹中平蔵さんです。個人トラック制度のオピニオン・リーダー活動を展開している私にとって、このキーワードは世のトラック運送会社社長さんに対する格好の説得力になると受けとめ、ヨシダ・オリジナルのものに消化して提唱しているのです。これから述べることをプロドライバーの皆さんもよ～く理解されて、「社長、これからの時代はこうなるんですから、ボクたちもこんな考えで対応していく用意がありますよ」とでもやったら、社長さんは目をパチクリされるに違いありません。頼もしいヤツだ、イイことをアドバイスしてくれた、ヨッシャ、給料を上げてやろう、ってなことになればシメシメですね。

と、こんなことを言って茶化す気は毛頭ありません。今から述べることを皆さんのご家庭でも発揮、実践されたら、お子さんたちの教育はもとより、お父ちゃんの株もぐ～んと上がろうってシロモノなんです。なになに、じゃあホンキで読んでみよう、と思ってくだされば嬉しいのです。

「リーダーの条件」は千差万別、色々あるでしょう。ここではキーワード「洞察力・説明責任・動機づけ」に限って説明しましょう。

洞察力（インサイト）

「洞察力」の英語は「インサイト（insight）」です。「見抜く力」ですが、どちらかと言えば、「現在の状態を的確に判断して、将来それがどうなっていくかということを見抜く力」と解釈したほうがよさそうです。

前項で私が述べた「わが国トラック運送事業の二十一世紀像～零細化・三極分化・業務提携～」はヨシダの洞察力がもたらした独自の将来像です。それが当たるかどうかは別ですが、少なくとも私はそれを確信し、それへの対応を提言しています。それを裏付ける諸々の情報を本書でも提供しているのです。その洞察力を持って私は、ピンからキリの五万八千数百社の企業労使はそれぞれ、それなりの生き方や処し方があるのだということを提言するのです。

ここで皆さん方の社長さんにとって大事なことは、そうした将来像を見抜いて処していく力があるか、それとも、漫然と（失礼！）その日暮らし的な経営をしているか、です。

本来ならば、社長さんがそうした洞察力を胸に秘めて、折にふれて社員の皆さんにそうした時代の到来を語りかけないといけないのです。もし、皆さんの社長さんにその気配がなければのことですが、どうでしょう、雑談や世間話の端に、さりげなく、「社長、これからのボクたちの業界は……こんな状態になって行くんではないでしょうかね」とやったら？　それとも、いちばん簡単なのは、この本を読んだ後に社長さんに差し上げるのが最短距離ではありますがね。

さて、本書の読者は、社長さんに先立ってこうした洞察力を持つとしましょう。その場合には次の「説明責任」は不必要となるのです。でも、ほとんどの場合、立場が逆です。すなわち、社長さんが洞察力を持って、それを社員末端まで「知らしめる」ことが必要となるのです。そのことを「説明責任」と言うのです。

説明責任（アカウンタビリティー）

せっかくの聡明な洞察力を持ちましても、経営者の場合はそれを部下の社員に伝えなければダメです。もっとも、経営者の中には、そんなことは必要ではない、社員は俺の言うことをだまってすればイイのさ、と、うそぶく方もなきにしもあらず、です。それは「知らしむべからず」式の経営者姿勢であったでしょう。でも、このタイプの経営者は二十一世紀型リーダーではない、と言いたいのです。

経営者の洞察力を社員に的確に伝えて、納得させることがこれからのリーダーの条件なのです。それが「説明責任」です。その点、本書を読んでいる皆さんは、こうした将来像をひょっとして、社長さんより先取りされることになりますので、皆さんの社長さんにとってはもはや社員である皆さんに対する説明責任は必要としない、というヘンな状態になるかもしれません。

「説明責任」不足が起こすハプニング

ここで主張したいことは、前項で述べたこの業界の二十一世紀像、とりわけ、キーワードで示した「零細化・三極分化・業務提携」について、経営者は社員ドライバーに徹底して説明し、よく理解させる義務があるということです。それができる経営者と、そうでない、あるいはそうしようとしない経営者の間では、ドエライ格差（デヴァイド）が生じると主張します。具体的には、次項の「動機づけ」が実現できるかできないかにつながるのですが、その以前の問題として、もし、「説明責任を果たす気持ち」そのものが経営者側にない場合を想定しましょう。

本書の読者ドライバーの皆さんでしたらどうされます？　そんな経営者には早々と見切りをつ

けて去っていきたくなるのではないでしょうかね？　そんな経営者のもとでは夢も希望もあったものじゃあない、とばかりにね。

極めて生臭い例を想像してみましょう。二十一世紀像の一角にある個人トラック時代がそれです。もし、皆さんの社長さんが、個人トラックの個の字の話もしなかったとしましょう。そのときが到来したら、ひょっとして、皆さんの中から、荷主をひっさげてスピンアウトし、独立するって光景も想像されると思いませんか？　です。俺んチの社長はそんなことを全然話してくれたことはない、とばかり、反旗を掲げる図式です。説明責任の大事さはかくして言えるのです。ドライバーの皆さんに入れ知恵する気は毛頭ないのですが、経営者向けの個トラ関連講演の折に、よく引き合いに出す「警告」でもあるのです。

「説明責任」は一家団欒の夕食の場でも

余談ですが、プロドライバーの皆さんにいろんな話をする中で、私の口癖は「良き家庭人、社会人、良き亭主、良きパパになる努力をしましょう。そうしたら良きプロドライバーになれるのです」と、そんな調子で、この「説明責任」を家庭で果たしてみては、と進言します。その内容とは？　ですが、色々あるでしょう。ちょっと意地悪な例ですが、一家団欒の夕食の場での、こんな会話によってもそれを実現することができるのです。

（お父さん）「……賃金デフレで収入が減ったのはやむを得ない。ここは一番、みんなもよく理解してくれて、無駄を省いて乗り切って欲しい。パパもタバコを止め、晩酌の量を減らすからね……」がその一例です。それを聞いた息子が曰く、「ボクはもともと勉強があんまり好きではない。だから大学は断念して、プロドライバーになって家計を助けるよ」ということにもなり得るのです。

説明責任を果たそうとするのと、まったくそんなことをしようとしない家庭の主とでは、結果は想像に難くないでしょう。この説明責任が果たせると、次に期待されるのが相手側への「動機づけ」です。

動機づけ（モチベーション）

リーダーの三番目の条件は、相手（社員）に対する「動機づけ」です。頭ごなしに、ああしろ、こうしろ、こうせねばならない、事故を起こすな……とやるのが愚策であるってことは、それを日ごろ受けることの多い皆さんが体感していると思います。時には反発すらしたくなるのが人間です。これでは進歩はありません。

前項で述べた社長さんの「説明責任」が充分になされますと、当然のこととして期待されるのが、社員の皆さんの、心の中に「動機づけ」が起きるということです。そうなれば、「自発的に、独自の選択肢としてやる気になった！」となると思うのです。

さて、ここでの「動機づけ」の趣旨が、くだんの二十一世紀像を踏まえたプロドライバーに期待されるものですので、本書を読んでいる皆さんにとっては、もはや、社長さんに動機づけをしてもらわなくってもイイわけではありますね。この著者が皆さんの社長さんを代弁したものと受けとめて今後に処してもらったら、嬉しい限りです。

プロドライバーの皆さんが日常の仕事をしていくうえで、以上述べた「二十一世紀像」をよく理解しておれば、自ずからプロドライバーとしての生き方にもそれなりの意識改革や新しい職業観や使命感も生じると思うのです。「動機づけ」を得たことによる、それは皆さん自身の収穫と言えるでしょう。

「動機づけ」があれば事故は起きない

この「動機づけ」をプロドライバーの皆さんの日常の仕事の中で表現しますと、こんなことも言えるでしょう。「適正な車間距離」とは、会社がやかましく注意するから守るのではなく、「万一、先行車が急ブレーキをかけることがあっても、こちらが慌てずに減速できるようにするために常識として自主的に適切な距離を保つことが大事だ」と、自分自身のこととして心掛けることです。

飲酒運転に至っては動機づけの有無が決定的です。「バレなければイイだろう」というのは動機なんてものではさらさらありません。「法律で禁止されているのだし、まず第一に、事故を起こしたら自分自身が社会的制裁を受けることはもとより、相手の人を死傷させるという反社会的な行為になるから断じてしてはいけないし、しないことがプロドライバーとしての社会的責務だ」という動機づけを自らが心掛けることです。

もう一つの例を述べてみましょう。好きな魚釣りだったら、冬の最中の早朝二時でも三時でも苦にならないのは、好きでたまらない趣味である、という動機があるからです。

四〇キロの袋セメントの積み降ろし作業を、給料を貰いながら重量挙げで足腰を鍛えさせてもらっている、とした動機づけを自らに言い聞かせるのとそうでないのとでは、ドエライ疲労感の差が生じるというものです。

かの日産自動車をわずか数年で見事に再生させたカルロス・ゴーン社長は言いました。「強いモチベーションを社員に抱かせること。これが成功の基になったと思います」と。

ちょっと回りくどい言い回しになりましたが、リーダーの条件は皆さんの社長さんに向けられるものだけに、その対象である社員の皆さんと同列にこうして述べるためにややこしい表現になってしまいました。

6　ドライバーにも生き残り戦略が求められている

ヨシダ流によるわが国トラック運送事業の「二十一世紀像」からすると、超零細業者であれ、中小規模であれ、企業規模の大小に全く無関係に、しかも元請け、下請けや孫請けなどの区別なく、やり方次第で、それなりの生き方があり得る、ということを具体的に述べてきました。

「雇用形態の変革」への対応

いつの世でも、「生き残り戦略」は経営者向けの言葉ではありますが、失業者慢性化の時代にあって、プロドライバーの皆さん自身にも与えられた課題でもあることを自覚してほしいのです。めまぐるしく変化する経営環境に伍していくために、経営者は「適材適所の人材」を、しかも経営者側に都合の良い（賃金も含む）雇用条件で、いかに多く集めるか、ということが最大の生き残り戦略になります。とすれば、その対象となるのがプロドライバーの皆さんであることから、この問題は等しく関心を持つ必要があるのです。

近年顕著にみられる「雇用形態の変革」が、そうした経営者側の姿勢を如実に物語っているのです。デフレ経済で失業者が溢れているのですから、労働力は買い手市場です。それゆえ、そうした雇用条件も経営者サイドの選択肢がまかり通るのです。これはやむを得ない現象だと率直に受けとめなければなりません。

とすれば、そうした経営者側の要求や期待に対応できる人材であるかどうかが、プロドライバーの皆さんに問われるのです。前にもちょっと触れましたが、「雇用（労働）ミスマッチ」の対象にはならないように、と言いたいのです。具体的には、経営者が望んでいる内容の「働き方」に皆さんがどう応え得るか、ということです。

日本にも「働き方いろいろ」

ちょっと脱線しますが、「働き方」と言えば、日本経済新聞がシリーズで「働き方いろいろ」というのを出したことがあります。二〇〇二年二月十九日号のそれは、「企業から業務請負　個人事業主定着へ支援　専門性活かし自由　契約交渉などに課題」といった見出し記事でした。日本にも社員としてでなく、個人事業主として契約して企業で働くＩＣ（インデペンデント・コントラクター＝独立請負人）というのが台頭しているという記事です。

前にも述べましたが、個人トラック業者はオーナー・オペレーター、別名インデペンデント・コントラクターでもあるのです。この記事をみて私が感じたことは、働き方も「欧米後追い」が始まった、というある種のガッツ感でした。ちなみに、肝心の個人トラック制度も欧米後追いだ、というのがかねてよりの拙論でもあるのです。

後でも出てくることですが、運賃の下落に伴って経営者側から出てきているのは、従来型の賃金システム（時間給と歩合給ミックス型）では経営が成り立たない、といった悲鳴です。そのため、個人償却制（後出）とかオール歩合制とかいった形の、いわゆる「売上実績主義」といった形の賃金システムに転換しなくてはやっていけない、といった考え方が強くなっているのです。売り上げがこれだけだから、これだけで我慢してチョウダイ、って方式です。もっとも、経営者側は最小限度の手数料相当分は取って、後の諸経費は全部ドライバー持ちで、といった仕組みです。このことの良し悪しは別にしてですが、ことほどさように経営が苦しくなってきているために、経営者が選択する、せざるを得ない賃金システムであることも事実です。となれば、この際、労使共生・共棲のためにも、双方が多少の痛み分けは覚悟のうえで、生き残りを模索することはやむを得ない、というのが実態です。これはいわば、「労使のルール」とでも言えるものですが、詳しくは後に出てきます。

プロドライバーにとっての選択肢

さ、そこで必要になってくるのが、プロドライバーの皆さんにとっての選択肢です。それは嫌だ、今まで通りの雇用形態や賃金体系の方が安定しているし、そうでなかったら困る、でないと会社を辞めちゃうんだ、ということで問題が解決するだろうか、です。それでは自らの首を締めることになりかねませんよ、と言いたいのです。嫌なこっちゃ、と拒絶反応を示さずに読み進んでみてほしいのです。

サラリーマン化した（失礼！）プロドライバーにとっては、ちょっと気分を害することになるのを承知のうえですが、長い目で見た「プロドライバー生き残り戦略」として受けとめてほしいことがあるのです。それは多くのトラック運送会社がそのような経営手法を取り入れ始めているということです。旧態依然の賃金体系の企業は少なくなるってことです。そのことを裏を返せば、それだけプロドライバーの皆さんの職場選択肢が狭まっているということです。

前にも述べましたが、労働組合を擁して比較的賃金水準の高い大手特積み企業が、拠点間輸送を中心に、中小規模の運送業者に下請け化を進めているのがその例です。定年退職の補充はせずに、その分、下請けに依存するという傾向が顕著なのです。

正社員VS非正社員の実態

ここでちょっと、「雇用形態の変革」について述べておくことが必要だと思います。いちばん大きな異変は、正社員と非正社員の率が接近して、逆転する気配すら感じることです。総務省調べのものですが、二〇〇一年八月時点で、正社員＝三、五九七万人に対して、非正社員（パート、アルバイト、派遣、契約、嘱託社員）は一、三七七万人です。一〇〇人のうち、正社員は七二人、非正社員は二八人という割合です。七対三が六対四、やがて半々という時代が来ないとは断言できません（図13）。ご覧のように、非正社員は一〇年前の五〇〇万人から今日まで増加の一途を辿っています。それに対して正社員は三、七〇〇万人からピークの三、八〇〇万人強と

図13　正社員数と非正社員数

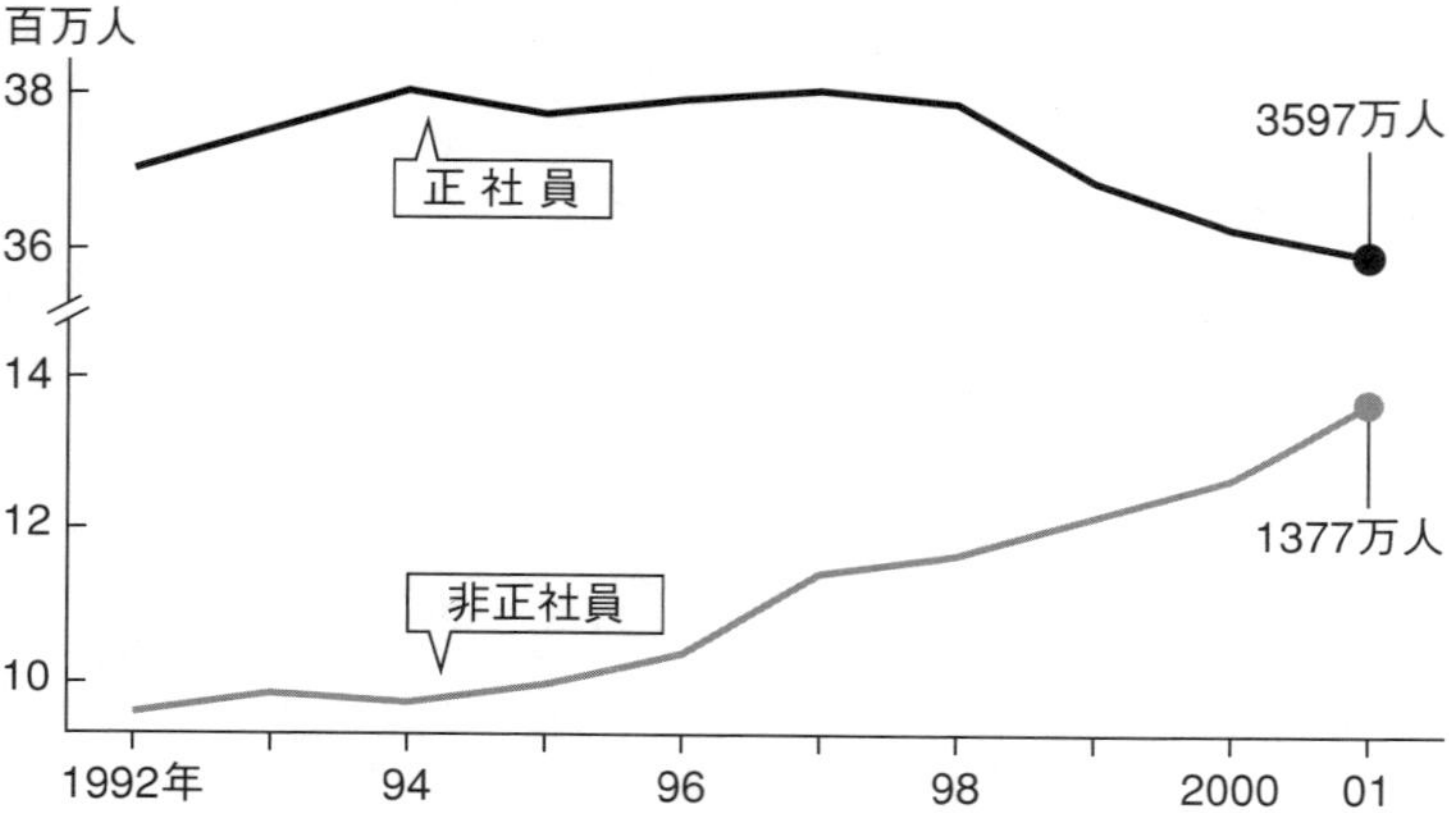

（注）総務省調べ、各年2月時点、2001年のみ8月時点。非正社員はパート、アルバイト、派遣、契約、嘱託社員など。

日本経済新聞記事より

ほぼ横ばいで推移して、一九九八年を境にずっと減少し続けているのです。

ごく最近の総務省報告によりますと、二〇〇二年五月の常勤雇用の就業者数（農林業を除く）は前年同月に比べ、一二六万人も減り、一〇ヶ月連続でマイナスになっているのです。それに反して一ヶ月以上一年以内の臨時雇用は二九万人も増えているのです。

企業は、生産が回復しても、正社員は増やさず、契約社員などでやりくりする姿勢が鮮明なのです。最近はお金を扱う銀行の窓口係員もパートの女性が活躍しています。パートの従業員が管理職にもなる時代です。

昨年十一月、日本経済新聞が第一面トップに大きく報道していました。「大手スーパー、四人に三人はパート」と。大手スーパーがパート労働者の採用を急拡大しているのです。イトーヨーカ堂や西友はパート比率を八〇％以上に引き上げる計画。厚生労働省によると、昨年七月の小売業のパート比率は五四・六％。イオンは一三・一％と高止まりしている売上高人権比率を九％以下に抑えるため、薬剤師を除く正社員の採用を原則停止している。不足分はパートで補充しており、パート比率（八月末時点七七・九％）を近く八〇％に引き上げる、とあります。

このような正社員と非正社員の接近傾向が物語ることは、経営者側による賃金コスト削減の意図が明白であるということです。正社員より非正社員を雇うほうが得策だと考えているからです。ここでも労働力が買い手市場であることがうかがわれるのです。時間当たりの賃金もですが、ボーナスや退職金や有給休暇も支給しなくっていいから、というのが払う側のメリットです。

ここでも見られる労働力の売り手市場＆買い手市場の「認識ギャップ」

外野席からは、正社員と非正社員の賃金格差を巡ってやっかみの声が聞かれます。あたかもそれが悪いことのようにトヤカク批判するセクトがあります。同じ人間なのに、同じことをしているのにケシカラン、と。でも、賃金問題はあくまで企業労使間のことであって、労働行政といえども、口を挟むことはできません。

会社が提示する条件を甘んじて受けとめ、それでもイイから働かせてほしい、働きたいという人たちがウヨウヨいるのです。失業するよりマシだ、仕方がない、といった見方もありますが、この傾向の背後に、労使双方に今までに見られなかった意識の芽生えが潜んでいると言いたいのです。多少皮肉っぽいことを述べるかもしれませんが、この正社員と非正社員の問題を分析してみましょう。

私自身が三十数年間のトラック運送企業グループを経営し、特に労働組合という厄介な交渉相手を持って、賃金問題では丁々発止とやりあった体験者ですので、賃金問題とそれに対する企業労使双方のものの考え方や手の内は手にとるように分かっているのです。

トラック運送業界でもご多分に洩れずですが、近年目立って多く見かけるのは「契約社員ドライバー」です。このことについては後に譲りますが、一般論と織り交ぜながら「正社員&非正社員」の問題を分析してみましょう。

まずは、経営者側が正社員より非正社員を雇用するようになったそもそもの理由は何か、ということを、ここでは「雇われる側」の立場で考えてみたいのです。本書が雇用される側にあるプロドライバーの皆さん向けのメッセージであるからです。あえて、皆さんの立場からこの問題を考えてみたいのです。辛抱して読み進んでください。

高度成長が半世紀続いた日本ですので、雇用環境は絶えず経営者側に厳しいものがありました。完全雇用であったために、猫でも杓子でも、と言ったらケシカラン、人間扱いにしていないというお叱りもあろうかと思いますが、実態はそうでした。実力、学力もないまま大学を卒業して、そこそこの会社に就職した(できた)ものでした。企業側は新入社員研修とやらで、本当に役立つ社員を養成するために再教育投資を行ったものです。どうぞわが社へ、とばかり、福利厚生施設も完備して迎えたものでした。

一方の社員はといえば、働くところは幾らでもあるさ、とばかり、いくぶん心に油断があったと思うのです。もっとも、技術屋志向のサラリーマン諸氏は技術振興の矢面に立っていたので、技術開発への取り組みは真剣でした。特にホワイトカラーの人たちに心のスキが生じたことは否定できないでしょう。おまけに、会社はそうした社員にはスペシャリスト教育でなく、ジェネラリスト教育に精出したものでした。本人の得手不得手に関係なく、営業から総務、財務へと転々と配属する何でも屋の人材づくりがそれでした。年功序列、終身雇用制を重んじた、それは（中堅・大手企業の）経営者側に見られた、当然と言えばトウゼンの選択肢ではあったでしょう。

ところが、事態は一変しました。雇う側の会社は、グローバル化した経済環境にあって、賃金コストを何がなんでも生産性の範囲内に抑えなくては経営が成り立たなくなりました。余裕の社員を抱えるどころか、儲けにつながらない社員は排除せねば会社が倒産する時代になったのです。経営者にとって幸いなことに（と言ったらサラリーマンに対して不見識に聞こえるかもしれませんが）、人は余ってきました。そんなことから自然発生したのが非正社員雇用の動きです。つまり、正社員の首は簡単に切れないから、補充したり、増員する社員は、より低い労働条件で雇用できる非正社員で賄おうとするものです。それは、完全雇用時代では、したくてもできなかった経営者側による雇用形態選択肢であります。

と、こんな時代にあって、正社員の立場にある人たちも反省してみる必要がありそうです。それは、従来型のサラリーマン処世術では通用しなくなったということへの認識です。すべての正社員がそうとは言いませんが、概して言えることは、正社員は非正社員と比べると緊張感が低いようです。それが正社員をして自らの職業訓練や意識改革を遅らせることになるのです。もっとも、現在では、現役サラリーマンはリストラの不安に晒され、社会人に巣立とうとしている高校卒、大学卒予定者ですら就職内定していない人が多いのです。ですから、そんな悠長なことを考えているサラリーマンや、その予備軍はいないかもしれません。エッ？　就職戦線はそのうち、好転するさ、という考えを持つ楽観者は多いですって？　そりゃ、大変だ！　と言いたいのですが、そんな楽観論者は本書二章をもう一度読み直してほしいものです。

ちなみに、就職内定率（平成十五年三月末現在）は、高卒で九〇・〇%、大学卒で九二・八%でした。一九二九年の世界大恐慌時代に流行った流行歌「大学は出たけれど」の再来って感じです。

派遣ドライバー・契約ドライバーは正社員ドライバーより意欲的！

さて、一方の非正社員の人たちを見てみましょう。非正社員の中でプロ意識の強いセクトは、何といっても「契約社員」や「派遣社員」です。契約社員ドライバーは昨今の皆さんの職場でもよく見かけられるのは先刻ご承知のとおりです。派遣社員は、企業からの要請に応じて、適材適所の人材を希望する人数と期間に限って派遣事業会社が差し向ける社員ですが、規制緩和でその需要は拡大しています。

派遣ドライバーでは、大手特積み業者さんの定年退職ドライバーを中心にしたドライバー派遣事業も見られます。もっとも、その派遣ドライバーの受け皿であるトラック運送会社は、派遣ドライバー採用への未体験や不慣れさもあってか、その採用にはちょっと戸惑い気味です。でも、時間が経つにつれて採用マインドは高まるとみています。

かくいう私は、現役時代は高度成長の折に、「自運労（全日本自動車運転者労働組合）」というれっきとした組織から（当時の名称で）「臨時採用運転者」を常時七、八名雇用した体験者です。荷主の物流拠点が増設されることから、その時点で発生する余剰社員ドライバーを防止する手段として利用したのですが、これなどは今でいう「派遣ドライバー」でした。ですから、派遣ドライバーの採用については成功体験者の一人です。

ごく最近に至っては、労働者派遣事業のうわ手をいく新手のビジネスが勢いを増しています。総務など間接部門をそっくり受託する従来型事業に加えて、生産など直接部門でも高度な専門業務を請け負う「業種特化型」が台頭しているのです。生産ライン丸ごととか、ホテルの食器洗浄を一手に請け負うといった事業です。派遣社員や契約社員を利用するよりメリットが高いといわれます。この点、トラック運送業界では丸ごと下請け委託というシステムが構築されているので、先駆者であるとさえ言えるでしょう。と、これはちょっと皮肉な表現ですが……。概して言えることは、非正社員の今までの概念は、労働コスト削減が主であり、同時に雇用調整の安全弁的な存在であったということです。正社員は簡単に削減できないから、というのがその背景です。

そんなことから、ある種の優越感が正社員に忍び寄っていたと思います。一方、契約社員ドライバーには、ある種のコンプレックス（劣等感）が無きにしもあらず、と見受けられてきたと思うのです。

ところが、前述したように、正社員数と非正社員数の差が小さくなり、逆転の兆しさえ見えそうな昨今にあって、事態が変貌しつつあるのです。従来型のそうした概念（労働コスト削減や人員調整弁的動機）が経営者側に変化しつつあるということです。このことを双方（正社員&非正社員）が知ることが大事になってきた、ということを述べてみましょう。

ここが違う！　正社員ＶＳ契約社員

クライアント企業のドライバー研修で実際に体験していることなのですが、待遇面では不利な立場にある契約社員ドライバーが案外と正社員ドライバーより安全運転への意識も強いし、それに元気がイイものを感じるのです。それってホントかいな？　と思われるかもしれません。ちょっと、契約社員の立場になって考えてみましょう。

まず第一に、契約社員は「契約」という言葉が示すように、会社との約束事には忠実です。契約期間は通常一年です。とすれば、その間にちょっとでも事故を起こせば、会社側に契約期間延長の理由を持たさなくなるでしょう。場合によっては即時契約解除ってことにもなりかねません。その辺りのことは契約書に明記されているでしょう。ということから、当事者である契約社員ドライバーは、自己の職業に対するプロ意識や自己責任意識を旺盛にせざるを得ません。したがって、安全運転への意識も高いと見受けられるのです。自身の行動いかんで就労機会の有無が決定するという緊張感のなせるものです。

一方、契約社員ドライバーは案外と「元気がイイ」という例も述べておきましょう。後に出てくる「個人トラック」問題に関連するのです。本書では前後して出たり入ったりする問題で読者の皆さんに済まないのですが、実は、こんな場面を体験しているのです。将来認可されると考えられるこの個人トラックのことや、その前身みたいな賃金制度である「個人償却制」ってものがあるのですが、契約社員ドライバーは、こうした新しい制度に対する姿勢が極めて前向きで積極的なのです。

正社員ドライバーと契約社員ドライバー混成の受講者を前に、こんな俗っぽい問いかけをしてみることがあるのです。「サラリーマン帝王学のすすめ」なるヨシダ・オリジナルのキーワードがあるのですが、こうした話題に言及した折に、並み居るドライバー諸君に問いかけてみる質問です。「もし、宝くじが当たって一、〇〇〇万円が転がり込んできたらどうする？」がそれです。こんなとき、真っ先に手を挙げて威勢よく反応を示すのは契約社員ドライバーです。「トラックを買って個人トラック業者になります！」がそれです。本当のホントです。正社員ドライバーの場合は、よほどやる気満々のものでない限り、手を挙げないのです。ここでもプロドライバーのサラリーマン化が見られるのです。

愉快なことに、契約社員ドライバーのほとんどが呼応したように手を挙げるのです。正社員と比べて低い労働条件を覚悟の上の好きなハンドル人生だから、チャンスがあれば、リスクを恐れず、よりやりがいのある個人トラック営業の人生を選んで、自らの地位を不動のものにしたいといった意図があることを垣間見るのです。事実、彼らに将来の個人トラック営業のことを話しますと、目を輝やかして関心を抱いてくれるのです。

デフレで運賃が下落し、採算性が極度に悪化している経営状態から、多くの経営者はドライバー賃金の抜本的見直しを迫られています。その延長線上に出てくるのが、こうした賃金制度への転換などですが、肝心の社員ドライバーがそうした経営者ニーズに対応する気配をあまり見せないのです。ドライバー側がリスクを回避しようとする姿勢です。

サラリーマン化ドライバーからの脱皮が必要だ

「サラリーマン化したドライバー」にはならないように心掛けよう！　と、ことあるごとに呼びかける私ですが、考えてみると「サラリーマン化」現象はすべての職種を問わず見受けられます。経営者までがサラリーマン化した、と嘆くのは私だけではないでしょう。世間を騒がしたどこやらの食品会社や大銀行の経営者はその一例です。本書の狙いの一つは、このサラリーマン化からの脱皮を呼びかけるものですが、ま、このことは後に譲りましょう。

ともあれ、経営者側が期待するドライバー像と社員ドライバー側の職業意識とのギャップがあるってことです。経営者側が欲しいタイプのドライバーが現状では少なく、欲しくないドライバーはウヨウヨいる、ということです。この状態を「雇用のミスマッチ」と呼ぶのです。現在深刻になっている失業者問題も、元はと言えば、このミスマッチが一つの大きな原因でもあるのです。経営者側が必要とする人材は少なく、それでいてそうしたニーズに応じようとする人材が少なく、かつそれでいて膨大な数の失業者が現存する、ということは、何ともおかしげな状態です。それにしても、職場を提供する経営者側と職場を求めるサラリーマン双方にとって、こんなに不幸なことはありません。

さ、そこで問題になることは、こうしたミスマッチをどうして解消できるか、ということです。それには何といっても働く側の意識改革が不可欠です。経営者側にその解消策を期待することは疑問です。なぜならば、経営者側はグローバル経済のもと、適材適所の人材どころか、生産拠点そのものを国の内外を問わず調達、選択することができるし、そうしなければ生き残れないからです。第一、社員教育にそんな複雑な問題を取り入れる余裕はないと言えるでしょう。ミスマッチ対策はしたがって、働く側のなすべきことだと直言したいのです。さもなくば、ドイツやフランスの二の舞になりかねませんよ、です。これらの国々では、自国民が3K（キツイ・キタナイ・キケン）職場を嫌い、移民外国人に肩代わりさせてきたツケが自国民の高い失業率という形で回ってきているのです。

日本国内の問題だけでとやかく論じるのはナンセンス

ついでに述べておきましょう。欧州連合（EU）一五カ国中、一二カ国が自国の通貨を放棄して、新しい単一通貨（ユーロ）を採用したヨーロッパのトラック運送事業や、そこで働くドライバーたちのことです。国境を越えて物価や賃金水準も異なる国同士が単一通貨で自由に行き来できるのです。雇用形態云々なんてものは論議の対象にすらならない時代です。同じことが北米とメキシコの国境を両国のトラックが自由に行き来できるようになったことでもうかがわれます。

幸か不幸か、島国の日本は他国のトラックが入ることは物理的に不可能です。その代わりに、デフレ経済で国内業界の競争は激化の一途を辿っているのです。前にも述べたこの業界の「零細化」現象がその延長線上にあるのです。雇用形態の変革なんて微々たるものです。そうした時代の変革への対応は企業の労使双方にとって急務です。

ドライバー気質への回帰

このように考えてきますと、この業界のドライバー雇用ミスマッチ解消に関しては、プロドライバーの皆さんこそが当事者であり、真剣に考えておく必要があると言えるでしょう。経営者側は今後、さまざまの手段を講じるでしょう。その一つは、次項でも述べる賃金体系はもとより、会社側のニーズに対応してくれる優秀なドライバーの確保育成です。

一方、雇われる立場の者にとって考えておかなければならないことがあります。それは、そうした経営者側の動向に対する敏感な対応姿勢と心構えです。自らの職業観や職業意識を改革することとです。具体的には、時代の流れを察知し、従来型のサラリーマン化したドライバー気質から脱却し、本来の「プロドライバー気質（きしつ・かたぎ）」への回帰を目指すことです。

より夢の持てる会社で失業の心配もなく働けるために、というのがプロドライバーの皆さんであるならば、この辺りの労使コンセンサスづくりができる経営者と社員ドライバーと、そうでない企業とでは、生き残り戦略においてドエライ格差が生じると言いたいのです。「ドライバーにも生き残り戦略が求められている。雇用ミスマッチはこの職種でも」と指摘するのはこうしたことからです。

7　ドライバーの賃金制度あれこれ
実力主義制度時代の最先端をゆくドライバー賃金

プロドライバーの皆さんの賃金実態についてちょっと考えてみましょう。「それが俺たちにとって最大の関心事なんだ、いっちょう、目を皿のようにしてこれから先を読むゾ！」といった声が聞こえてきそうですね。「人はパンのみに生くるにあらず」って聖書の言葉をこんなところで持ち出すのは不謹慎かもしれませんが、ここまで辛抱強く読み進んできてくださったプロドライバーの皆さんですので、知的な社会人教養も十分身につけてくださったと期待するのです。「パンのみ」とは「食っていくためのみ」という次元の低い人生観ですから、ここまで読み進んできてくださった読者の皆さんには無縁のことだと言いたいのです。

ま、そんなことから、ここでは給料の高い低いの不平不満（もし、あるとすれば、のことですが）はちょっと横に置いといて、穏やかな心境を持って読み進んでみてほしいのです。これからのプロドライバー人生に役立つことにお気付きになると確信するからです。

トラック運送会社におけるドライバーの賃金体系は洋の東西を問いません。つまり、時間給的要素より、運送収入や走行距離によって賃金が支払われています。この辺りのことになると、プロドライバーの皆さんの方が当事者でありますので、私が知ったかぶりをして、とやかく述べることは差し控えた方が賢明だと思います。特に、幾つかの運送会社を渡り歩いてこられたドライバー諸君にとっては釈迦に説法みたいになってしまいます。

物流先進国アメリカのプロドライバー賃金

そこで、われわれ日本人にとって一番身近な存在である米国の例をちょっとお知らせしておきましょう。かれこれ十年間にわたって購読しているアメリカトラック協会機関誌「トランスポート・トピックス」（全約四十数ページ）ってのがあるのですが、そこで見つけた数字です。アメリカトラック協会調査による米国のトラックドライバーの二〇〇〇年度における単純平均の年間賃金は四〇、八八三ドルです。サインポストという調査機関のそれでは三八、七一八ドルとあります。ちなみに、インターネットで検索した米国労働省調査資料では、三三、八一〇ドルとあります。もっとも、これら三機関の調査方法には若干の違いはあるとかです。

長距離ドライバーの場合の走行距離一マイル当たり支給額は三十数セント前後です。本書で出たり入ったりしている「オーナー・オペレーター（個人トラック業者）」の受け取り運賃収入は、表向き「元請け運賃の八五％」です。

ところで、一般の産業界における労働賃金は、通常、働いた時間によって支払われる、いわゆる「時間給」が主流でした。「でした」と過去形にするのは、近年に至って「実力主義・成果主義」といった賃金システムが広がり始めているからです。ブルーカラー族だけでなく、ホワイトカラー族にも、です。

時間給制の矛盾

トラック運送会社のドライバー賃金を時間給に設定した場合の大きな矛盾点を、この際、述べてみましょう。そんなことは分かってるさ、という声が多ければ嬉しいのですが、時間給がこの業界で通用しないということの証として、改めて考えてみましょう。

例えば、三台のトラック（A君・B君・C君）が会社を同時に出て、積み地に向かいます。その積み地で一台のクレーンが積み込みを開始します。A君が率先して一番手に回り、積み終えたら直ちに納入先に向かいます。B君、C君が後に続いて積み込みしてスタートします。

こんな具合に仕事をしていくと、一番手のA君が一番早く帰社します。続いてB君、C君と帰社の時間がずれてきます。ということは、時間給においてはA君が一番少なく、二番手、三番手で重く腰を上げて仕事をしたB君やC君の方が多くの賃金を取るという図式になってしまいます。道中、B君かC君が道順を間違ったとか、交通違反かなにかで取り調べに遭遇したら、その分、帰社が遅れ、更に賃金が高くなるって矛盾も発生します。やる気を持って積極的に行動するドライバーの賃金が、そうでないドライバーの賃金よりも少なくなってしまうという、いわゆる、正直者が馬鹿をみるってことになりかねないのが時間給システムです。

歩合給制への労使コンセンサス

こうした矛盾をトラック運送企業の「労使」が充分に自覚しているから、この業界では永年にわたって「歩合給的要素」が採り入れられているのです。仕事の内容からして到達したそれは、この業界労使の「賃金コンセンサス（合意）」でもあるのです。

こんな宿命的（とあえて表現します）な賃金査定基準を当然のこととしたもっとも良い例は、ひと昔前によく見られた「ドライバー気質」にうかがえるのです。つまり、道路渋滞の時間帯を避けて、夜中に気分よく走って（ドライブの醍醐味を味わって）現場に到着し、車内でひと寝入りし、翌朝の荷降ろし時間に対応する、といったドライバーの生活の知恵です。拘束される時間より、自分がいかに快適にハンドルを握り、かつお得意さまへの確実な貨物輸送をするか、ということにガッツ感を抱いていたのが昔流のドライバー気質であったのです。現代では、やれ労働基準法がどうとか、ドライバーがサラリーマン化してそれができないとかで、こんなドライバーの仕事振りは姿を消しています。もっとも、個人ダンプトラック業者や軽貨物個人業者は別ですが。

とりわけ、労働組合のある大手企業では、そんな運行なんてゼッタイに期待されません。そんなこともあって、大手特積み業者が小回りのきく下請け業者に依存度を高めていることは先にも述べました。

生産性に見合う賃金コンセンサス

「生産性に見合う賃金コンセンサスをつくれ」というのはかねてからの拙論ですが、生産性に見合うということは、これだけの運送収入（運賃）だから、これだけの賃金で良しとするということで、そうしたことへの労使コンセンサスを構築する企業が生き残るのだと主張しているのです。

本章一節で述べたわが国トラック運送会社の激増ぶりの背景に、零細業者の新規参入を指摘しました。それら新規参入業者は労使とも既成概念を超えた収入意識でいることも述べました。失業するよりマシだといった思いすらあることを指摘しました。

このように考えてきますと、歩合給を主体としたプロドライバーの皆さんの賃金システムは、業界発祥以来今日まで、企業の労使双方がコンセンサスとしてたどり着いた賃金制度であると言えるでしょう。むしろ、すべての企業がこれから導入せざるを得ないと考える「能力主義賃金」を皆さんは先取りしたものと考えてもよいと思うのです。成果主義とか実力主義とかいった制度の先駆者でもあると言えるでしょう。この際、これでヨシ！　ってな姿勢でハンドルを握ってほしいと思うのです。

過半数企業が「能力主義を重視する」

この項を終えるに当たって、ある直近の資料を提示しておきましょう。厚生労働省による企

図14　今後の人事処遇で「能力主義を重視する」と答えた企業の割合

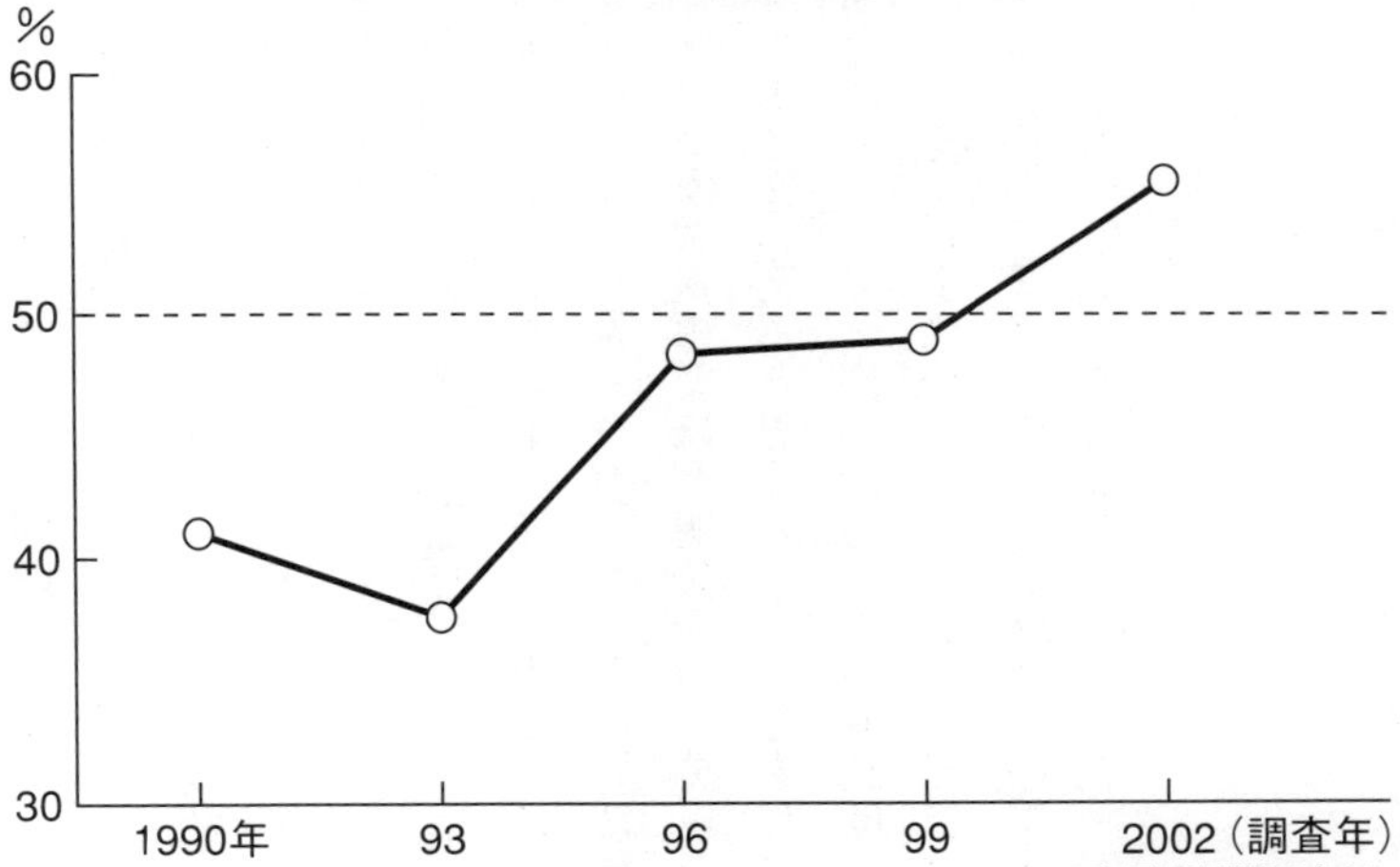

日本経済新聞記事より

業調査の結果です（図14）。

同省が従業員三〇〇人以上の企業約四、三〇〇社の回答から得たデータです。今後の人事処遇面で「能力主義を重視する」と回答した企業は五五・九％で、調査開始以来初めて、半数を超えたのです。しかも、企業規模が大きくなるほどそれが顕著で、五、〇〇〇人以上の企業では何と、七七・一％に達しているのです。一方、「年功序列の重視」は〇・七％と、ゼロに近づいているのです。「終身雇用を重視する」は八・五％で、この一〇年間で三分の一まで落ち込んでいます。長年の労使慣行が崩れつつあることを如実に物語っているのです。

更に注目すべきことがあるのです。こうした人事考課制度を導入している企業のうち、八八・八％が「運営上の問題がある」と回答している点です。具体的な問題点とは、「質の異なる仕事をする社員の評価が難しい」（五一・七％）、「考課訓練が不十分」（四九・四％）、「考課基準が不明確または統一が難しい」（四二・八％）と続きます。こんな問題点を抱えながら、何としても能力主義は導入せねばならないというのがこれからの企業の実態であることを、プロドライバーの皆さんは認識する必要があると強調したいのです。

この点、プロドライバーの皆さんにはこのような問題点は皆無と言えるでしょう。しかも、先のA君、B君、C君のドライバーみたいに、同じ積載量のトラックで、しかも同じ輸送区間の運送業務を遂行しているのですから、それに要する費用の個人差なども一目瞭然です。したがって、トラック運送事業ほど明確かつ、公正な「完全能力主義人事考査」が実施できる職業も例が無いとさえ言えると思うのです。とすれば、プロドライバーの皆さんの賃金体系も現状維持はもとより、より一層の能力主義報酬制度への認識や自覚があればこのうえもないと思うのです。その延長線上に台頭してくるのが、実は本書の終盤である「オーナー・オペレーター・システム（個人トラック制度）」ではあるのです。なになに？　じゃあ、もっとホンキで読み進もう！　と思ってくだされば嬉しいのです。

4章
オーナー・オペレーター・システム（個人トラック制度）

1　トラック運送会社経営者時代

業界紙に発表した論文「個人トラック制度は是か非か？」のエピソード

今までに本書の中で何度も出たり入ったりしてきた「オーナー・オペレーター（個人トラック事業者）」ですが、ここにきて、あらためてこの制度について述べてみます。前項で述べた能力主義賃金体系には最適の立場にある俺たちだ、と自負しているプロドライバーの皆さん、とりわけ、いつかは一国一城の主《あるじ》になってみたいもの！　と、ひそかにその機をうかがっているセクトのドライバー諸君にとっては、極めて大きな関心を呼ぶのがこれです。

「オーナー＝持ち主・所有者、オペレーター＝運転者」は文字通り、個人トラック業者を意味します。別名は「インデペンデント・コントラクター（独立請負契約者）」であることも述べました。この呼び名はそのまま軽貨物運送業者に使われていることはご存じの通りです。「一人一車の」という表現も使われている個人事業主です。「個トラ」とも表現されています。

ところが、どうしたことか、わが国では「普通車（二トン車以上）による個人運送事業」は未だ認められていないのです。ダンプトラックや個人タクシーや軽貨物の個人営業が認められていながら、なぜ「普通車」に限って認められないのか、といった素朴な疑問も呈しました。くだんの「最低保有車両数規制」（全国一律五両以上）がその足かせであることは何度も述べました。

後にも出てくることですが、この制度は「欧米物流先進諸国」（とあえて私は呼ぶのですが）で主流になっているのです。私が知る限り、先進諸国でこの個人トラック制度が認められていないのは日本だけだ、と前にも述べました。

一〇年前までこの業界で活躍していた私は、早くからこの制度にひそかな関心を寄せていたのです。前職現役時代は平成元年初頭のころのことでした。当時は個人トラックの個の字の声も業界から出ていなかったのですが、何となく私の心の片隅に潜んでいたシロモノでした。

トラック協会幹部のホンネでヒント

そんな折、広島県トラック協会の副会長の一人であった方（故人）と長時間話し込んだことがあるのです。話題は協会のことが主たるものでした。話が当時業界で大変な問題になっていた「労働時間短縮」（通称・時短／ジタン）問題に及んだのです。当時は寄るとさわると、時短、ジタンでした。日本人の働き過ぎを是正するというのが趣旨の労働行政指導の一環でした。人手（ドライバー）不足の時代にあって、「ジタン」（以後はこれに統一します）を推進することは、ただでさえ不足気味のドライバーを余分に雇用せねばならないというジレンマになっていました。

当時はバブル経済の絶頂期でした。東証平均株価は三八、九一五円をピークにウハウハって感じで、企業の労使ともに浮かれていました。現在の平均株価が三分の一以下の一万円前後である状態から見ると、実に天国って感じでした。土地の値段も上がりっぱなしでした。トラック運賃もそうでした。プロドライバーの皆さんの賃金も上昇していました。失業者どころか、人手不足時代でした。

働き過ぎを是正することを目的にこのジタン問題が発生したのですが、皮肉なことにバブルが弾けて事態が一変しました。それから一〇年経った現在では、膨大な失業者を前に、今度はジタンを推進して「仕事を分かち合う」という、いわゆる「ワークシェアリング」という別の目的で使われようとしています。失業者が溢れているのだから、就職している人たちは労働時間を短縮して(その分給料を減らしても)、余った仕事を失業者に回して、という趣旨です。やる気のある人にとっては、ジタンなんてとんでもない、もっともっと働きたいのだ！　というのがホンネでしょう。

ジタン（労働時間短縮）が個トラを呼ぶ？

ま、こんなことはさて置いてのことですが、くだんの副会長さんが、ジタン問題が激しくなっていた当時の背景から、こんなことを私に言われたのです。「ヨシダさん、こんなに時短、ジタンと言い出したら、個人トラックが出てくるんじゃあないかな……」と。ご存じの通り、個人事業者は事業主であることから、労働基準法の適用を受けません。よってジタン問題は無縁のこととされるからです。

同副会長の弁を受けて、「実は、ボクも同じことを考えているところなんですよ」と相づちを打ったことから、更なる個人トラック談義に発展したのです。そのときに閃いたのが、関連論文を書いて業界紙に発表してみようかな、ということでした。当時、いろんな業界紙(誌)に取材記事を書かれた経緯もあった私でしたので、マスメディアにはパイプを持っていたのです。

そんなこともありまして、今度は当時の中国運輸局長さん(故人)と会合で席を同じくした折に、こんなことを言ってみたのです。「局長さん、欧米諸国と同じように、日本にも個人トラックがあってイイと思うのですがどう思われます? 論文でも書いてみたいと思っているんですが……」と。くだんの局長さんは臆することなく、即座に「そりゃあオモシロイじゃあないですか。ぜひとも書いてみなさいよ」と言われたのです。執筆して世論に訴えてみたらと嗾《けしか》けられた、と受けとめたものでした。

当時はご多分に洩れず、業界と行政は「護送船団方式」という、いわばアベック方式で日本経済の発展に寄与したものでした。そんなことから、運輸行政に逆行することを言ったりしたりすることはご法度みたいなものでした。そうしたこともあって、人騒がせな個人トラック制度是非論議の論文なんて、おおよそ考えられないことだったのですが、くだんの局長さんの激励の言葉を「お墨付き」と受けとめたのです。小躍りって心境で書くことを胸に秘めたものでした。

業界紙紹介記事が生んだ関連論文の発表

折しも、業界紙「日本流通新聞」が、私のそうした取材記事を大きく載せました。曰く、「個人トラックに注目　時短、人手不足に役立つ」（平成元年十一月十三日号）がそれでした。いささか刺激的な内容の記事になったのです。数ヶ月経ってからのことです。幾つかの読者の反応などを横目に、今度はこんな見出し記事を出したのです。曰く「個人トラック制度で　近く意見書出す」と。「時短、人手不足に役立つ」とした前の記事では、「邪道」になりかねないし、本来の趣旨を誤解されてはいけないと感じたために、自らが打ち出した「執筆宣言」でした。

そこで書いたのが「個人トラック制度は是か非か？」でした。四百字詰め原稿用紙で三十七枚のものでした。一一回シリーズで掲載されました。この論文を書くに当たって、考慮した、せざるを得なかったことがありました。それは私がトラック協会の役員であるという立場から、個人トラック制度を認めるべきだというような物騒な基調でなく、こんなことも考えられるのではないか？　といった調子で書いたものでした。

手前ミソですが、その連載を読まれたある物流ジャーナリストが後日の同紙コラムで書かれた一節を記しておきます。「吉田さんは、久々にトラック輸送業界に現れた『論客』のような気がする。お会いして話して見たいし、今後とも活躍されんことを祈りたい。こうした人を発見し、紹介した意味は本紙にとって大きいと思う」というエールでした。そのまた後日の同氏寄稿コラム記事「見事さと破綻」の末尾では、「前回にふれた『個人トラック制度は是か非か?』の場合は、文章の破綻は多いが、内容は『自分の主張』で一貫している」とありました。

こうして「書く」ことは本業ではない私ですが、専門家からみた文章そのものの出来栄えは別として、読者に理解していただける内容であることをせめてもの喜びとしているのです。この際ですので、ヨシダ文章の「粗探《あらさが》し」ってなイタズラ心でも結構ですので、飽きずに読み進んでくだされば嬉しい限りです。

ちょっと脱線しましたが、本流に戻りましょう。その論文連載が終了したのは平成二年七月でした。それに先立つ同年五月三十日、奇しくも同日開催された広島県トラック協会定期総会の日に、地元紙「中国新聞」が写真付きコラム記事でこのことを報道しました。「個人トラック提言書を」と題した記事がそれでした。その記事を見て来られたくだんの運輸局長さんが、私に、「やったね!」とばかり、ウインクされたのが嬉しかったです。反面、そのような大改革や規制緩和に反対意志を持つ協会役員も多くあったのですが、そうした反対勢力のやっかみ視線をひそかに感じたものではありました。

ちなみに、その論文がその後の私にとっては、「個人トラック制度導入へのオピニオン・リーダー活動」の原点になったのです。

運輸大臣表彰受賞を転機に第三の人生転換

その二年後、私は三〇年以上勤め上げたトラック運送会社経営から一歩退いた形で、「七社グループ企業会長」に就任し、次なる人生への助走を開始したのです。折しも、平成四年十月、私は運輸大臣表彰（奥田敬和大臣）を受賞しました。長年にわたる私のトラック運送事業経営や、トラック協会役員としての功績を認められたものと、現在に至って誇りと感謝の気持ちを持ち続けているのです。

あたかもその運輸大臣表彰をわが人生のひと区切りにしたかのように、その一年後に三二年間に及んだトラック運送事業経営者人生に終止符を打つことになったのです。すべてを「捨てて」と言ったら読者の皆さんは、？？　と首を傾げられると思うのですが、そのことはさておいて前に進みます。ただひとつだけ記しておきましょう。「得るは捨つるにあり」という教訓を、後年に至り身をもって体感することになったのです。

2　米国トラック運送業界の取材一人旅　その体験記とエピソード

平成五年十月五日、現在の株式会社ロジタントを設立しました。長年お世話になったトラック運送業へのささやかな「恩返し」の心をもって、「総合物流・経営コンサルタント」として第三人生を歩み始めました。

名実ともにフリーになった私は、新会社の処女作的事業として、正面切って「個人トラック制度の導入提言執筆活動」を決意しました。その一方で、本場米国のトラック運送業界におけるオーナー・オペレーターたちの活動ぶりを取材することを思い立ったのです。

業界新聞「物流ニッポン新聞」の山田晃社長さんにくだんの「提言論文」の執筆計画を含め、米国取材旅行とその体験手記執筆計画も打ち明け、それらの論文やエッセイの同紙への掲載の約束を得ました。規制緩和には後ろ向きの業界姿勢が強かった当時に、その規制緩和の最たる「最低保有台数規制の撤廃」を意味する個人トラック制度関連論文を業界紙に掲載することには、マスコミ経営者にとってかなりの英断が求められていた時代でした。

話は前後しますが、その論文を突破口に、同紙と姉妹月刊誌「物流ダイジェスト」（後の「物流ロジスティクス」）への寄稿はその後、九年間続きました。そのボリュームは冒頭に述べたように、一〇〇件、一〇〇万字を突破しました。この出来事は現在に至っても私の心に感謝の念を抱き続けさせているのです。

手始めに書いた「個人トラック制度導入への提言」は、前回の「個人トラック制度は是か非か?」とはガラッと内容を変えました。ズバリ、導入すべきだ、といった基調で書きました。これも四〇〇字詰め原稿用紙を使った手書きでした。業界紙「物流ニッポン新聞」に全面掲載という異例の形で、時には下段の広告欄も抜きにした文字通り全面ぶち抜きの形で、八回シリーズになりました。こんな扱いは同紙も異例のことだと現在に至っても思っています。壮観なレイアウトと言ったら自画自賛みたいですが、事実、あまりにも仰々しい全面ぶち抜き記事であったことから、問題が後年に至って発生するのです。業界専門紙が偏った記事を掲載するのはケシカランといった「外圧」が生じた気配があるのです。四十数回続いた同紙へのその後の論文やエッセイでしたが、購読者数の少ない姉妹月刊誌「物流ロジスティクス」にシフトされ、爾来、かれこれ七年間の長い期間掲載され続けた寄稿論文やエッセイでした。

「個人トラック制度導入への提言」を業界新聞に発表して渡米

さて、このような経緯から執筆した「個人トラック制度導入への提言」でしたが、全文原稿をくだんの新聞社に届けた直後に掲載された第一稿の紙面コピーを携えて米国に飛んだのです。一九九三年十月十八日のことでした。

米国本土取材を終えて帰国したのが滞在三四日目の同年十一月二十日でした。その翌年一月には一週間のハワイ州（家内と娘を連れた家族旅行を兼ねた）取材を含め、延べ四一日間の取材体験記「米国に於けるオーナー・オペレーター・システム（個人トラック制度）の現地取材体験記」を書くことになったのです。前回と同じように全面ぶち抜き、十五回シリーズの連載になりました。二十歳代に英文タイプライターの通信教育で紙製のキーボードを利用して二十六文字キーボードの指操作には慣れていたこともあって、「ローマ字入力」を簡単にモノにしたのが幸いしたものです。

米国単身取材旅行記は「満六十歳男の青春物語」

肝心の米国取材体験話ですが、本書では省略したほうが良さそうです。私のホームページ「執筆実績」にこの一連の新聞連載記事をスキャナーしたものを掲載しています。別冊で作成したものがありますが、単行本レイアウトで一四〇～一五〇ページに及びます。物流ニッポン新聞にデカデカと掲載されたこの寄稿文を評して、この業界に造詣の深い中田信哉・神奈川大学経済学部教授が感想を同紙記事で語ってくださいました。「……本紙で吉田祐起さんが書いておられたアメリカのオーナー・オペレーターについての連載を興味深く読んでいまして、納得はしておりました。もっとも、吉田さんの連載は人との関係とか食事とか都市だとかが極めて面白く、すぐれた紀行文を楽しむような読み方をしてしまいましたので、なにか文化人類的な興味のほうにいってしまったと反省しています。……」がそれでした。

話はちょっとさかのぼるのですが、現役時代の末期は新会社設立のちょうど一年前のことでした。全ト協が主催した「日米トラック運送事業　環境問題シンポジウム」（京都会場）に参加したことがあります。パネリストの一人であったアメリカトラック協会の環境部長（当時）のアレン・R・シェーファーさんという人物と知り合ったのです。米国運輸省官僚もいた中で、シンポジウム後のパーティーで親しく懇談したのです。もっとも、そのときの話題は当時私の会社が導入していた米国フランチャイズ事業の「ジーバート車体防錆処理事業」のことでした。高速道路の冬季凍結期に散布する凍結防止剤（塩カリ）で、車体が錆びるのを防止する処理事業です。そのことを話題に彼にアプローチしたのですが、奇しくも、その人物を頼ってアメリカトラック協会を基地にした米国取材旅行がスタートしたのです。よもや、そうなろうとは夢にも思わなかったのです。縁とは異なもの、を体感したのです。

一九九三年ATA（アメリカトラック協会）経営セミナー&展示会

米国取材旅行の最大の収穫は、そのシェーファーさん（後に環境担当副会長に就任し、近年に至ってディーゼル工学フォーラムの首脳に就任）の口利きで、無料で参加する機会を与えられた恒例の全米トラック運送業者のセミナーでした。1993 ATA Management Conference & Exhibition（一九九三年度ATA経営セミナー・展示会）がそれでした。毎年開催される四日間の多彩な勉強会や運送関連企業の商品展示会です。全米各地から二千人もの参加者がある盛大な年次大会です。そこで知り合った人たちとの交流が米国取材の原点となったのです。

ＡＴＡ本部のあるヴァージニア州を中心に首都ワシントン、ニューヨーク、フロリダを行き来し、テネシー、テキサス、カリフォルニア各地を単身で移動しながら取材しました。幾つかのトラック・ストップ（日本ではトラック・ステーションと呼びますが）では一日中滞在して、出入りするドライバーをつかまえては懇談して取材したものです。

さすが！　プロの国アメリカ　オーナー・オペレーターあれこれ

米国取材で受けたオーナー・オペレーターたちの印象を簡単に述べてみましょう。直接本人たちに接して得た感じは、まさに一匹狼そのものって感じでした。痩せても枯れても俺は経営者だ！　といった自負はアリアリでした。

元請け会社の正社員ドライバーと同じ制服制帽を着て活躍するオーナー・オペレーターが多くいました。かと思えば、カウボーイそのままのハットとブーツとジーパン姿で、のびのびとハンドルを握っている人たちも見かけました。何組もの夫婦チーム・オーナー・オペレーターとも話す機会を得ました。

彼（女）らの活躍ぶりの一端を「さすが！　プロの国アメリカ　オーナー・オペレーターあれこれ」と題して業界誌に寄稿したことがあるのですが、この際、そこで紹介した六組のオーナー・オペレーターたちの物語を紹介しましょう。プロドライバーの皆さんがワクワクすること請け合いです。プロドライバーになって良かった！　オレもオーナー・オペレーターになりたい！　と、思われるに違いありません。

いささか旧聞になって申し訳ありませんが、私が米国を取材旅行した一九九三年にさかのぼる資料からお伝えします。個人トラック（オーナー・オペレーター）業者たちの「専門誌」で「Owner-Operator」と「Land Line」という月刊誌があります。かのATA（アメリカトラック協会）の機関誌「Transport Topics」など、当時米国から持ち帰ったり、帰国後に送ってもらった資料のページから幾つかのものを拾い出し、私が翻訳したものです。

一話　「クレイン夫妻チーム」（写真2）

そのひとつは、「ランドライン誌（九三年九・十月合併号）」の「オランダ人夫婦」と題する記事です。オランダ人トラッカーで米国に移民して一五年間、この道一筋のクレイン夫婦チームのオーナー・オペレーターです。ダンナの名前はヴァイナス、女房さんはマンダです。一九七八年に夫のヴァイナス氏はヨーロッパ全土をまたにかけて働いていたトラッカーでしたが、米国に移住して同じ仕事をやっている夫婦です。「トラッキングこそが私のやりたいすべてだし、それだけが私の能力だ」という氏は、生まれ故郷のオランダの何倍もの広さの米国西海岸地区で紙製品の輸送からスタートしたのです。オランダと言えば、その広さはマサチューセッツ、コネチカット、ロードアイランドの三州を合わせた一万五千平方マイルの大きさ。夫婦が住むテ

Double Dutch

THEY CAME FROM THE LAND OF NO LUMPERS AND NO WEIGH SCALES TO TRUCK IN THE U.S.A.

Hauling everything from containers to Budweiser beer, Winus and Manda Cleyne earned their stars and stripes with a '77 Pete called "Elvis Forever." How American can you get?

Winus and Manda Cleyne, natives of Holland, are an owner-operator team a la international. In 1978, Winus left his professional trucking career in Europe and the Cleynes came to the U.S. with the plan to keep on truckin', American-style.

"Trucking is what I always wanted to do and it is what I knew. When Will and Sonny came on the TV in Holland, it was very hot stuff. I sat in front of the TV and wanted to be a trucker," says Winus, "All truckers in Europe want to come to America and drive shiny Peterbilts. And bring their family."

The Cleynes came to the USA via California. "When I tried to get a job, I was told I did not have any experience!" he says. "I drove everything in Europe — a DAF, Volvo, Mercedes and my Scania. But in California, it didn't count."

With a little help, he did get a job hauling paper on a short West Coast run, and began his career trucking in a country many times the size of his homeland.

Holland (The Netherlands) is the size of Massachusetts, Connecticut and Rhode Island combined — with only 15,000 square miles. That's a pretty small world when you consider their new home state of Texas has 252,017 square miles.

Winus Cleyne became a team driver with an owner-operator leased to NW Transport out of Denver and eventually bought the truck.

"When that truck was paid off, we traded it in for a 1977 Pete," says Cleyne, "and it was the best truck we ever owned."

The truck was dubbed "Elvis Forever" and called the "Elvis" truck by the Cleynes. (Winus is a big Elvis fan.) When the Cleynes bought their brand new '94 Pete earlier this year, the striking murals painted on both sides of the custom sleeper immortalized the Elvis truck on one side and the Scania on the other.

The Cleynes first experience running 48 states came when they leased on to ICCC out of Salt Lake City. They have since leased to several other motor carriers and now have their own authority.

In Europe, Cleyne trucked through France, Spain, Austria, Denmark, Yugoslavia, Turkey and even England. Still, they were easy runs compared to a U.S. coast-to-coast turnaround. Learning how to truck in America was an experience in dealing with the amazing expanse of the continent, incredible miles of highway and enough regulations to make

Winus and Manda Cleyne

BY SANDI LAXSON

(写真2) 米国オーナーオペレーター専門誌「LAND LINE」より

キサス州は二五万二〇〇〇平方マイルです。

デンバー近郊のNSトランスポート社にチームドライバーでオーナー・オペレーターのリース契約締結を機にトラックを購入しました。その月賦が終わったのを機に、一九七七年式のピータービルト中古トラックと代替えしました。エルビス・プレスリーの大のファンであることから、そのトラックを名付けて「永遠なるエルビス」と。

ヴァイナス氏がヨーロッパ時代を思い出して苦笑することは、かの地では国境を超えるときにはドライバーが積み荷に触ることは違法だし、積み下ろしはすべて会社責任、積み荷重量は自由だし、ハイウエーにはトラック計量所もないし、国境で引っかかっても会社が面倒を見てくれるし……と。ところがここ米国では全部ドライバーの責任になる、と。

ということから、米国でのオーナー・オペレーター生活に同化するのにちょっとばかり手を焼いた、と。しかし、一五年経った現在では、この夫婦ドライバーは結構「ど根性と磨かれた」トラッカー生活を営んでいることを誇りに思っているのです。

現在はインピリアル運輸とのリース契約で東海岸へのコンテナー輸送が主で、その帰り荷は自分で獲得することから、これらの荷主の支援でICC免許を取得しました。

一九九二年に彼ら夫婦は愛車トラックが修理を要することから、その僅かの間をダンナのヴァイナス氏はほかの仕事を見つけましたが、間もなくトラック業界に戻りました。そこでまた彼ら夫婦は思い切って九四年式新車のピータービルトを購入しました。ダブルベッド、冷蔵庫、電子レンジ装備のスリーパー付きトラクターです。

何よりもユニークなのは、このピータービルト新品トラックを購入したのを機に、その特製スリーパーの左壁面には合衆国の大きな地図とその「エルビス」トラクターをあしらった絵を、右側にはかつて走りまわったヨーロッパ全土の地図に「スケニア製トラック」の絵をどか～んと飾り、この辺りは日本のトラック野郎ってなところです。

クレイン夫妻は、この愛車ピート（ピータービルトの愛称））を「昨日の夢」とダブらしているのですが、とすれば、彼らの「明日の夢」は何だろう？　と。この派手な新車ピートトラックをヨーロッパへ持っていって好きなことをやるのか？　とにかくトラック人生だ……と。

二話　「ジョン・トラップ夫妻チーム」（写真3）

その二は、オーナー・オペレーター誌（九三年九月号）からです。主人公のジョン・トラップ氏はモーテルの部屋が嫌いです。レストランの食事もしかりです。ということから彼のトラクター（インターナショナル製）は家庭の楽しみの粋を集めた装備です。スプリングマットレスの六〇インチベッド、冷蔵庫、電子レンジ、暖冷房、カラーTV、ビデオカセットレコーダーなどなどです。

「私はけちん坊ではないけど、九〇年代にオーナー・オペレーターになってからは、いささか倹約家になったです」と。ブースに装備した電子レンジや冷蔵庫は、レストランで浪費したお

INTERNATIONAL 9400

TRUCKER'S CHOICE:

JOHN TRAPP

John Trapp hates motel room beds. And he's not all that fond of restaurant food, either. That's why his International 9400 tractor is matched with a high-rise sleeper and outfitted with many of the comforts of home.

These comforts include an Eagle premium trim package, 60-in. bed with innerspring mattress, microwave oven, refrigerator, air conditioning, color TV/VCR...the works.

"I'm no cheapskate, but I sure have become more frugal when it comes to being an owner operator in the '90s," says Trapp. "The microwave and fridge save

（写真3）米国オーナーオペレーター専門誌「OWNER-OPERATOR」より
Reprinted with permission of OWNER-OPERATOR.Copyrighe 1993 By Chilton Co., a division of American Broadcasting Companies, Inc.

金を節約させてくれるそうです。

モーテルよりトラクターのスリーパーの方が良いらしく、それが儲けの秘訣だとか。「こつこつ働いて、無駄な費用は避ける」ことが大事だと。趣味は何か、と言われたら「トラクターとトレーラーだ」と答えるそうです。

クロームメッキの部品を使わなくてもカッコいいトラックに仕立てることができるばかりか、支払い可能な範囲での支出に押さえることができるのです。待機中などはトラックから離れません。掃除したり磨いたりして充分時間潰しができるのです。有効な時間利用効果です……と。

ジョン氏は、かの大量のオーナー・オペレーター契約を誇るランドスター・システムズ社の系列会社であるレインジャー・トランスポート社と契約するオーナー・オペレターです。延べ一八年間の個トラ人生（同社とは最近五年間の契約）ですが、その間二〇〇万マイル走行実績中、すべて無事故、クレーム無しの記録です。無事故記録の理由は「他のドライバーたちが次の行動をとる前に彼らの動向を予測することだ」と彼は喝破します。

紙製品、化学製品などの精密貨物で運賃の良いものを主とする彼は、そうでない貨物を他の同僚に譲ります。いつぞやは百万ドルものオーディオ部品を運んだそうで、彼の論理は「気をつかうことは商売のストック（商売道具）だ」と。

彼はまた、ランドスター・システムズ系列グループの名誉ある「ロードスター・チーム」の一人です。オーナー・オペレーターのみに与えられる極めて希少価値といえる称号です。レインジャー社だけで三〇〇〇名ドライバー中、たった七名がそのメンバーです。

奥さんのリンダさんは二人の息子の子育て中は大変でしたが、帳簿の記帳をやっています。CDL（営業運転免許証）を持っている彼女は、ときおり彼女の職業である外科医の助手仕事から解放されるときに、夫君のトラックに同乗しているのです。多才、才媛のリンダさんは内外助の効を発揮しているのです。

三話　「プライス家のファミリービジネス」（写真4）

その三は、「トランスポート・トピックス誌（一九九四年三月二十八日号）」よりです。かのATA機関誌の表紙写真記事がそれです。曰く「ファミリー・ビジネス」と題したこの記事の冒頭にある言葉に興味をひかれます。「プライス家のことは、トラック運送業が家族経営の傾向にあることを証明する……」とあるのです。

この写真記事がアメリカトラック協会の機関誌の表紙にで～んと出たことに意義があると思うのです。オーナー・オペレーター・システムに真っ向から反対する、どこやらのトラック協会機関紙とはドエライ違いだ、と、業界誌の寄稿文で喝破した、いわく付きの写真記事がこれなのです。

二人の息子さんをバックにした人物は主人公のデイヴィス・ミッシェル・プライスさんです。二人の子たちは「揺りかごからキャブ」へ一直線、とあるのです。上の息子は生後一〇ヵ月で

TRANSPORT TOPICS

National Newspaper of the Trucking Industry

NO. 3060 ALEXANDRIA, VA., MARCH 28, 1994

Inside Topics

Reefer Refunds

IRS procedures for off-highway diesel tax refunds are so unwieldy as to be nearly useless, reefer fleets complain. Page 3.

Teamsters Turmoil

Under the banner of reform, Ron Carey targets four union conferences for closure, eliciting an angry backlash. Page 3.

Victims of Crime

Murder, robbery and violent assaults against truckers are on the rise, and at least one federal legislator is paying attention. Page 3.

Roberts in Europe

Roberts Express finds there's room for its special critical-time service on the continent. Page 9.

Dual Citizenship

Ontario-based Challenger Motor Freight, with both U.S. and Canadian operations, is flourishing under the growing North American trade. Page 22.

Index

Fuel Prices
Details, Page 2
-0.7¢
Self-serve
Mar. 14 115.9
Mar. 21 115.2
Source: ICC

FEATURE PHOTO

David Michael Brice, with sons James Daniel (left) and David Michael Jr.

Michael James—Transport Topics

Family Business

The Brices are proof that trucking tends to run in families. These kids went from straight from the cradle to the cab.

"I had the oldest boy in a truck when he was 10 days old, and the younger son was riding with me when he was eight days old," said David Michael Brice, father of James Daniel, 6, and David Michael Jr., 8.

At that time, Mr. Brice, 40, and his ex-wife, Kareen Lunsford, were driving together, and where they went, the boys went too. Now the children ride with their dad during school breaks, on long weekends and in the summer.

Here they were waiting for a produce load at the Plant City State Farmers Market in Plant City, Fla.

Mr. Brice, an owner-operator since 1979, hauls produce and other commodities from Florida as far north as Maine in his 1993 Peterbilt.

His father, William Brice Jr., and his brother also are owner-operators. All hail from Wallace, N.C.

Will the boys be the next generation of Brices behind the wheel? "The oldest one is not too crazy about it, but the youngest one loves it," their father said. "He likes to go just about anywhere, except New York."

New Labor Proposals Exchanged

Employers Offer Raise, Security For Flexibility

By Daniel P. Bearth
Staff Writer

Trucking management and the Teamsters union exchanged new contract proposals last week, but the outlook for a settlement prior to the expiration of the current National Master Freight Agreement on March 31 is clouded by turmoil within the union.

In a move sure to spark more infighting, Teamsters General President Ron Carey seized control of four area conferences. He also suffered a major setback in rebuilding the union's rapidly shrinking strike fund with the overwhelming rejection of a dues increase by members (story, page 3).

Against this backdrop, negotiations continued between the Teamsters and Trucking Management Inc., the bargaining arm for 23 unionized less-than-truckload carriers, on a new labor contract covering an estimated 110,000 employees.

Talks with representatives of several regional carrier groups and supplemental contract negotiations also continued last week, but with no word on any progress.

On March 16, TMI presented the Teamsters with a comprehensive proposal that would raise employee wages and benefit contributions by $2.80 an hour over four years and offer job security provisions in return for wider use of railroads and part-time workers.

TMI President Arthur H. Bunte Jr. said the proposal is "an honest, good faith effort to address the key issues facing our industry today."

It is not a final package, Mr. Bunte said. "But, we consider this proposal a serious attempt to narrow the differences and establish a framework for reaching a settlement."

Under TMI's proposal, unionized carriers can increase the use of rail, but only if the carriers provide jobs for any road drivers displaced in the process. The vast majority of drivers will not be affected by increased use of rail, TMI said.

Similar job guarantees are part of TMI's proposal to allow employers to increase their use of part-time workers.

"The Teamsters recently stated that the worst part of the TMI proposal was the inclusion of part-time workers," Mr. Bunte said. "But our part-time request is no different from what the IBT has already

(See TEAMSTERS, p. 35)

NEWSPAPER

（写真4）アメリカトラック協会「Transport Topics」より

トラック生活を、下の息子は生後八ヵ月で私と一緒にトラックに乗っていたのです、はかの主人公の弁です。当時彼は四十歳で「前妻」のカリーンさんとチームドライバーでした。夫婦が行くところ息子たちあり、だったのです。現在では学校が休みとか夏季のウィークエンドはお父さんと一緒のドライブ旅です。この写真はフロリダ州のある工場での荷待ちのときのものです。

ブライスさんは一九七九年以来のオーナー・オペレーターで、フロリダからメイン州までの輸送をしています。彼の実父とその弟（叔父さん）もオーナー・オペレーターでした。

彼ら二人の息子たちはお父さんが歩むドライバー人生の次世代を追うかどうか？「長男はそれほど夢中（クレージー）ではないが、次男は大好きのようです。ニューヨーク以外はどこでも行きたがっています」とはお父さんの弁です。

四話「九三年度インデペンデント・コントラクター・オブ・ザ・イヤー賞」受賞者キャサリン・シャーマン嬢（写真5）

その四は「オーナー・オペレター誌」（九四年六月号）からです。話題の主は「1993's Independent Contracter of the Year」のトップ受賞者、ウイスコンシン州のキャサリン・シャーマンさんという女性オーナー・オペレターです。

一、五〇〇人もの業界関係者が彼女を表敬したそうですが、何と！　彼女は新車トラクター

INDEPENDENT CONTRACTOR OF THE YEAR

CATHERINE SHERMAN

By LEON WITCONIS

Orlando, Florida, is a land of fantasy, but for one deserving woman, it's the place where dreams come true.

More than 1,500 trucking industry officials paid tribute to owner operator Catherine Sherman of DeForest, Wisc., as she was named 1993's Independent Contractor of the Year. As top award winner, Sherman receives an International of her choice.

This special awards program, now in its seventh year, is jointly sponsored by *Owner Operator* Magazine and the Independent Contractors Div. of the Interstate Truckload Carriers Conference.

Sherman is the first woman owner operator to be chosen for this honor. And she has a lot of other "firsts" to be proud of.

For example, she was the first woman driver to be selected for the American Trucking Associations' (ATA) Road Team. She was the only trucker featured in *Delivering the Goods*, a video which ATA uses to help upgrade the image of the industry. Others appearing in the video include the chairmen of Archer Daniels Midland and Toys 'R' Us, the executive vp of Safeway and the executive vp of General Motors. And she has been featured in a careers series on *What's Up*, an Emmy Award-winning children's educational TV program. This is a show run by kids, for kids, where kids tell kids "what's up." Sherman's segment covered trucking as a career.

Although individual achievements weighed heavily as the judges made their decisions on who would be the 1993 winner, equally important was the contestant's involvement in the community. And Sherman was a shining star in this area, too. A partial list of her activities include:

• member and former committee-person for Dairy Shrine, a national club promoting the dairy industry;

（写真5）米国オーナーオペレーター専門誌「OWNER-OPERATOR」より

（ナヴィスター・インターナショナル社製）を一台、賞品に貰ったのです。「オーナー・オペレーター誌」からは五〇〇〇ドルの国債、その他の団体から総額一、六〇〇ドルの現金や賞品……。日本では想像もつかない高額賞品です。

この特別アオード・プログラムは七年目（当時）で、「オーナー・オペレーター」誌とアメリカトラック協会の「州間貸切運送業協議会独立契約業者部会」の共催によるものです。シャーマンさんは女性オーナー・オペレーターで最初の受賞者です。

「最初の」という彼女の誇りはその他多くあるのです。そのキャリアの幾つかを列記します。ATAの最初の女性「ロード・チーム」、ATAが業界イメージ向上の目的で作成したビデオの主人公、トイザラスやGMの宣伝用ビデオ、子供向け教育TV、各種の地域ボランティア団体などへの参画などなど、多彩です。とりわけ彼女が大事な関わりをもったことは二人の問題児の保護指導です。トラックドライバーになりたいと言った問題児（十八歳の女の子）に対する保護指導がそれでした。

かつて別の指導者がその子（ジェニー）に「トラックドライバーになるのは良い子のすることじゃあない」と教えてしくじったのです。彼女はジェニーを自宅の一室を与えて援助し、トラック・ドライビング・スクールに登録させたのです。

もう一人のティーン・エージャーは十七歳の男の子で、ハイスクールの落ちこぼれです。シャーマンさんはこの子に高校教育でGED（総合教育開発）を修了するように励ましているのです。その子は地方の工業カレッジに入学して芸術を学ぶ計画です。シャーマンさんは「いつかあの子はトラックのグラフィックをやるようになるわよ」と自慢しているのです。「この子たちと一緒に仕事をすることは私の人生にとって大事なことです。二つの花が咲くのを見届けるようなものです。目立ない、不満で虐げられた子供たちから、立派な可能性豊かな成人になることを見届けたいのです」と彼女。その彼女の授賞式にこの子たちは出席したのでした。

ところで、こうしたキャリアの彼女ですが、その業績はトラックドライバー歴一三年、一四〇万マイルの無事故です。ジャーナリズム関係からトラックドライバーに転じたのですが、八二年以来、ウイスコンシン州のマーチン・トランスポート社と契約して今日に及んでいます。

同社の女性ドライバー採用組織で主役を演じる彼女を指して、同社副社長のボッブ・スミス氏曰く「当社七〇名の女性ドライバーを見て言えることは、彼女らのほうが離職率や事故率が低く、かつ職業意識も高い」と。

受賞に際してコメントを求められたシャーマンさん曰く「……この業界に対する良いイメージづくりには役立ったと思います。でも私たちが求め、かつ甘受できる職業的地位の向上には業界の人たちの共同努力が必要です。こうした努力のリーダー役を演じたいのです……」と。げに天晴れな女傑ドライバーであり、経済的かつ精神的にこんな社会的評価がなされる米国トラック運送業界は羨ましい限り、と言えそうです。

五話　「ロウ夫妻チーム」（写真６）

その五は、「オーナー・オペレーター誌」（九三年十一月・十二月合併号）からです。本書の表紙にある主人公のカップルです。奥さんの名はモウ、彼女のご主人はベンです。お父さんのオハイオ州農場で早くからオフロードのトラック運転を始めた彼女が回想することは、膝まで泥にまみれて収穫した胡瓜一本ごと一セントの稼ぎです。

大きくなるにしたがって、お父さんが経営する脱穀、荷物運搬業を手伝って、ミシガン州の製紙工場へ麦わらをトラック輸送した彼女は、早くから男女の仕事差を意識していませんでした。このことが後年彼女の生涯に職業倫理観として根付いたのです。

そのことが、後年は十年間にわたって建設会社で生コントラックのドライバー、更に結婚して子どもを持つ身になるまで続きました。

こうした経験が、現在の夫君ベンと一緒にチーム・オーナー・オペレーターとして一週間に三、〇〇〇マイル走行を継続させているのです。以下は彼女の弁。「ほとんどの日々を家から離れ、州外で働くことは男性が好まないことですが、私はそうした仕事を率先して引き受けました。サビだらけのさまざまなのトラックに乗ったものです。でも今は違います。乗りたいトラックに乗ります。何か変わったもの、何かスポーティーなトラックを選んでいます。孫がいますので、スポーティーなおばあちゃんでありたいと願っています。

特殊な差別化でしょうか、他のドライバーたちから畏敬の念をもたれたり、（親指を上げ

FORD HardRunner

TRUCKER'S CHOICE:

Mo & Ben Row

Mo Row was driving trucks before she was old enough to drive....off-road, on her daddy's farm in Martin, Oh.

Like a lot of Midwestern kids, she grew up tough, with a strong spirit. Not a stranger to work. And not the least bit afraid of it.

"When I was just a little girl, we'd go out there on our knees in the dirt and pick cucumbers for a penny

each," she reminisces. "Later on, I drove GMCs, hauling straw up to the paper mills in Michigan. My daddy ran a combining and bailing operation.

"Sometimes on a farm there wasn't a whole lot of difference between what was expected of a boy and what was expected of a girl. Everybody worked."

Mo's taken that work ethic through life with her.

(写真6) 米国オーナーオペレーター専門誌「OWNER-OPERATOR」より

て）〝カッコイイ！〟と言われるのですよ。自分の好きな時間だけ運転できるし、休むときは運転台の後ろのブースで膝を伸ばすことができるのですからステキです……」と。

ところで、この夫婦の出会いにも興味があります。夫君のベンは以前同じ建設会社で働いていました。ドライバー兼整備工だった彼が想起し、彼の女房さんになるモウさんにも共通したことは、何か変わったことをしたいといった人生観でした。

建設会社勤務時代はお互いに家を留守にすることがしばしばで、数ヶ月間ぶっ通しの遠出で、二、三週間ごとに家に帰るという状態でした。その建設会社が八九年に事業拡大したころに、ベンとモウが自前のトラックを持って「夫婦チーム」の開業機会をモノにしたのです。ダンナのベンがいみじくも認めることは、「最初は恐かった！」ということ。投資に見合う貯えもなかった彼らは、八五年式の中古トラック（フレイトライナー）に出くわしたのです。「一年間それでやりました。私はワイルド（無謀・夢中）でした。一度は華氏一一五度の砂漠でバーストしたタイヤで立ち往生しました。そのときの運行で得た収入一、六〇〇ドルに対して総支出は二、〇〇〇ドルでした。田舎の小坊主でもそんなことでは家賃も出っこないことは分かります」と。

結局はこのロウ夫妻はシンシナティー市近郊のJ・Wエキスプレス社と契約して、九二年に至りスタンレー&サンズ社系列のスタック・コンテナー社の仕事をすることになります。現在彼らはコンテナー輸送で毎週三、〇〇〇マイルを走行しています。ピッツバーグ、クリーヴランド、シカゴ間を、ワインからオモチャに至る貨物を運んでいるのです。彼らの住まいはオハイオの高速道関門所付近のノーウォークですので、ほとんど毎晩帰宅でき、少なくともシャワーを浴びて一寝入りできるのです。

将来はどうするの？　に対する彼ら夫婦の答えは、五年後にはドライビング人生をリタイアする計画で、三台のトラックでフルタイム雇用ドライバーでやりたい、と。

一一人の孫を持つこの夫君ベンは、「プールと気泡風呂付きのホームで、もっと多くの時間を家族と一緒で生活を楽しむこと」と言います。

一方の妻君モウさんは、長年のトラック生活から、女性トラッカーに対するドライバー観に変化を生じていることを感じています。「当時のことを話しても信じれないでしょう。でも、現在の環境はずっと良くなっています。強い心の人にとってはドライバー人生ってイイものです。でも一つだけ言っておきましょう。好きこそものの上手なれ、ですよ！」と。彼女は誰よりもこのことを実感として知っているのです。

六話　「九七年度インデペンデント・コントラクター・オブ・ザ・イヤー賞」受賞者ジョン・オローク・シニアーさん（写真7）

その六は、アメリカトラック協会機関誌「トランスポート・トピックス」（九七年四月十四日号）からです。「このインデペンデント・オーナー・オペレーターはネクタイを着けている～ピッカピカの靴はこのTCA賞受賞者オローク氏のスタイルと態度を反映している～」という見出しの一面ぶち抜き記事です。

「企業の大小を問わず、ビジネス経営者にとって背広とネクタイはスタンダードなユニフォームです。オーナー・オペレーターのオロークさんもその一人です。

夜明け前、彼はクリーニングでプレスのよく効いた黒の背広に黒のネクタイ、それに黒のピッカピカの靴を履いて出かけます。彼のオフィスは普通の経営者とは少しばかり変わっています。デスクもなければ秘書もいません……」で始まるのがこの記事です。

彼が契約する会社は個人経営のガイ・ヘヴンナー社で、バラものや骨材輸送専用です。七五年式ダイヤモンド・レオのトレーラーで彼が引っ張るのは三五フィートのステンレスダンプトレーラーです。積み荷は四万ポンドの酸化珪素砂（シリカ砂）で、ペンシルヴァニア鉄鋼鋳造&機械社向けの原料輸送です。シリカ砂は鋳造生産の鋳型に不可欠で、その安定供給ができなかったら工場閉鎖になりかねません。そのため彼は毎朝三時に家を出ます。工場が午前七時に開くのに備えるのです。

シリカサンドを輸送した帰り荷は石灰石、石炭や敷きわらを運びます。彼の一日当たりの走行距離は平均二八九マイル（約四六二キロ）です。彼の契約会社社長曰く「彼は全く無傷の運転記録で、優秀な態度といい、優美な職業的容姿など、すばらしいドライバーです」と。この証言が受賞の理由でもあるのです。

この賞の主催者側の弁によると、十年間にわたる本賞の歴史で、ダンプ・オペレーターの受

NEWS FROM TRUCKLOAD CARRIERS ASSOCIATION

This Independent Owner-Operator Wears a Tie

Spit-Shine Reflects Style and Attitude of TCA Award Winner John O'Rourke

By Sean Kilcarr
Staff Reporter

Suits and ties are the standard uniform for many people running a business, large or small. So, too, for John A. O'Rourke Sr., who lives in Braddock, N.J.

Before dawn every day, Mr. O'Rourke puts on a clean, pressed white cotton dress shirt, black tie, black trousers and spit-shined shoes to go to work. That's not unusual. But his office is a little different than most. He doesn't have a desk and he certainly doesn't have a secretary.

But he does have a steering wheel. Five days a week, Mr. O'Rourke maneuvers 40 tons of diesel-powered steel, rubber and cargo on the highways in and around Philadelphia.

Mr. O'Rourke is an owner-operator leased to Guy Heavener Inc., a family-owned trucking company based in Harleysville, Pa., that specializes in bulk and aggregate loads.

Behind his spotless 1975 Diamond Reo, Mr. O'Rourke pulls a 35-foot stainless steel dump trailer. Unloaded, his rig weighs nearly 40,000 pounds. Add to that another 40,000 pounds of the silica sand that he takes each morning to the Pennsylvania Steel Foundry & Machine Co. in Hamburg, Pa., one of Guy Heavener's largest and most demanding customers.

"Silica sand is vital to the foundry's production molds," Gerald Heavener, the carrier's chief executive, said. "Without a steady supply, they'd be forced to shut down."

To make sure the supply remains steady, Mr. O'Rourke leaves his home at 3 a.m. so that he can have his load at the steel foundry when the gates open at 7 a.m. After he delivers the sand, he runs a load of limestone, coal or mulch on the backhaul.

Each day, Mr. O'Rourke starts with his routine sand delivery and averages 289 miles in surrounding Pennsylvania, New Jersey and Delaware.

"He's an excellent driver with a spotless safety record, good attitude and a superb professional appearance," Mr. Heavener said — just the sort of attributes that deserve recognition. That is why the Truckload Carriers Assn. named Mr. O'Rourke Independent Contractor of the Year.

He also is a past Mack Truck/-Dana Truck Roadeo Grand Champion, takes part in the Trucker Buddy program for school kids and helps raise funds each year for Easter Seals and the Muscular Dystrophy Assn.

In winning the award, Mr. O'Rourke can claim another distinction. This is the first time in the independent contractor contest's 10-year history that the top honor has gone to a dump operator, said Lana R. Batts, president of TCA, formerly Interstate Truckload Carriers Conference (TT, 3-24-97, p. 5).

He also gets to lay claim to a 1997 tractor from Navistar International Transportation Corp., powered by a Cummins N14 engine and fully loaded with goodies from other suppliers, including air-ride seats, a satellite system, citizen's band radio and compact disc player.

Mr. O'Rourke may find another use for his Diamond Reo.

Before entering the trucking business in a serious vein, Mr. O'Rourke lived on the other side of the radar gun. For three years in the late 1960s and early '70s he patrolled the highway as an officer of the New Jersey State Police.

Back then he also worked part-time for a local trucking firm — a moonlighting job that didn't sit too well with his police supervisors. But ever since he'd learned to drive at the helm of an old Brockway on his uncle's farm, Mr. O'Rourke was in the thrall of trucks.

The big cars finally won out in 1972 when he decided to trade in his badge and pistol and become a full-time trucker. He flew to Michigan the next year to buy his first rig — a 1973 Diamond Reo.

In 1984, Mr. O'Rourke signed with Guy Heavener Inc. and he remains to this day the only permanently leased owner-operator the 30-truck company has.

Mr. O'Rourke's record is one reason Mr. Heavener nominated the 49-year-old independent for the TCA award: 2.5 million accident-free miles over nearly 30 years, and no violations. Equally compelling is Mr. O'Rourke's attitude, reflected in appearances that are anything but superficial.

The cop-turned-trucker lavishes attention on his 22-year-old tractor, washing it and the trailer every night. Nothing is allowed to contaminate the next day's load of silica sand bound for the steel foundry.

This level of care extends to his own sartorial turn.

"People don't realize I drive a truck," Mr. O'Rourke said. "They don't expect to see the spit-shined shoes, the jacket and the tie. In my own way, I like to think I'm helping to improve the image of the trucking industry."

> ***"He's an excellent driver with a spotless safety record, good attitude and a superb professional appearance."***
>
> Gerald Heavener
> CEO
> Guy Heavener Inc.

He wears a necktie so that everyone he comes into contact with — police officers, toll booth collectors and especially his customers — understands that he is a professional businessman.

One result is satisfied customers.

William C. Easterly, vice president of operations for Pennsylvania Steel Foundry, wrote to TCA in support of Mr. O'Rourke's nomination. "To make sure we have enough sand to meet our production demands, John physically checks up on the operation by interviewing key production personnel and monitoring the weather, equipment malfunctions, and storage capacity, all on a daily basis."

Those efforts helped the foundry improve its production by over 50% during the last two years, Mr. Easterly said.

Going the proverbial extra mile for his customers doesn't seem all that extraordinary to Mr. O'Rourke.

"People depend on me," he said in a telephone interview. "If they don't get their sand, they go out of business. And that leaves me out of business, too."

Which is reason enough for him to be his own mechanic.

In a large shed that doubles as a truck garage at night, Mr. O'Rourke rebuilds engines, does his own brake and transmission work, changes oil every 10,000 miles and even adds a little paint when necessary.

"I don't have time to wait at the local shop to find out if they'll have time to take care of my rig. I can't depend on anyone else for my truck's maintenance. I have a schedule to keep."

However, maintenance and on-time delivery demands pale next to his biggest concern: safety.

"I always attend safety meetings when I can. You're never too old to learn something new and useful."

At his own expense, he stuck reflective tape to both his dump trailer and the tanker he sometimes hauls for Guy Heavener Inc.

"I also drive 55 miles per hour, period," he said. "Any time you'd gain by driving faster you'll lose if a police officer pulls you over."

Driving a little slower gives truckers a better cushion and avoids getting bunched among faster-moving cars, he said. That defensive-driving attitude is a chief reason he can boast that accident-free career.

John A. O'Rourke Sr., the Truckload Carriers Assn.'s Independent Contractor of the Year, tries on his new Navistar for size.

One thing Mr. O'Rourke never forgets is that trucking is a business. And since he's self-employed, he keeps a close eye on his bottom line.

"It costs an independent like me 75 cents a mile to operate my rig. When I get paid, I immediately subtract that cost out."

He believes in using only a portion of revenue for day-to-day operation. "If you make $2,500 in a week, you can't spend it. You need to run on one-third, keep one-third for yourself and put the rest away in the bank."

Another important part of his business philosophy is always to have a warm word for the dispatcher and the person who signs his trip ticket.

"Some truckers have an attitude that can stick in people's craw. There's no reason for that. Little details matter. People appreciate it when you say 'Good morning' and 'Thank you.' You'll find that being pleasant helps you get things done faster and with less hassle."

It may be a simple philosophy, but it works. And it has been profitable, too. Mr. O'Rourke and his wife Susan have raised two boys and two girls comfortably on his earnings.

Today, trucking is a family calling. While Mr. O'Rourke's on the road all day or working on his truck at night, Susan does the paperwork and billing.

Both sons, John Jr., 25, and Michael, 21, have followed their dad into the business. Mr. O'Rourke reconditioned his original Diamond Reo to help John Jr. get a start. "I totally refurbished it for my son about five years ago. But he ended up buying a tri-axle dump truck for local jobs."

At first, Michael didn't want to be a trucker, but he changed his mind. Now he's an independent dump trucker as well.

Even though the O'Rourke family boasts three truckers, the papa of the clan said he is leery of starting a "father and son" type of operation.

"I think family operations can create friction. Each of us has a different way of doing things, and we all work well on our own," he explained. He wants his boys to blaze their own career paths in trucking.

"Their only complaint is, since everyone knows my reputation for dressing neat and keeping my truck clean, they have to live up to that image.

"Which means they're washing their trucks every night now, same as me."

（写真7）アメリカトラック協会「Transport Topics」より

賞は初めてです。例により九七年式トラクターをナヴィスター・インターナショナル社から寄贈を受けるのですが、現在彼が使用中のダイヤモンド・レオ・トラクターは別の用途を見つけるそうです。

ところで、彼はトラック業界へ本気で参入する以前はニュージャージー州警察官でした。パートタイムでトラックに乗るうちに、トラックのとりこになります。一九七二年に彼はバッジとピストルを捨ててフルタイムのドライバーに転じました。その翌年に購入したのが七三年式ダイヤモンド・レオだったのです。

八四年に今の契約会社と永久リース契約を締結して現在に至るのです。同社社長のヘヴンナー氏が四十九歳の彼を本賞でノミネートした理由は、三〇年間、二五〇万マイル（四〇〇万キロ）無事故、無違反のキャリアにあるのです。同じように心を引くことは彼の外観以上にまさる彼の態度だと証言しているのです。

「警官から転身したトラッカー」の彼が気前よく費用をかけるのは、彼の耐用年数二二年間の愛車トラクターやトレーラーの洗車です。翌日のシリカサンドにいささかといえども汚染物質の残存は許されないから洗浄するのです。二十二歳のトラクターが現役で⁉　と、これはオドロキです。個トラならではの芸当でしょう。オーナーならではの愛車精神がもたらす超低コストの車両費と言えるでしょう。

「私のこんなスタイルを見ると、人々は私がトラックのドライバーだとは思ってくれません。

トラック業界のイメージ・アップに私なりの努力を払っているつもりです」と。

かの製鉄鋳造会社副社長の弁によりますと、「彼は工場の需要を満たすために、担当者と会って打ち合わせしながら、その日の天候や設備の調子、更に原料在庫量などを確かめるなど、日毎ベースでチェックしてくれるのです。そのためにわれわれの工場は過去二年間で五〇％の生産性向上を果たしたのですよ」と。

かの「顧客先取り提案」なる合言葉も、オローク氏にとっては格別に新しいものではなさそうです。「原料が間に合わなければ工場はストップし、私の仕事もお手上げなんですからね」と、至極当たり前のことではあるのですが……。

彼は夜間、大きなガレージで愛車トラックのエンジン組み立てやブレーキ、トランスミッション修理、一万マイルごとのオイルチェンジから、ときには塗装補修などもやってのけるのです。安全問題に関しては積極的です。安全会議には必ず出席します。「何か新しい有意義なことを学ぶのに、歳を取り過ぎるってことはありませんからね」と。

「時速五五マイルはきっちりと守ります。高速運転で稼いだ時間は警官に呼び込まれる時間でパーになります」と。かの「防衛運転」態度こそが彼の無事故歴の理由です。

彼がゼッタイに忘れないことは、トラック運送業はビジネスであること。自己雇用（オーナー）になって以来、彼は最低ラインを注意深く維持しています。「私みたいな独立業者にとっての一マイル当たり原価は七五セントです。運賃を受け取ったら速やかに経費を差し引きます。

収入の三分の一は経費に、三分の一は自分自身の生活費に、残り三分の一は銀行預金です」と。

彼のもう一つのビジネス哲学は、配車係や運送契約当事者にいつも温かい言葉を投げかける、ということです。「おはようございます！　有り難うございました！　という挨拶を人々は評価します。これらは極めて単純な哲学ですが有効です。しかも儲けにつながるのですからね」と。

彼の奥さんであるスーザンさんは彼の収入でけっこう楽に二人の息子たちを育ててきました。こんにち、トラック運送業は家業的です。奥さんが記帳作業から支払いを担当しています。二十一歳と二十五歳の息子さんはお父さんのビジネスを継いでいます。次男のミッシェル君はお父さんの愛車でオーナー・オペレターとして開業し、最近新しいものと取り替えました。

かくしてオローク家族は三台のトラッカーを誇っているのですが、一家のパパとして彼はこうした「パパ・ママ型操業」に疑念を持っているのです。「家族操業は問題を起こしやすい。それぞれが独自の手法を活かすべきです」と。更に彼曰く「息子たちの不満は、こうした私の清潔な身なりときれいなトラックが評判であるために、そうしたイメージに合った生き方が求められていることです」と。どうやら息子さんたちも、親父さんと同じように毎晩トラックをきれいに洗っているらしいのです。

目立つ、夫婦チーム・オーナー・オペレーターの活躍

以上、米国のオーナー・オペレーターたちの活躍ぶりを専門誌から拾って六つほど紹介しま

したが、その中で三つの例は夫婦チームです。現地取材でも何組かのチーム・オーナー・オペレーターに接したのですが、一台のトラックで「夫婦共稼ぎ」する姿は実に微笑ましいものを感じたものです。ここで紹介した夫婦トラッカーたちから学ぶものは多くあります。私に言わせれば、「競争力バッグン」のインデペンデント・コントラクター（独立請負業者）といえるセクトです。ワンマン運行では到底できないような仕事を可能とさせることから、雇う側からみれば「得難い貴重なパートナー」となること必至です。

オーナー・オペレーターを傘下に君臨する超優良企業

数多くインタビューした経営者からも、傘下に持つオーナー・オペレーターたちの活躍ぶりを聞くことができました。その中で際立った超優等生の会社で「ランドスター・システムズ」という会社のことは三章四節でちょっと触れました。九、〇〇〇人のオーナーオペレーターを傘下に擁しているのです。二〇〇二年一月、著名な米国の雑誌「フォーブス」が選んだ「全米最優秀・最大規模企業四〇〇社リスト」で七五位、全米トラック企業ベスト二位の地位を獲得しているのです。会長のクローさんが持つ多くの公職の中に、二〇〇三年度米国商議所議長（チェアマン）もあります。ちなみに、同商議所の現在の会長（プレジデント）は私が取材のため訪米した一九九三年当時ＡＴＡ（アメリカトラック協会）の会長だったドナヒューさんです。米国産業界最大組織の頂点の両ポストをトラック運送業界出身者が占めているのです。米国トラック運送業界の社会的地位の高さを表徴しているもので、日本でもそうあってほしいものではあります。

オーナー・オペレーターを本格的かつ有効に活用すれば期待できる成功例を、このランドスター社に見ることができるのです。米国でも多くの経営者はオーナー・オペレーターからスタートしたことがうかがわれるのです。このあたりのことになると、日本も同じです。もっとも、日本の場合は「もぐり白ナンバー営業車」としてスタートしたということではありますが。

自社社有トラック台数の倍のオーナー・オペレーターと契約しているといったケースはザラでした。一方、チームスター（労働組合）があるからオーナー・オペレーターを雇えないのだ、とぼやく経営者にも出会いました。かの有名なUPS（ユナイテッド・パースル・サービス）みたいな巨大企業ならまだしも、中小規模では賃金コスト高でジリ貧って印象を受けたものです。ちなみに、同社は一九九七年にチームスターが仕掛けた一五日ストで大ダメージを受けたのですが、トランスポート・トピックス紙を見ると、昨年六月で労働協約期限が終了することから、戦略ストを打つ資金が枯渇しているために組合費を上げるとかです。

一方、この世界最大規模、国内従業員数だけで二九万以上も持つUPS社にライバル意識を燃やしている宅配企業で、RPS社というのがあります。同社の従業員数は三五、〇〇〇人で、そのうち、七、五〇〇人がオーナー・オペレーターです。それが同社のローコスト・オペレーション（低コスト操業）を支えているのです。元請け会社のユニホームを着たオーナー・オペレーターと先に述べたのはこの会社です。オーナー・オペレーター自身とそれを傘下に持つ企業が上手に共生・共棲しているサンプルです。

米国の例はそのくらいにしますが、ヨーロッパ諸国の場合は、残念ですがこの目で耳で確かめたことがありません。ヨーロッパ諸国の取材旅行は長年の念願でありながら、おカネと時間がないために実現していません。でも、インターネットを通じて、ちゃっかりと情報だけは入手しています。

個人トラックが認められていないのは日本だけ、と前にも述べましたが、ここで欧米諸国のトラック運送会社がどんな規模なのかを知る必要があると思います。その前に米国取材時のスナップを一つ……。

米国テネシー州・ナッシュヴィルのトラック・ストップ・レストランで取材

一ヶ月間の米国取材旅行中に撮った多くの写真がある中で、本書ではこの写真（写真8）だけを掲載します。この写真は、一九九三年十一月七日（日）午前八時過ぎから午後七時ごろまで、取材のためにトラック・ストップ（ステーションとは呼びません）に滞在したときのスナップのひとつです。三人のオーナー・オペレーターに囲まれて長話をしたものです。このレストランに警察官が常駐していましたが、彼自身もオーナー・オペレーター経験者であることを聞かされ、仕事が終わったら話そうと約束しながら機会を逸しました。

(写真8)米国ナッシュヴィルのトラックストップ内レストランで取材中の筆者（“Without Trucks America Stops”の白いキャップをかぶって）

ちなみに、この写真の中で私がかぶっている白いキャップはＡＴＡで貰ったものです。前面の星条旗をあしらったトラックの絵の下に、かの「Without Trucks America Stops（トラックが止まればアメリカ（の経済などすべて）が止まる）」のスローガンがカッコよく書かれているのです。カウンターテーブルに幾つもの電話機があるのにお気づきと思います。広いレストランのすべてのテーブルに置かれているのですが、長距離ドライバーが家族との会話をするためのものです。

3　欧米物流先進諸国におけるトラック運送会社の規模

次節で述べることですが、米国取材体験記を物流ニッポン新聞に一五回シリーズで発表したのを機に、その後続々と執筆機会が与えられました。その執筆過程で理論武装するために入手した情報に、「欧米物流先進諸国における一社当たり保有台数規模」があります。ここにそれを表示してみます。アレ？　意外だな～と思われるに違いありません。事実、この一覧表を見られたある県のトラック協会長さんがびっくりされて、ブロック会長会議の場で皆さんに見せられたとかでした。

欧米物流先進諸国は個人トラックが主流

次に掲げる数字の出所をこの際、明記しておきましょう。

1「ECの運輸政策」（一九九四年六月）橋本昌史著（元運輸省国際運輸観光局観光部長）
2「American Trucking Trends 2002」（アメリカトラック業界動向二〇〇二年版）
3「The Road Haulage Business in Sweden, 2002」（スウェーデン道路運送協会編）
4「全ト協編　二〇〇三年トラック輸送データ集」

なお、「保有台数」下のカッコ内数字はこれら出所の頭の数字です。

表5　日・欧米諸国トラック運送業界の規模比較表（一事業者当たり従業員数・台数）

国名	従業員数	保有台数
旧西ドイツ	四・三人	五・九台（1）
フランス	七・七人	五・四台（1）
イタリア	一・二人	一・三台（1）
オランダ	—	一一・四台（1）
ベルギー	七・一人	九・一台（1）
ルクセンブルク	五・〇人	四・七台（1）
イギリス	六・八人	五・四台（1）
アイルランド	五・〇人	三・八台（1）
スペイン	一・三人	一・五台（1）
ギリシャ	一・五人	一・〇台（1）
ポルトガル	二・五人	—
スウェーデン		三・二台（3） 一・〇台＝全体の五一・三％（3） 二・〇～五・〇台＝全体の三六・六％（3） 六・〇台～一〇・〇台＝全体の七・二％（3） 一一・〇台～一五・〇台＝全体の二・二％（3） 一六・〇台以上＝全体の二・七％（3）
アメリカ		五・七台（2） 六・〇台以下＝全体の七三・七％（2） 七台～二〇台＝全体の七・九％（2） 二〇台以上＝全体の一八・四％（2） オーナー・オペレーター＝推定一五万人（2）
日本		一四・四台（4）（推定）

（日本の台数は、ドライバー数八二万人より割り出したもの）

日本は一社当たり保有台数からみると世界一規模　それでいいのか？

ご覧のように、欧米諸国はオーナー・オペレーターが主流です。対して日本は、欧米諸国と比べて「一事業者当たり保有台数」に関する限り、世界一の規模です。このことが何を意味するかは前に述べました。

考えてみますと、トラック輸送事業に関する限り、欧米諸国が先進国です。自動車そのものが出現したのは欧米が日本よりはるかに先んじています。高速道路もそうです。加えて資本主義経済が発達し、物的流通が盛んになったのも欧米が日本の先輩です。

ヨーロッパではEU一五カ国（ヨーロッパ連合）の国境どころか、ユーロという単一通貨で文字通りボーダレス（無境界）の経済圏の中をトラックは縦横に行き来しているのです。片や米国はあの膨大な大陸を東西南北、しかも、最近はメキシコとも自由にトラックが行き来しているのです。トラック運送事業のスケールや内容や環境などは日本のそれとは比べものにならない複雑な問題を抱えているのです。そうした歴史や国土環境の中で「生活の知恵」として育まれてきているのが、これら欧米物流先進諸国における「オーナー・オペレーター・システム」であると言いたいのです。

戦後この方、日本は欧米に追いつき、追い越せでやってきました。デフレ経済にあって、現在顕著にみられる「終身雇用制&年功序列給の崩壊」や「雇用形態の変革」も、元はと言えば、欧米のそれらの「後追い」にすぎない、というのが私の持論です。とすれば、この辺りで、オーナー・オペレーター・システムの欧米後追いもあって不思議はないだろう、という皮肉な見方を辞さないのが私です。

米国トラック業界の規模から予想されること

ついでのことで皮肉な予想をしてみましょう。何ごとも米国の後追いで今日に及ぶ日本ですので、わが国のトラック運送会社（一社当たり）の規模も米国のそれに近づくと仮定してみましょう。表5でご覧のように、米国トラック業界における一事業者当たり保有台数規模は五・七台です。この数字は全米の営業用トラックドライバー総数＝三〇八万八、〇〇〇人を、業者総数＝五四万二、三六三社で割った数字です。

わが国の一般貨物運送事業所で働くトラックドライバー数は八十数万人（全ト協調べ）ですので、一社当たり保有台数を例えば六台平均としたら、なんと一四万三五〇社という業者数になります。これは現在の五万八、一四六社からすると、二・四倍の業者数になる勘定です。

ドライバーの側からこれを分析すると、一四万三五〇社－五万八、一四六社＝八万二、二〇四社（人）が独立開業する勘定になります。ドライバー総数の約一割のドライバーが独立する、ということになると考えられるのです。この数字を過大かつ、事実無根と考えるかどうかは別ですが、一三万人の軽貨物個人事業者が全国で活躍している現実を考えれば、別段不思議な数字ではないとも考えられる……、が私の想像ではあるのです。さて、肝心のプロドライバーの皆さんはこの想像をどうみられるでしょうか？

4 「最低保有台数規制の撤廃（個人トラック制度の認可）」の是非論議に明け暮れた三年間

米国取材旅行を終えて帰国後、直ちに執筆して発表した「米国取材体験記」（全一五回シリーズ・約一〇万字）でしたが、幾つか面白い反応が出てきました。たくさんの講演要請もそれでしたが、私にとって最大の出来事は、運輸省（現国土交通省）のある幹部の方から電話が入り、非公式ではあったのですが、同省でこのテーマに関するレクチャー（講義）をしてほしいという要請が出たことです。官僚の皆さんからすれば「ヒアリング（聴聞）」といった方がイイかもしれません。結果は当事者のご転勤でお流れになった経緯があるのですが、行政官庁の方に関心を持っていただいたシロモノであった、という意味でニンマリしたものではあるのです。

にぎやかだった、すったもんだの是非論議

史上空前（と言ったらドエライ大げさですが）、事実、初回の「個人トラック制度導入への提言」から「米国取材体験記」と通算二三回に及んだ寄稿文掲載でしたので、嫌でも何千人もの業者の目に付き、インパクトは極めて大きいと自負しました。反応がないハズはない、と期待していたのですが、数ヶ月間何の反応も出てこなかったのです。個人トラック制度なんて大反対だ！　なんて意見が出てくれば、待ってました！　とばかり反論への反対意見を開始する心積もり、意気込みだったのです。反論するにはそれなりの確たる根拠や論理がないと書けません。反論できるものならやってみろ、すぐさまそれに反論し返してみせるゾ！　ってな強気で腕をさすって待ち構えていたのです。

数ヶ月後に、ある反論めいた記事が出たのです。即座に「待ってました！　個人トラック制度是非論議」と題して二回に分けた反論のエッセイを寄稿しました。これを皮切りにその後、この是非論議を中心にして延々と書き続けることになったのです。この辺りの凄まじい「論戦」の実績は私のホームページ「執筆実績」に掲載しています。

いろんな政府機関や民間団体などを巻き込んだ論議に発展した「最低保有台数規制の撤廃」という名の規制緩和問題でした。あたかも「最低保有台数規制の撤廃」という「執念」にとりつかれたように、私は猛然と嘆願書や提言書を各方面に多くの資料を添えて提出したものでした。

不発に終わった是非論議のパネルディスカッション

数多くの出来事を生んだ私の提言執筆活動でしたが、ひとつだけ心に引っかかるものがあるのです。それは論議華やかなりし最中に私が仕掛けた「パネルディスカッション」の開催提案でした。反対側代表の全ト協会長さん（当時・故人）と運輸省貨物課長さんご両氏宛にお願いしたのです。全ト協からは当時の理事長さん名義で丁重な辞退表明の書簡をいただきました。一方の運輸省からは？　残念ですが、「無しの飛礫《つぶて》」でした。無視されたのでした。超零細会社である株式会社ロジタントの社長の要請なんて放っとけ、ってなことだったのでしょう。かりそめにも運輸大臣表彰を受けた者に対するそれが運輸官僚の態度か？　と目くじらを立てるのは大人気ないですが、これは冗談のジョウダンです。ま、それにしても、民主主義国家にしては⁇と感じたひと幕ではありました。

すったもんだの末に、結局は今までの規制である人口規模による「五両・七両・一〇両以上」が「全国一律五両」になったことはすでに述べました。その論戦の果てに「妥協の産物」（と皮肉な表現を使うことを辞さない私ですが）として決定した「全国一律五両以上」を前に、いわば締めくくりの弁として書いたのが「個人トラック問題の軌跡　論争に明け暮れた三年間」でした。もっとも、その後も延々と書き続けた個人トラック提言論文・エッセイではあったのです。

「最低保有台数規制の撤廃」を提言した団体機関名・時期

提言を開始して数年間、賛否両論が渦巻く中で、多くの団体機関がこの規制緩和「最低保有台数規制の撤廃」を提唱しました。その提言は結果として否認されたものの、提言は提言として事実上生きていると考えます。よって、それらの団体名を次に記しておくことにします。

＊行政改革推進本部・作業部会（平成六年五月）
＊公正取引委員会「政府規制等と競争政策研究会」（六年八月）
＊経済企画庁「楽市楽座研究会」（六年十月）
＊経済同友会（六年一〇月）
＊行革委規制緩和小委員会（七年七月～十二月）
＊財団法人大阪工業会（八年五月）
＊経済審議会（八年十二月）
＊政府「景気対策要綱（素案）」（九年十月）
＊経済審議会経済主体役割部会／経済構造改革ワーキンググループ（九年十月）

以上の提言諸団体・機関の中でもっとも印象的な出来事は、半年近くも論議白熱した「行革委規制緩和小委員会」三委員の方々への波状的アピールがあります。

経済審議会（当時）事務局（経済企画庁）への提言アピール、それも凄まじいものがあったと、現在にして良き思い出としているのです。「わが人生に悔いなし」の一端を味わった心境です。

欧米物流先進諸国では主流となっている「オーナー・オペレーター・システム（個人トラック制度）」の実際を以上のように述べてきました。世界広しといえども、個人トラック制度を認めていないのは日本だけ、と再々度述べておきましょう。

プロドライバーの皆さんがこの事実をどのように受けとめられるかは別ですが、ここまで読み進んでこられたら、俺たちのドライバー稼業って、まんざらでもないな、と内心ニンマリしてくだされればありがたいのです。

5章

二十一世紀はオーナー・オペレーターの時代！
あなたがその主役を演じてみませんか！

1　日本人の起業家精神は欧米に比較したら劣等性　ハンセ〜イ！

「起業家精神」って何だろう？

「起業家精神」って何ですか？　といった声がひょっとして一部の読者から聞こえてくるかもしれません。「事業を起こす精神」、すなわち個人事業であれ、有限会社か株式会社といったことは別にして、「事業を立ち上げる意気込み」がそれです。起業家精神といったら、何も今流行のＩＴ（情報技術）関連事業の旗揚げだけを示す言葉ではありません。ラーメン屋さんや便利屋さんの開業も起業家精神のあらわれです。英語では「(entrepreneurship) アントゥルプルヌールシップ」と言います。

それって、俺たちトラックドライバーにとって関係ねえだろう、とは最早おっしゃらないでしょう。ここまで読み進んできてくださった読者のプロドライバーの皆さんですから、ドライバーの起業家精神が何を意味するかはとっくに理解していただいていると思います。

プロドライバーの潜在的起業家精神は旺盛だ

ドライバーを職業とする人たちの起業家精神と言えば、身近なもので軽自動車による個人運送事業者さん（その数は全国で約一三万人）や個人タクシー業者さん（平成十五年五月一日現在四万五千人以上)、それに大型ダンプ個人事業者さん(全国で六万数千人と推定)があることは前に述べました。

一般運送業界で働くトラックドライバーの皆さんの中には「名義貸し」(と、これは違法行為であって、しても、させてもいけないことですが)とか「オール歩合制」とか、後に出てくる「個人償却制」とかいった事実上の「個人営業」に類する賃金形態で仕事をしている人が存在することはご存じのとおりです。その数を全体の仮に一割と考えてみましょう。そうしますと、ドライバーを職業とする人たちで「起業家精神」を発揮して頑張っている同僚たちは、数にしてかれこれ三十数万人というデッカイ数になるのです。プロドライバーの潜在的起業家精神は旺盛だ、というのはこのあたりのことからです。

日本の非一次産業の「開業率と廃業率」

「起業家精神」は「開業率」につながります。起業家精神があってはじめて開業するからです。前にも書きましたが、数千万円の宝くじが当たったから、それを元手に何か商売を始めたという例はあまり耳にしません。平素からいつか独立して商売しよう! と心の準備をしている人が起業家精神を発揮するのです。

その「開業率」と裏腹にあるのが「廃業率」です。倒産したとか、儲からないから店をたたんでや~めた、というのが廃業率です。ちょっとオモシロイ統計をご覧ください。オモシロイ統計と言ったら不謹慎なことなのですが、日本の「開業率」のお粗末さを表しているのです。「開業率&廃業率」の実態（図15・16）がそれです。二〇〇一年版中小企業白書によりますと、平成八年～十一年平均の廃業率が五・六％であるのに対して、開業率は三・五％と、廃業企業が新設企業数を大幅に上回っているのです。このままでいくと、働く所がだんだんと無くなっていくってことです。もっとも、商法改正で当初資本金一円の開業でもＯＫとか、株式会社や有限会社の最低資本金などの規制も緩和されるなどのことから、今まではかなりの起業・開業率の向上は期待されるでしょうが……。

日本のＩＴ（情報技術）産業の「開業率と廃業率」

さらに悪いことには、かの期待されるべき最新鋭分野であるＩＴ（情報技術）産業における日本の「開業率&廃業率」（図16）を見ますと、心寒い状態です。成長産業であるべきこの分野でさえ、プラスマイナス・ゼロというダラシナイ（失礼！）日本人の起業家精神の実態が窺われるのです。

そうでなくても産業空洞化（日本で生産するとコストアップになって競争力がないため、人件費などの安い海外に生産拠点を移転することによって生じる国内生産拠点の減少）で職場が少なくなっているのに、これでは八方ふさがりってことになりかねません。

ちなみに、米国の開業率と廃業率は過去二十年間絶えず平行線で開業率が廃業率を上回って

図15　開業率と廃業率

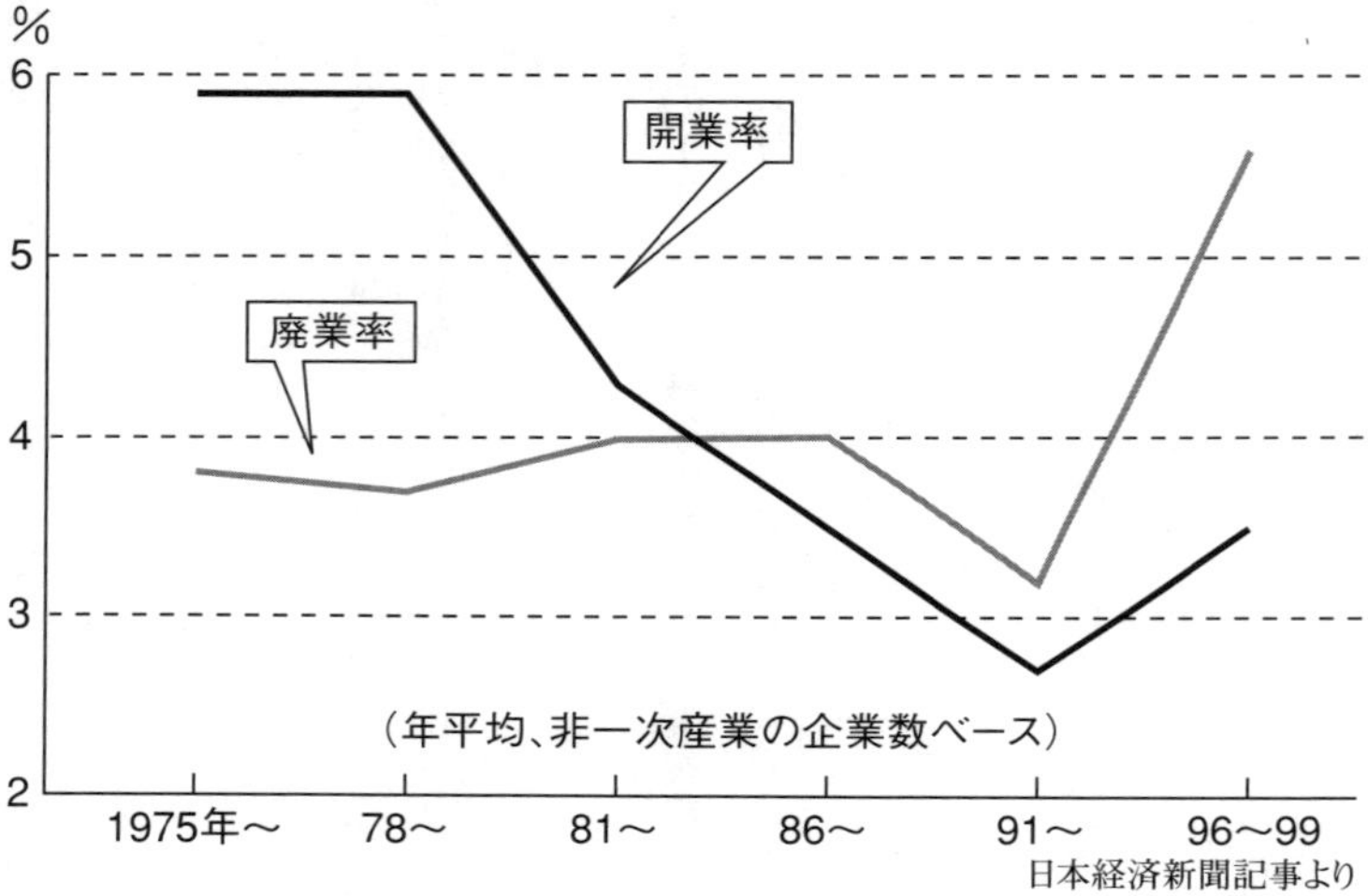

図16　ソフト系IT産業の開・廃業率

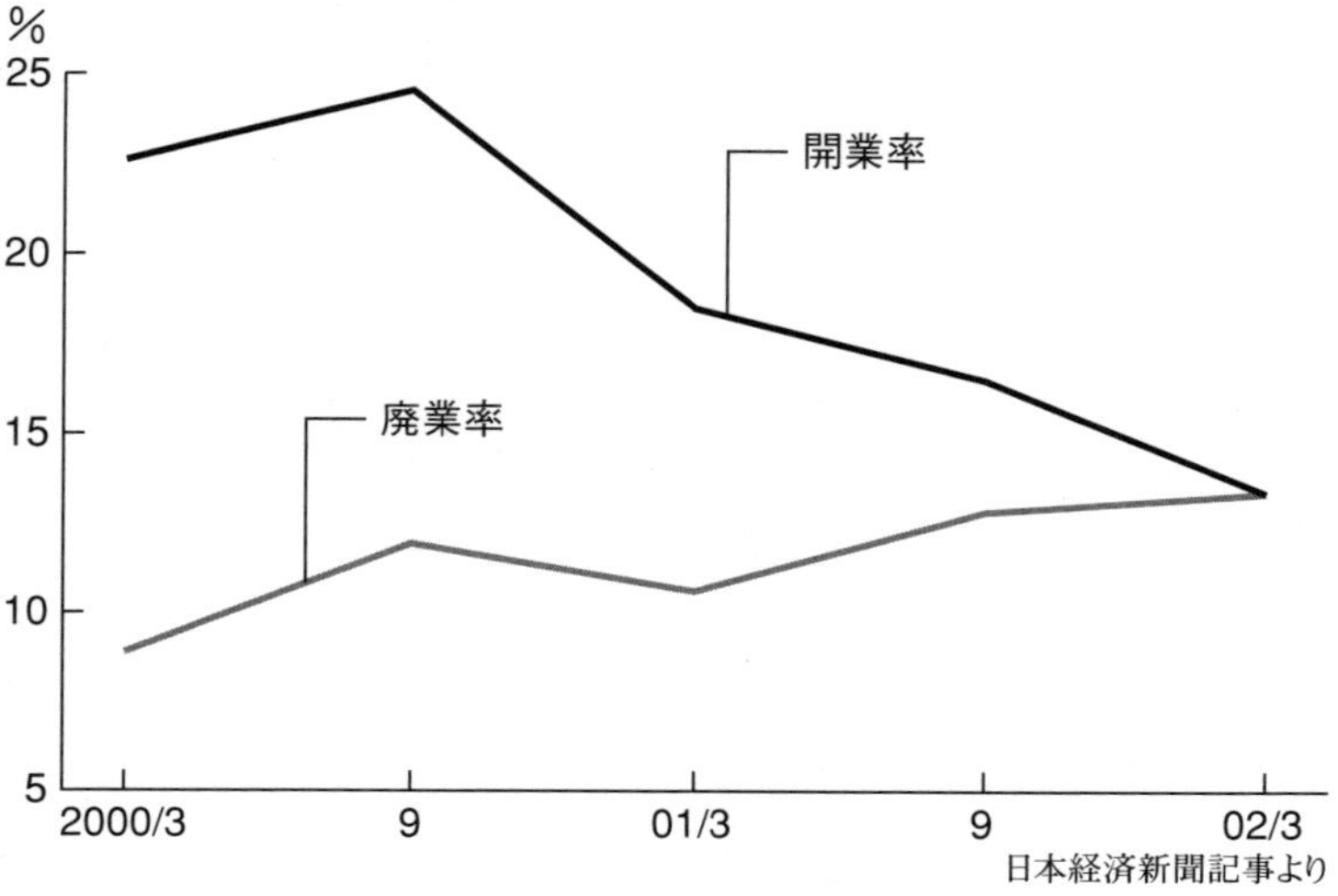

いるのです。具体的には、約一二％の開業率に対して約一一％の廃業率です。差し引き一％前後の実質的な開業率が見られるのです。活力はバツグンです。

「二〇〇一年世界競争ランキング」で日本は最下位

国際経営開発研究所（ＩＭＤ）が発表した「二〇〇一年世界競争ランキング」によりますと、わが国の起業家精神度、会社設立の頻度は調査対象四九カ国中、最下位となっているのです。エッ？　日本は米国に次いで世界第二位の経済大国じゃないんですか？　といった声があがりそうです。ここで問題になるのは、将来の企業経営を担うビジネスマンを育成するという競争力においては最下位であるということです。現在の日本が謳歌している繁栄は、過去に蓄積した設備や技術を「食い潰して」いるのであって、ゼロからスタートしたら競争力は一番ビリにあるということです。

ロンドン大学などによる二〇〇一年グローバル・アントゥルプルヌールシップ・モニター（ＧＥＭ）報告書においても、起業活動力が調査対象二九カ国中、二八位と、まことに寂しい限りなのです。

世界経済フォーラムが発表している「国際競争力報告二〇〇一～二〇〇二」によると、現状の日本企業の国際競争力が八位であるものの、日本の「潜在成長力」は二一位とあるのです。

こんなお粗末千万な日本の開業率の実態ですが、ここで前にも述べたとおり、トラック運送

図17　主要先進国の非農林業・自営業者数

（OECD調べ、1980年を100とした場合）

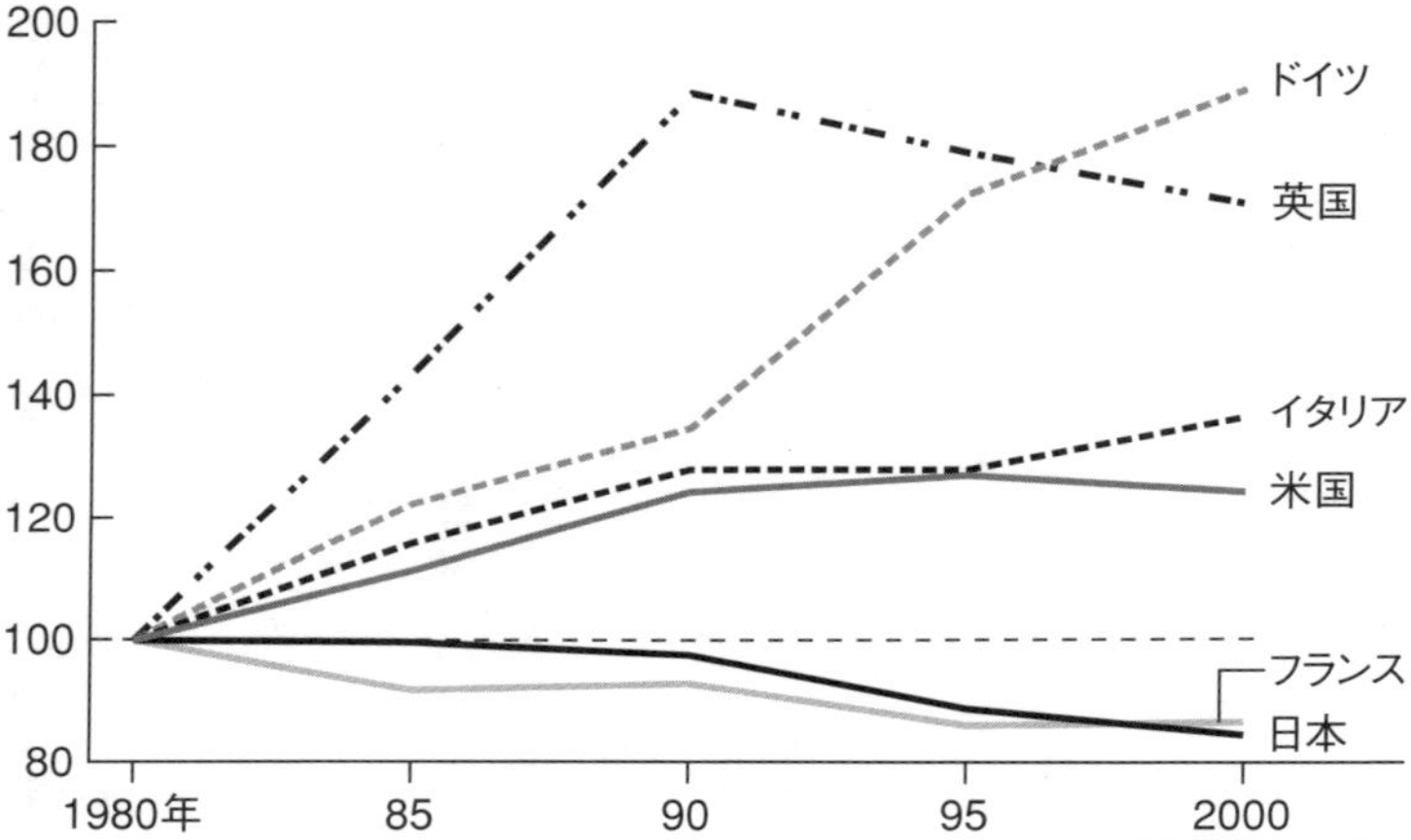

日本経済新聞記事より

業界では開業率に関する限り超優等生であることをこの際、再認識してみましょう。そこで働いているのがプロドライバーの皆さんですから、ここは一番、俺も起業家精神とやらを発揮してみようかな、と思ってくだされぼシメタものです。

ＯＥＣＤ調べ「主要先進国の非農林業・自営業者数」

ヨシダ・オリジナルのキーワード「サラリーマン帝王学のすすめ」はいつの日か脱サラして「起業」することを意識した準備です。「自営業者」としてスタートすることにその原点があります。そんな折、興味ある記事とグラフに遭遇しました。日本経済新聞「自分らしさ求め起業　脂乗るキャリア女性」という記事がそれです。脱サラして頑張っている幾人かの女性の活躍ぶりです。その記事に提示されていた興味あるグラフ（図17）を掲げましょう。

ご覧のように日本は、二〇年前の自営業者数を八五、六％も割り込んでいるのです。フランスが日本と肩を並べて落ち込んでいるだけで、米国＝一二五％、イタリア＝一三六・七％、英国＝一七三・四％、ドイツ＝一九〇％、とうらやましい限りです。前に述べた日本の国際競争力が三〇位に落ち込んでいるという事実を裏付ける一面であると思います。

自営業者が慢性的に減少しているということは、裏を返せば無難なサラリーマン生活のほうがイイという人たちが多いことを意味します。自営業というリスクを回避した安定志向型の国民性、ということになります。これではその日本経済の活性化が求められている時代にあって、解決の糸口すら見出せないことになりかねません。このままでは日本は三流、四流国になってしまう！　といった危機感が必要だと思います。

そんなお粗末な日本人の「起業家精神」を意識したかのような対策が政府から打ち出されました。二〇〇八年三月までの期限に限ってのことですが、資本金が一円でも株式会社や有限会社を設立できる特例制度です。昨年二月の制度導入以来、わずか五ヶ月間に設立された企業は二七〇〇社を突破し、そのうち、一円起業は七八社です。期限までには所定の資本金（有限会社＝三百万円、株式会社＝一千万円）を積み立てることが必要で、それができねば会社は解散、というシナリオですが、本当に生き残る企業がどれだけあるかが見ものではあります。

この制度を、茶化す気は毛頭ないのですが、資本金一円の会社を設立するとしても、当面の運転資金は要るし、あるハズです。それが社長のポケットマネーであるにせよ、です。その額が数万円か数十万円であるかは別として、その分を資本金にすればイイものを、なんで一円資本金にこだわるの？　が率直な意見です。もっとも、この場合、一円会社はその相当額を社長個人からの「借入金」として処理するのですが、それにしても、ちょっと頭を⁇と傾げます。

本来、小規模起業は個人事業からスタートすれば何ということはないのです。社会的信用を気にして法人会社（有限会社か株式会社か）を目指すのですが、個トラに限って言えば、文字通り個人事業から立ち上げたらイイのです。後に出てきますが、現在乗っているトラックを（例えばの話）退職金代わりに会社から貰ったとしたら、当面の設備資金は要りません。燃料などはカッチンで、と。後は元請け会社である現在の社長さんのご好意に甘えて……、といった図式です。企業労使の相互扶助精神をもとに起業家精神を発揮して日本経済に活性化を！　……、です。

2　プロドライバー諸君が率先して、起業家精神のけん引車を演じませんか！

けん引車で日本人の起業家精神を引っ張って！

「けん引車を演じませんか？」と言いましたら、トレーラーを運転しているプロドライバーの皆さんの中からは、それって、毎日イヤというほどやってるさ、といった声が出てきそうです。前項で述べましたとおり、われら日本人の起業家精神は先進諸国では劣等生です。そのお粗末な日本人の起業家精神を皆さんの「けん引力」でぐっと引っ張って欲しいのです。

なぜ日本人は事業を起こす精神に欠けているのかということは前にも述べました。でも、もう一度復習のために述べておきましょう。端的に言ったら、完全雇用で高度成長に慣れきってきた日本人の多くは、サラリーマン人生が一番のんき気で安定していると考えたからです。リスクにチャレンジする必要を感じなかったからです。日本人のＤＮＡ（遺伝子）が変化（？）したのかもしれませんね。

前項で述べた起業家精神を発揮して活躍している多くの女性がいるのです。女性をしてこの勢いですから、男性たるもの負けてはおれません。男らしく自己の可能性にチャレンジする勇気と決断と行動力が大事です。さもないと、日本は滅びてしまいかねません。少なくとも、三流、四流国に転落します。もっとも、すでに日本はそうなっているという厳しい見方をする人も少なくないのです。

働かない若者、年二八万人に急増

折しも、労働厚生省が不気味なことを発表しています。大学、短大、高校を卒業した後、進学や就職をしない「無業者」が急増しているのです。大卒者の五人に一人が働く場を持たずにいるのです。無業者のうち、衣食住を親に依存する「寄生（パラサイト）化」を強め、「仕事に就かなくてもかまわない」と考える層が広がっているのです（図18）。

「何かやって失敗するより、何もせず適当に暮らせばよい……」という考え方が日本人に強いようです。そうした考えを助長しているのは、試行錯誤を認めない風土のようです。このままでいけば、企業の成長を損ない、国際競争力をそぐほか、税や社会保障などの基盤を揺るがす恐れをはらんでいるのです。三流・四流国民に転落しかねないというのもこの辺りの嘆かわしい日本の若者の動向からもうかがわれるのです。

「現状を放置すれば数十年後には十五歳以上の二人に一人しか働かず、働く一部の人に税金などの負担がかかる。将来の日本経済の競争力も低下する」(リクルートワース研究所の大久保幸夫所長）といった厳しい発言も見られるのです。

どうでしょう、プロドライバーの皆さんが周囲を見回して、それに該当する若者たちを見かけたら、オレたちプロドライバーを見ろよ！　あとについてこないか！　と呼びかけてみませんか。

すでに起業家精神を発揮して個人事業を営んでいる一三万人の軽貨物運送業者、四万五〇〇〇人の個人タクシー事業者、さらに、六万数千人の大型ダンプトラック個人業者さんたち、それに事実上の個人営業的な賃金制度で頑張っているすべての分野のプロドライバーさんたちを見習って、この際、大いに起業家精神を発揮する心の準備をしてほしいと期待するのです。そうすることが皆さん自身の人生にガッツ感を抱かせることになるのですが、同時に、ザ・プロフェショナルのドライバーの皆さんこそが閉塞感に喘ぐ日本人の心に効果的な刺激を与えるこ

図18　卒業後、進学も就職もしない「無業者」の推移

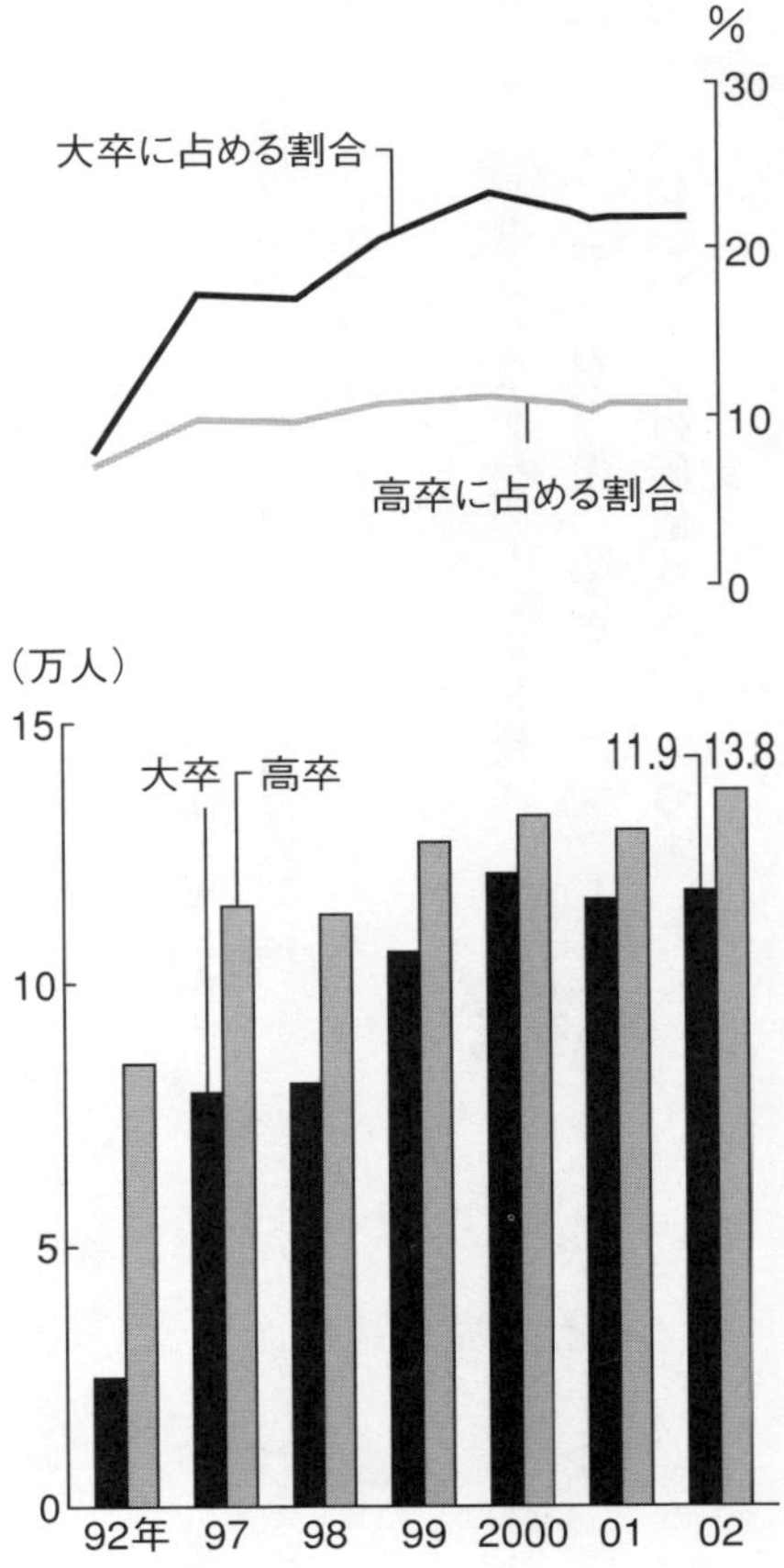

(注)「無業者」には家事手伝いをしている人、外国の大学に入学した人なども含む
(出典)文部科学省「学校基本調査」
日本経済新聞記事より

とになると思うのです。あのトラックドライバー諸君の情熱と心意気を見習おうではないか！とね。カッコいいじゃありませんか！

デフレ経済のもと、リストラ、リストラで閉塞感にあえぐ日本人サラリーマン諸氏、とりわけ、日本人男性就労者（その数は約三千八百万人）に、ささやかながらも、ある種の刺激剤を与えることになるのではないかなあ、と思うのです。

「あのトラックドライバー諸君を見ろよ、何百万円、一千数百万円を投資したトラックを持ってリスクにチャレンジしながら個人事業を経営しているんだ、俺たちも見習わなければ……」とばかりに、です。「天下の公道」を職場とするプロドライバーの皆さんであるだけに、社会に対するデモンストレーションの価値は大きいのです。

3　契約社員ドライバーは個人償却制へのプロローグ 個人償却制はオペレーター時代へのプロローグ

さ、だんだんと本書の目的が現実味を増してきます。と言って、別に大それた意図があるわけではないのですが、本書のタイトルが「帝王学のすすめ」であることから、プロドライバーの皆さんを「経営者のタマゴ」と期待してのことですので、さらに読み進んでほしいのです。「契約社員」という新しい雇用制度は、皆さんの職場でも珍しくない時代です。「契約社員ドライバー」のことは前にも述べました。正社員ドライバーより労働条件は厳しいのを承知のうえで、とにかくトラックに乗るのが好きで、それが自分のベストの職業選択肢と考えているのですから、少々の労働条件の不足なんて問題じゃありません。好きなハンドルを握って生活できれば最高だ！　といった人生観の持ち主だと言いたいし、そう自覚してほしいのです。

契約社員は身分の上では一見、正社員ドライバーと比べて低いといったコンプレックスを抱きがちと思えますが、決してそうではないことも前に述べました。何せ一年間という雇用契約期間を明記した契約書に調印したうえでの就業ですから、その間の事故発生には正社員の比ではない真剣そのものの自覚や緊張感があるのです。いわゆる、プロ意識に徹した職業人であるわけです。

そのような自覚と自己責任意識旺盛な契約社員ドライバーであるために、ハンドル人生観は正社員ドライバーのそれよりある意味では強烈なものがうかがわれると思うのです。

また、実際に出くわした体験で前にも述べましたが、こんなことがあるのです。すなわち、成果主義とか実力主義とかいった賃金体系への取り組み姿勢が正社員のそれより旺盛だということです。具体的には、かの「個人償却制」とかいった事実上の個人トラックに似た賃金システムへの積極的な姿勢です。もっとも、契約社員を選ぶ人たちの中には、正社員の道がないから契約社員で当面は我慢しよう、といった消極的な動機による人たちも少なくありません。でも、雇う側の企業にみられる選択肢は、ぬるま湯的な正社員（失礼！）や、腰掛け気分の契約社員より、絶えずハングリーで実力のみを武器に就労の場を自力で確保しようとする積極的な契約社員の方を歓迎しているのです。

「個人償却制」って何だろう

以上のことを背景にして、多くのトラック運送会社社長さんたちの中に芽生えつつあることの中に、今までに何度も出てきた「個人償却制」という賃金システムへのひそかな模索があるのです。正社員ドライバーを個人トラック契約ドライバーにシフト（転換）して行きたいが、現在は認可されていないから、それに似た形の賃金体系で、というのがこの個人償却制への動機と関心です。事実、この私は今までに何度となくこの種の勉強会や研修会講師の依頼を受けてきているのです。ある有名な物流コンサルタント会社の方は、「今を乗り切るには個人償却制しかない」と言われます。この業界では運賃値下げが著しく、そのために、経営者は無い袖は振れないとばかり、パイ（運賃収入）を開示して、労使の取り分を明確にせざるを得ないといった動機から、この個人償却制に関心が強まっているのです。

契約社員の気質と意欲

そんなことからですが、契約社員ドライバーにこの制度を語りますと、多くの場合、乗ってくるのです。契約社員で幾分肩身の狭い思いが否定できないとすれば、この際、経営者気取りで、しかも会社にとって歓迎される個人償却制に応じて行きたい！　といった心境が垣間見られるのです。

となりますと、こんなことが言えると思うのです。個人償却制導入は経営者のホンネの政策です。そうだとすれば、それに応じるドライバーが経営者側から最も歓迎される人物になると言えるでしょう。欲しいタイプのドライバーは少なく、欲しくないタイプのドライバーはウヨウヨいる、といったこの業界での「労働（雇用）ミスマッチ」はかくして解消できるのです。契約社員ドライバーって素敵な職業じゃあないですか！　と言いたいのです。

契約社員は労働（雇用）ミスマッチ解消の最前線

契約社員ドライバーは、かくして、個人償却制にもっとも近い距離にあると言えるでしょう。「契約社員ドライバーは個人償却制へのプロローグ（序幕）」とするのはこうしたことからです。

一方、かの個人トラック制はまだ認可されていませんが、何年かしたら認可されるし、せざるを得なくなると確信します。この業界に造詣の深い、ある著名な学者（故人）が「二十一世紀はオーナー・オペレーターの時代」と喝破されましたが、将来必ずや台頭してくる「個人トラック制」を視野に入れた場合、「個人償却制は個人トラック制へのプロローグ」という図式も当然出てきます。個人償却制は個人トラック時代を踏まえた企業労使の「ウォーミングアップ」といったところです。

ある日突然に個人トラック制が認可されるとなったとき、慌てて企業労使が取り組むのと、個人償却制で名実ともにその日の到来に備えてきている企業労使とでは、その結果においてドエライ格差が出てくることを自覚してほしいのです。

契約社員は個人事業者へ至近距離

契約社員ドライバーこそが将来のオーナー・オペレーターたり得る資質と意欲と潜在性を持つのですよ！　と言いたいのです。片や正社員ドライバーは、そうしたやる気満々の契約社員ドライバーに後れをとることなく、少なくとも「雇用ミスマッチ」の対象にだけはならないような心構えが大事ですよと言いたいのです。

4　トラック版エムケイタクシー「のれん分け」のすすめ

個人償却制は事実上の個人トラック制であるということを、以上のことからしてお分かりになったと思います。社員個人が経営者感覚を名実ともに持つことによって、事故を防止し、無駄な経費を使わないようにして、企業労使双方が共生するのが狙いです。

タクシー業界がこの分野ではトラックを一歩リード？

そんな折、かのユニークな経営政策で躍進しているタクシー大手のエムケイグループ（京都市・青木定雄オーナー）のことが日本経済新聞に出ていました。プロドライバーの皆さんなら知らない人が少ないくらい有名なタクシー会社ですが、同社のドライバー賃金は「タクシー版個人償却制」と理解されます。会社から営業車をリースして、後の諸経費は全部ドライバー持ちというシステムです。そのエムケイさんがもう一歩踏み込んだ政策を発表されました。

「フランチャイズチェーン（ＦＣ）方式による『のれん分け』」がそれです。規制緩和でタクシー事業への参入が事実上自由化されたのに対応された政策です。まず東京エムケイ（東京・青木信明社長）の従業員が有限会社を設立、一〇台規模からスタートするというものです。具体的には、自社のドライバーにエムケイブランドを活用する「のれん分け」の形で独立を促し、営業区域・台数の早期拡大を狙っているのです。

対象になるドライバーは勤続二年以上で、人事評価で上位五％以内などが条件だそうです。「エムケイ」の名称を使い、運賃体系やサービス内容も統一するのです。東京エムケイが会社設立資金の七割を負担するほか、車両リースや駐車場確保などの面でも支援するのです。独立した従業員の初期投資は三〇〇万円程度で済むようにするのです。肝心のロイヤリティー（商標使用料）は所属運転手一人当たり月四万円を徴収するとかです。

同社は数年内に営業区域も東京都心部に加えて、さいたま市や横浜市などへ拡大するそうです。ＦＣ化で自社の投資リスクや運営費を軽減し、「一〇年程度で首都圏で五千台体制を築く」（青木政明専務）としているのです。昨年度、同社は着物を着用して乗車した客の料金を一〇％割り引く「着物割引」を導入されています。

個トラは現代版「のれん分け」

前にも述べましたが、トラックの個人償却制の実施には企業労使間のコンセンサスづくりが大事です。特にその契約のあり方を巡っては、それが合法的か非合法的かの論議も活発です。しかし、エムケイグループさんのこの「ＦＣ手法」が認められるのですから、トラック運送もこの手法が認められて当然ではないか！　といった気が私自身しないわけではありません。個人トラック認可への世論づくりに、このエムケイグループさんの「ＦＣ手法」が手を貸すことになってほしいものです。かの小倉昌男氏が率いられたヤマト運輸さんが、業界や運輸行政の猛反対や抵抗を押し切って営業区域を拡大されたケースのように、です。

ところで、「のれん分け」と言えば私にも先見の明があるのです。最低保有台数規制の撤廃論議を巻き起こして間もないころの拙著があるのです。題して「個人トラック制度は現代版『のれん分け』」（物流ダイジェスト誌平成八年三月号）がそれです。ニンマリってところです。

かの有名な「ユニクロ」さんが（も）社員の「のれん分け」制度を拡大されます。五年をめどに、直営店のうち最大二百店舗について、フランチャイズチェーン（FC）方式の加盟店へ転換される、と新聞記事で見ました。士気や能力の高い社員に独立した店舗権限を与え、店舗の競争力を高める、という政策です。創設者である柳井正・ファースト・リテイリング会長さんの弁が個トラ精神を誘発します。曰く「これからの会社は社員一人ひとりが経営者のように考え、判断することが必要だ。だから今年から社員への『のれん分け』制度を本格化する」と。

日本のタクシー運賃は依然として高い

ところで、タクシー業界のことをこの際、ちょっと述べておきましょう。同じ日本経済新聞が「旅客運賃の内外価格差」を報道しています。国土交通省の発表ですが、二〇〇二年一月時点で、「タクシーは依然高い」とあるのです。具体的には、タクシー運賃（走行距離五キロメートル）を比べると、日本を一〇〇とした場合、米国が六四、フランスが四二、英国が八七、ドイッが七七です。規制緩和ではトラック運送業よりはるかに遅いテンポで推移してきているタクシー業界だけに、合理化が立ち遅れていると指摘されるのです。

収入の多い少ないにも発想の転換を

大阪など大都市圏のタクシー運賃が規制緩和で下落しています。歩合給が主流のドライバー賃金もしたがって下がっています。そうした矢先のエムケイタクシーさんの動向ですが、その背後に感じることがあるのです。個人償却制や個人トラック制を論じるときに私自身が主張することに合致することでもあるのです。それは、運賃収入の下落が必然であるとすれば、のことです。運賃収入を開示して、企業労使の納得できる「取り分契約」をすることが双方の生き残り戦略につながる、ということです。

これだけの収入しか期待できないとすれば、ドライバー自身も納得できる方法や考え方を変えて行くしかない、といった職業観や人生観を持ってもらうということです。個人タクシーの場合でよく耳にすることですが、比較的長距離や割のイイ仕事を深夜時間帯に求めるなどはその一例です。昼と夜の使い分けは個人事業であるから自由裁量でできるのです。マイカーを捨てて営業車を家族の用に充てるといった生活の知恵も個人タクシーならではのことなのです。発想の転換ってヤツです。

6章

〝ザ・プロフェショナルズ〟トラックドライバーの心得

1　〝ザ・プロフェショナルズ〟って、カッコいい！

いちばん大事なドライバーの心得がなぜ最終章の直前で？

いよいよ終盤に入りました。ここまで来るのに、なんだか行ったり来たりでわき道にそれたりしたことを反省しています。でも、まんざら無関係なことへ脱線したわけではないので、ご容赦ください。プロドライバーの皆さんがいちばん知りたいことや、関心を抱いていたことがやっと出てきた！　と思われる方もあると思います。ひょっとして、本書の目次を見た途端、真っ先にこのページをめくってみられた読者もあるのではないかと思うのです。なぜって、トラックドライバーの皆さんにとって当面、かつ最大の関心事は、何と言っても「事故防止」や「安全運転」とか「マナーの向上」、「プロドライバーの社会的評価」、それに「ドライバーのガッツ感」とかいった、ドライバー人生に直接かかわるものであると思うからです。

事実、本書の最大の狙いは、八十数万人に及ぶプロドライバーの皆さんが善良な社会人として、職業人として「安全運転」を遂行していただくのみならず、プロドライバーの社会的地位向上を実現することです。そのためのノウハウや情報を提供することが目的です。その最大の目的に関する諸問題をこうして終盤の章に取り上げるのはほかでもありません。今まで述べてきた「1章　人生で一番幸せなことって、何だろう?」「2章　現在の世の中、将来の世の中はどうなる？　とすれば……」「3章　あなたが人生を託しているトラック運送業界のことを知っていますか？」「4章　オーナー・オペレーター・システム（個人トラック制度）」「5章　二十一世紀はオーナー・オペレーターの時代！　あなたがその主役を演じてみませんか！」といったことを理解してこそ、はじめて「良きプロドライバー」になり得るものと確信するからです。

そうです、今までのことを充分認識すれば、「事故防止」とか「安全運転」といったハウツーは自ずから身についてくるし、またそうすれば、プロドライバーの社会的評価も高まるし、ガッツ感も持てる、というのが私の持論であるからです。

前にも述べましたが、私はクライアント会社のドライバー研修で真っ先にお話しすることがあるのです。「……皆さんは所定の国家試験を受けてドライバー免許を取得した人たちです。総重量数十トンのトラックを両手両足、良識に委ねて運転業務をしている職業人です。かく言う私は、せいぜいマイカーを運転する程度の運転経験しか持ち合わせていません。その私が皆さんを相手に、トラックの運転技術のハウツーを話すことはできません。第一、ご無礼だとさえ思います。しかし、事故防止、安全運転は技術（スキル）でなく、むしろ人柄（ウィル）であるというのが私の信念です。ということから、私は三十数年間のトラック運送事業経営者として多くのプロドライバーと接してきた体験などをもとに、満七十二歳の分別ある人間教育者としての自負を持って、僭越ですが皆さんに社会人・人間教育を伝授させていただきます。家庭では良き夫、良き父親であれ、さすれば会社では良きプロドライバー社員になれる。万事は人間教育そのものだと私は確信しております。そのお手伝いをさせていただきます」と告げることにしているのです。

本書でもその持論を貫かせていただくことを決意してキーボードを叩いてきました。「〝ザ・プロフェショナルズ〟トラックドライバーの心得」を最終章の直前に持ってきたのはそのためです。

〝ザ・プロフェショナルズ〟のエピソード　ちょっと英語のレッスンを

本書の冒頭から飛び出した〝ザ・プロフェショナルズ〟という言葉については簡単に述べるにとどめていました。遅ればせながら詳しく述べてみましょう。

読者の中には、「あれっ？　同じタイトルの映画を見たけどな？　あれは強盗集団の映画だったけど……」と首をかしげる方もあると思います。そうなんです。「どんな仕事もやり遂げるプロの強盗集団」がキャッチフレーズの米映画のタイトルが〝ザ・プロフェショナルズ〟なのです。それって、俺たちプロドライバーを強盗集団扱いにするってことなのか？　と異議が出てきそうです。とんでもハップン、ネバーハップンです！　ま、この映画のことは後で述べましょう。

本家の英語では「ＴＨＥ　ＰＲＯＦＥＳＳＩＯＮＡＬＳ」と書きます。英語のレッスンではありませんが、常識として知っておくことも良いでしょう。定冠詞（ＴＨＥ）＋形容詞（ＰＲ

OFESSIONAL・職業的・専門職の）＝抽象名詞（生粋の専門家・玄人はだし）ということになるのです。プロの中のプロ、絶対に仕損じない「職人芸的熟達者」とでも表現できる言葉です。

〝ザ・プロフェショナルズ〟は強盗集団？

これはすべての職業に使える言葉です。物騒な話ですが、「ザ・プロフェショナルズの殺し屋」もそのひとつです。この場合は絶対に尻尾を出さない、完全犯罪者ということになります。正義の使者が悪人を極秘裡に始末（殺す）するのもザ・プロフェショナルズです。藤田まことが演じる「必殺仕掛け人」もその一人です。００７のジェイムズ・ボンドもその一人です。古典バレリーナーが演じる神業的な演技は「ザ・プロフェショナルズのバレリーナー」です。

使い慣れた「プロドライバー」（正確にはプロフェショナル・ドライバー）という言葉は文字通り「職業運転手」という職名を表しています。事故を起こしても引き続いて就労機会を与えられればハンドルを握って稼げますし、その職業そのものは維持できます。人間である以上過ちはあるさ、といったことでチョンってなことにもなるでしょう。プロドライバーとして雇われる側にも雇う側にも甘えや許容が双方にある場合がしばしばです。

しかし、「ザ・プロフェショナルズのドライバー」と言えばニュアンスががらっと変わります。ひと口に言ったら、絶対に事故を起こさないドライバーです。万一事故を起こしたら、自身の名誉にかけて事故処理してでも、会社には絶対に迷惑をかけないことを潔しとする職人芸的な、プロの中のプロとでも言える技と根性の持ち主を意味します。失敗したら生粋の職人根性で自己責任をとって腹を切る（物騒な表現ですが）ってくらいの、「ど根性の持ち主」です。失敗したらすべてがジ・エンド（終わり）だ、（職業を変えてでも）一から出直す、といったプライドの持ち主でもあるのです。

そこで、くだんの米映画〝ザ・プロフェショナルズ〟に戻りましょう。映画を観る機会のない方は、インターネットの「Ｇｏｏｇｌｅ．ｃｏｍ」で検索してみてください。二七、四〇〇件もの該当ウェブサイトがあるのですが、トップに出てくるのがその映画のウェブサイトです。ちなみに、「ヤフー」で検索しますと五四九件で、何とトップに出てくるのは拙著「ザ・プロフェショナルズへのドライバー教育」です。ホントです！　クリックしてみてください。

くだんのウェブサイトの第一面に出てくるのが「どんな仕事もやり遂げる　プロの強盗集団」ってメッセージです。その詳細は割愛しますが、この映画は、鮮やかな手口、頭脳プレーを駆使して強奪劇を展開するプロフェショナルの窃盗団というモチーフ（芸術上の表現の動機）の作品です。この映画の醍醐味は誰が敵で誰が味方かの攻防戦が繰り広げられ、二転三転する緊張感溢れるストーリーです。

もうひとつ。英語の辞書で「ｐｒｏｆｅｓｓｉｏｎａｌ」を引いてみますと、末尾にこんなのがあるのです。「Ｔｈｅ　Ｐｒｏｆｅｓｓｉｏｎａｌｓ　英国のＴＶドラマ（一九七八〜八三)」がそれです。英国で五年間続いたテレビドラマですが、スパイ団の活躍を描いたものだそうです。絶対に尻尾を出さないプロスパイ団のドラマだとかです。

プロドライバーの皆さん、どうでしょう、あなたの職業は何ですか? と問われたら、胸を張って答えようではありませんか、「俺はザ・プロフェショナルズのトラックドライバーだ!」と。タコグラフやデジタコといった運転実績を表す記録がありますが、スピードやその変化を示す表示線が荒いジグザグでなく、安定した線を描くような運転をすることも「ザ・プロフェショナルズの技」だ、と言えるのです。ドライバー人生にガッツがもうひとつ増えるというものです。

2　トラックドライバーが持つべき「ライバル意識」そのライバルとは?

さて、こんなガッツ感を持つことのできる現在の職業ですが、この運送業界で活躍する同士ドライバーは八十数万人です。ドライバー職業といえども、昨今のデフレ経済ではボヤボヤしていたら失業しかねません。リストラされた人たちのドライバー職への新規参入があるからというのはその理由のひとつです。

どんな職業や業種でもですが、ライバル意識を持つことは大事です。それがなければいつかは敗北者になりかねません。相手（ライバル）は虎視眈々としているからです。良きプロドライバーになるためにも「ライバル意識」を持つことが大事だと強調します。そこで、そのライバル（競争相手）を考えられるだけ列記してみましょう。エッ？　こんなに多くのライバルがいるの？　とビックリされるのではないかと思うのですが、こんなライバル意識を持って仕事に精出せば、プロドライバーとして不動の地位を確保できると言いたいのです。高失業率慢性化時代であるがゆえに、ドライバーとてライバル精神を旺盛にすることが大事だと考えてください。

(1)　自社内の同僚ドライバー（無事故・オールラウンドプレーヤーのセクト）

一番身近な存在のライバルです。同じ会社の同僚同士でも十人十色です。事故なし、マナー良し、休まず、朗らか、どんな貨物でも扱える、といった同僚はそうでないドライバーにとって最大のライバルです。

(2)　同業他社のドライバー（業績に対する評価をされずに欲求不満のセクト）

優秀な運転実績を持ちながら、経営者から応分の評価を受けず、かつその会社で働く意欲や生きがい観に欲求不満を抱いているドライバーで、そのために転社をひそかに願望しているドライバーは、より優秀な企業への入社欲は旺盛です。これからは自分の能力を積極的に希望する会社に売り込む時代です。それだけにそのようなドライバーはあなたのライバルになります。

(3) 新規参入の零細業者ドライバー（業界常識に染まっていないセクト）

許可基準が「全国一律五両以上」になったことから、新規参入する多くの業者は五両で営業開始する零細企業です。そこで働くドライバーは、長年運送会社を転々として賃金相場など固定観念にとらわれている古い型（プロずれした）のドライバーより考え方が新鮮で、かつ収入などへの過大欲求を持たないドライバーです。

(4) 異業種・異職種からの新規参入ドライバー（失業対策で職業替えするセクト）

リストラに遭遇した異業種・異業職の人たちが失業対策としてドライバー職に転職希望してくる新規参入組です。給料の高低すら問題にしない人たちでもあります。失業するよりマシとすら考えてこの職業に参入するドライバーは強力なライバルになるでしょう。

(5) 女性ドライバー（女性特有のソフトさと人あたりで好印象を与えるセクト）

女性進出が立ち遅れているこの業界にあって、その加速度は高まりつつあります。加えて、女性特有の、ソフトで人あたりが柔らかで好印象を与えるドライバーは、ぶっきらぼうで無愛想な男性ドライバー（失礼！）の強力なライバル的存在です。タンクローリーやダンプトラックみたいに力作業を伴わない分野ではなおのことです。

(6) 賃金条件の異なるドライバー（賃金に過度の自己主張をしないセクト）

自社・他社にかかわらずですが、会社が希望し、提供する「賃金条件」にドライバーが応じる意欲があるかないかで、「労働力提供者」としてのドライバー競争力に格差が生じます。つまり、会社の賃金条件が当事者にとって不満であれば就職断念。甘んじて受け入れるドライバーは会社に歓迎されます。前者のドライバーにとって、こうした賃金欲の比較的少ない後者のドライバーは怖いライバルです。

(7) 雇用形態の異なるドライバー（派遣・契約・パートに甘んじるセクト）

雇用形態の変革の時代です。働く側のそれへの対応や姿勢が問われます。雇用する側は、パート・派遣・契約・個人償却制、さらに将来の個人トラック制時代を踏まえた多様化した雇用形態の実施を目指します。そうしたことへのドライバー側の対応性がドライバー職の競争力になり得るでしょう。つまり、従・旧来型のドライバー雇用制度を固持しようとするドライバーにとって、会社側のニーズに柔軟に対応するドライバーは脅威的なライバルになるのです。

(8) 軽貨物個人事業者ドライバー（個トラ認可で普通車へ転換するセクト）

個トラ認可時代の到来で予想されることに、軽貨物個人業者の一般貨物運送業界（主として小型車）への参入があります。軽貨物個人業者の収入欲は概して一般貨物業者ドライバーのそれに比べると高くありません。収入は少なくても働く意欲は旺盛なドライバーです。このような低コスト個人業者の台頭は従・旧来型ドライバーにとって、侮りがたいライバルになるでしょう。

(9) 将来認可される個人トラック事業者ドライバー（自己責任・超低コストのセクト）

超低コスト個人業者は、遅かれ早かれ「自社・他社内のドライバー」から出てきます。ずいぶんと先のことでなく、極めて身近なところから出てくるライバルです。社員ドライバーから個人トラック事業者に転じたドライバーは確実に会社に利益をもたらし、重宝がられる存在になります。とすれば、その個人事業者は社員ドライバーにとってもっとも強力なライバルになります。

(10) 移民外国人ドライバー（ハングリー精神旺盛で低賃金にも耐えるセクト）

まだ先のことですが、潜在的なライバルとして頭に入れておいたほうが賢明です。事実、単純労働でも多くの外国人が就労しているのが現在の日本です。トラック運送業界にはゼッタイにあり得ない、と思うべきでありません。ハングリー精神旺盛で低賃金に耐え得るライバルドライバーの存在となることを肝に銘じるべきです。

以上、プロドライバーの皆さんが持つべき「ライバル意識」の対象を十例ほど挙げました。そこまで深刻に考えなくたってイイさ、と思わないでください。ここまで深刻に考えて行動するドライバーは自己研鑽を怠りません。会社にとっては得がたい人材ドライバーとして評価されることは歴然です。「備えあれば、憂いなし」で頑張りましょう。

3　交通事故防止は国民的・国家的課題　そのモデルドライバー役を演じよう!

「国民皆免許」の時代、さらに「ウイズアウト・トラックス・ジャパン・ストップス（トラックがなければ日本の経済・国民生活すべてが止まる）」を自負する「ザ・プロフェショナルズのトラックドライバー」の皆さんは運転免許で飯を食っているのです。国民的・国家的課題である交通事故防止推進の「モデル役」は皆さんでなくって誰ができるか自問自答してください。

大型トラックは、いざ加害者の立場に立ったら、その被害者は死をも意味します。逆に被害者の立場（相手がセンターラインを超えて正面衝突した場合も、追突された場合も）になっても、相手が乗用車クラスであれば大型トラックドライバーの身体に関わるようなことは少ないでしょう。大きくて堅固な車体であるからです。鎧兜《よろいかぶと》を着た大武者に竹槍で向かう裸の野武士って図式であるからです。

「トラックは強者」の立場を自覚して範を示そう

さ、そこでですが、強者の立場であるがゆえに、責任は誰よりも重いものと受けとめてほしいのです。「モデルドライバーを演じよう！」とするのはこのためです。これこそ社会的責任です。八十数万人（台）のトラックが全国を走り回っているのですから、もし、プロドライバーの皆さんがそのような職業観や人生観を持ってハンドルを握ってくだされば、他の多くのマイカー族に範を示すことになると思うのです。老若男女の歩行者からはトラック野郎の皆さんってステキ！　ってな拍手も出てくると思うのです。

4 交通事故防止に決め手はない？ とんでもない！ 成せば成る！

この辺りからのことになりますと、正直言って、プロドライバーの皆さんだけでなく、僭越ですが、皆さん方の社長さんにも読んでいただきたいところなのです。読み終えたら、ぜひとも社長さんにそ～っとお見せして読んでみてくださるようにおすすめしてくだされば嬉しい限りです。ま、それよりもせっかく今まで読み進んできてくださったプロドライバーの皆さんですから、ザ・プロフェショナルズのトラックドライバーぶりを存分に発揮して対処してくだされば、万事はＯＫではあるのですが……。

クルマ社会にあって、プロドライバーの皆さんが、そして国民のすべてが強く念願しているのは「交通事故撲滅」です。トラック運送業界はこのことを永遠のテーマにしています。ところが、現実は交通事故の絶え間がありません。平成年代に入って交通事故死亡者数が年間一万人を突破したのは六回、九千人台が四回、平成十四年にはじめて、九、〇〇〇人を割り、八、七四七人になりました。そのうち、トラック運送会社の営業車が起こした交通事故死亡者数は七九五名（約八・六七％）でした。昨年はさらに、八、〇〇〇人を割りました。

そんな折、「交通事故防止に決め手はない」といった諦めに似た言葉が業界紙記事に見受けられるのです。無理もありません、ほとんどの運送会社経営者の方々も似たような考えのようでできないのです。

す。交通事故は避けられない、件数をどれだけ抑えられるかだ、といった観念的な姿勢が否定できないのです。

交通事故と言いましてもピンからキリです。ここでは死亡事故を含む人身傷害を伴う交通事故に限定して考えてみましょう。クルマ同士のちょっとした接触を除外しての「決め手なし論・諦め論」を反省してみたいのです。

休みの日だけの、いわゆるサンデー・ドライバーと言われるマイカー族ならいざ知らず、運転を職業としているプロドライバーの皆さんにとって、人身傷害重大事故発生だけは何としても避けてもらいたいし、本当にその気になればそれができると思うのです。事実、プロドライバーの皆さんの中にはゴールド免許証を持って優秀な運転経歴を証明している方々が多くあるのです。また、交通死亡事故発生ゼロの記録を持つ運送会社は少なくないのです。かく言う私も、三十数年間のトラック運送会社経営実務体験で死亡事故ゼロを達成したものです。不幸なことですが、一方では、この商売を一〇年くらいやっていれば一人や二人の死亡事故を起こすのは仕方ない、といった物騒な発言もチラホラあるのです。

プロドライバーの皆さんを前にしてのホンネの話ですが、皆さんの社長さんたちの多くは、正直な話、「国家試験で運転免許を取得しているドライバーだから、特別な教育をしなくても、まずは事故を起こさないだろうし、そのように考えよう。万一、事故を起こしたら、それは運が悪かった、仕方がないと諦めよう……」といった考え方を持っておられることが否定できないのです。事実、プロドライバーの皆さんに対するそのような信頼感や期待感（?）があるからか、切羽詰まった思いや真剣さで徹底的なドライバー社内教育を実施されていない傾向があるのです。

安全会議は「一人漏れなく」の完全実施に共感を！

こんなことを言いますと、社内教育を徹底して実践しておられる経営者からケシカラン！　わが社では徹底してやっとる！　といったお小言を受けることは承知の上です。でも、本当に徹底してやっておられる会社は皆無に近いのです。「徹底して」ということは「全社員一人漏れなく」という意味です。定期的な社内研修や安全会議や朝礼などでやっておられる会社は極めて多いのですが、「全社員一人漏れなく」を実施している会社はほとんど皆無ではないか、と言いたいのです。

多くの経営者に接する機会があるごとに、この「全員一人漏れなく参加させる」ことの大事さを力説する中で、事実として、未だかつて「イエス、完全実施をしている！」と自信をもって答えられる経営者に出くわしたことが一度もありません。ホントの本当です。

経営者の皆さんの弁解は「出庫時間がマチマチだし、特に長距離ドライバーの場合はほとんどその時間には居合わせないので、一堂に集めることは物理的に不可能だ……」といった類《たぐい》のものなのです。変な話ですが、あるクライアント会社で実際に出くわしたことがあるのです。前の職場で経験したことを語る新入社員のドライバーが言いました。七、八年間在職した中で、一度も社長の訓示を聞いたことがない、というのです。社長に代わる幹部の話もなかったというのです。イヤハヤって感じです。

さ、そこで思うのです。「全員一人漏れなく」は、ドダイできっこない、と考える経営者があるとしましょう。この社長さんは月一回だけの定例会を、たった一回だけで済ませようとしておられることにその理由があると思うのです。最後の一人を終えるまで何回でもやるしかない、という根気と情熱と意志があるかないかだけのことなのです。事実、そうしたやり方があるのですがと進言しますと、う〜ん、と絶句されるのです。しばらく間を置いて、社長さん曰く、「同じことを四回も五回もそれ以上も、ですか?……」と。「いやあ、そう言われれば、やればできないことではありませんよね……、でもそりゃ、大変なことではありますよね……」、「う〜ん……」と、再び絶句されるのです。

手前ミソなことを述べて恐縮ですが、私は現役時代にそれを完全にやってのけたのです。月初めの朝礼がそれでした。三十分刻みでやれば、午前四時からですと定時の午前八時までに九回もできるのです。一時間刻みでは五回です。それでも欠勤や前の晩に出発したものは午後五時以降の「終礼」が待ち構えていたものです。それでも漏れる者はたった一人でも、翌朝か都合の良い時間帯に設定して「一人漏らさず」を完全実施したものです。

余談ですが、そんな「労使慣行」が当たり前になっていた当時のわが社でしたが、数分間の出場を与えられていた数名の担当者が舌を巻いたものです。「社長って、よく同じことを何度も、しかも真剣に情熱をもって喋られますよね……」とこれまた絶句していたものです。おかげで、三十数年間のトラック運送会社を経営しながら、死亡事故ゼロでした。もっとも、こんなことって別に自慢すべきことではありません。プロの運送会社経営者としては当然のことではあるのです。でも、そうは言いながら、同僚の経営者の中には、一〇年でもやっていれば一人や二人は殺すのも仕方がないさ……、と。ぞ～とするような発言をする人がいるのも事実ではあるのです。

ところで、「同じことを全員一人漏れなく何回でも」を現在では、長いお付き合いをいただいているクライアント会社でも成功裡に実施しているのです。ドライバー三〇名前後の中規模企業をちょっと上回る会社です。最初は事務所でデスクを囲んでやっていたのですが、教育投資と考えて会議室を新設して環境も抜群です。「全員起立！ ヨロシクお願いしま～す！」で始まる毎月第一土曜日の午後一時と午後五時のミーティングですが、ホワイトボードを背にした同社社長の訓示の後は全出席者の「ヒヤリハット報告」、その後のヨシダ講話と続きます。一時間ないし一時間半の会議ですが、「全員漏れなく」を実施するために、必要に応じて翌週月曜日、さらに第二土曜日と、ときには二対一（社員）の差し向かいで、照れることなく、通常ペースで実施されるのです。「では、これで会議を終了します。全員起立！ 有り難うございました！」の社長の言葉で終了するのです。

ちなみに、ヨシダ講話の内容はと言いますと、本書の内容がその様子を物語ります。本書の一部を原稿の段階で読んで感想を述べてもらった同社社員ドライバー曰く、「この本の内容はすべて平素より吉田先生から聞かされてきたことでよく理解できます。でも初めて読むドライバー同士諸君にはちょっと堅くて難しいかもしれませんね……」と。さて、読者の皆さんの反応はどうでしょう……？

考えてみますに、トラック運送事業経営の最重要課題は「安全運転操業」のひと言に尽きます。そのための安全運転教育に対する経営者努力は何ものにも代えられません。少々の犠牲を払っても最優先して実施するべき大事なことです。要は、そのことへの経営者の情熱と理念と実践意志だと思います。

ところで、本書をお読みになってくださったプロドライバーの皆さんは、プロドライバーという職業そのものに応分の「起業家精神」を自覚してこられたと思います。そこでお願いですが、皆さんの雇用主である社長さんとは「パートナー的意識」を自覚していただきたいのです。こうした「労使慣行」への試みの大事さを逆提言してほしいと思うのです。良き労使関係から将来の良きパートナーシップ、さらに、良き協力業者関係を構築するためにも、と思うのですが、どうでしょう？

一リットル当たりの走行キロ数向上努力は安全運転の原点だ　トライしよう！

あなたが担当しているトラックの「一リットル当たり走行キロ数」は幾らですか？　といった質問にすかさず、「先々月は○・○キロ、先月は○・○キロです。今月は○・○キロにチャレンジします」と答えられるドライバーはホンモノです。逆に、……？　と即答できないドライバーはプロ失格者と言われても仕方ないでしょう。そのことに対する無関心さがもしあれば、そのドライバーの運転態度はおして知るべしであるからです。

ヘンな話ですが、デジタコ（デジタル・タコメーター）を装備した会社社長さんが自慢げに、「燃費効率が二〇%、三〇%上がった」と言われるのをよく耳にします。平素からこの辺りのドライバー教育に精出している会社では、そんな現象は起きません。もし、そんな結果が出る企業があるとしたら、それまではよほど乱雑な運転をしていたか、それとも、ひょっとして、ドライバー君が燃料をごまかしていたのでは？……　とすら勘ぐりたくなります（失礼！）。と、こんなことを言っても、私はデジタコ否定論者では断じてありませんので、悪しからず！　念のため！

そこで、一リットル当たりの燃費改善努力をすること、すなわち、適正走行・安全運転マナーでハンドルを握ることがどんな効果と結果をもたらすかを列記してみましょう。

①　燃費（直接経費）節減効果による、高効率のコストダウン効果

わが国トラック運送会社の平均保有台数が一五台としてざっと試算しますと、一五台×（月間走行キロ）六千キロ÷三リットル＝三万リットル×七〇円（燃料推定単価）＝二一〇万円（月間燃料費）です。それが仮の話、一〇％の改善があれば燃費節減額は月間二一万円、一五％では三一万五千円という額になります。年間では一社当たり数百万円という額になるのです。

あなたが担当する大型トラック一台に限定した数字を当てはめてみましょう。例えば、一ヶ月の走行距離が六千キロメートルとすれば、六千キロメートル÷三リットル＝二千リットル×七〇円＝一四万円が月間燃料費です。走行距離が九千キロメートルでしたら、九千キロメートル÷三リットル＝三千リットル×七〇円＝二四万円です。一割向上したらそれぞれ、一万四千円、二万四千円。二割向上したらそれぞれ二万八千円、四万八千円です。

燃費節減についてさらに重要なことをお知らせしましょう。大手トラックメーカーの教育ビデオで私自身が得た情報であらためて痛感しているのです。高速道路を時速八〇キロメートルで走行するときの一リットル当たり走行距離を一〇〇としますと、時速一〇〇キロメートルでは二〇％、一二〇キロメートルでは何と三三％の燃料消費増を記録するのです。猛スピードで大きなストレスを身に受けながら、燃費は二割も三割も高くつく運転して何が得になるのか？と立ち止まって考えてみてください。

②　ブレーキ・ライニングなど磨耗率節減による、修繕費節減効果

不要不急のアクセル加速の一方で、しょっちゅうブレーキをかけるドライバーが少なくありません。自車の前を走る車両の動きを先読みすることなく、やたらと近づいてはブレーキランプをともすタイプのドライバーです。実際の話ですが、交通渋滞の激しい東京都内を走る乗用車のブレーキ・ライニングの磨耗度は地方都市のそれに比べて格段の差があることが指摘されています。まして、総重量二〇トンもの巨体をやっこらさと減速したり加速したりするのですから、その無駄な燃費ロスを含む修繕費など、メンテナンス費用の格差は論をまたないでしょう。高速道路の、しかも追い越し車線を走るクルマが、車間距離を狭めてはしょっちゅうブレーキをかけるのを後ろから見て、カッコいいものではありませんよね。何て、下手くそ運転！としか言いようがありません。

③　タイヤ磨耗度の節減による、消耗品費の節減効果

トラックの停止能力はタイヤと路面の「摩擦」で生じるのです。燃費向上を目指すドライバーと無関心なドライバーとでは、タイヤ磨耗度にも大きな差が生じます。交通渋滞で長蛇の列になっている中を、前の車間距離をあまり気にせず、ほとんどブレーキをかけることなく、静々と徐行しているトラックは、後ろについて走るクルマもそれにならって静々と運転ができるというものです。一般ドライバーに対する模範運転を心がけましょう。

④　安全運転マナー向上による交通事故防止・社会的評価向上効果

燃費に大きなマイナスを生じる急発進・急加速・急停車のアクセル操作は、単に燃費やタイヤ消耗を加速するだけではありません。そのような運転態度は必ず事故を誘発します。一リットル当たりの燃費を絶えず向上させる努力と心掛けをもってハンドルを握るドライバーにとって、急発進、急停車、急加速といった運転態度はあろうハズがありません。穏やかな運転態度あるところ、文句なしに交通事故なんて起こるハズはないでしょう。トラック運送会社にとって交通事故防止は最大の念願です。それが経費節減と一緒に実現することは企業の労使にとって最高の幸せです。

⑤　トラックの耐用年数の延長・減価償却費節減・企業コスト競争力強化効果

一リットル当たりの走行キロを延ばす運転マナーによれば、車は急発進・急加速・急停車をしませんから、総じてトラックのすべての部位に無理が生じません。そのためにトラックの耐用年数延長に効力を発揮します。人間でもおなじことが言えるでしょう。唯一最大の商売道具を大事に扱うことにつながるのですから、車両費の節減が大きく、企業競争力そのものの強化につながります。折しも排ガス規制等でトラックの法的耐用年数が一時的に制約された格好ですが、本来の企業競争力の根源はここにあることを自覚してください。

⑥ 騒音防止・環境汚染防止効果による、自他ともに至る社会的評価向上効果

経済速度のやさしいアクセルペダルの操作や無駄なアイドリングの防止努力は、当然のこととして騒音防止効果や環境汚染防止効果を生みます。あなたの会社の看板を引っさげて走るトラックがそのような姿を見せることは、あなたの会社の社会的評価を向上させ、その運転者であるあなた自身の人物評価も増すというものです。

⑦ 荷主企業信頼獲得効果による、自社企業労使の安定健全性維持効果

以上、六つもの効果を生じる燃費節減努力と運転マナーの向上ですが、それによって生じる企業競争力の向上、事故防止社会的評価向上等は、文句なしに「荷主企業信頼獲得」につながります。そのことはとりもなおさず、あなたの生活安定を維持することにつながるのです。デフレ経済で運賃下落の激しい時代にあって、今すぐあなたがその気になれば実現可能なことが足元に転がっているのです！　この改善策に必死で取り組まずしてどうなるでしょう！

⑧ ドライバー自身の心身の疲労度合い軽減効果による、充実・幸せ感向上効果

ムリ・ムダ運転を排除し、余裕運転に徹することで「運転ストレス」の軽減が実現します。貨物到着時間に間に合わなくなってイライラする、とはおっしゃらないでください。ご自身のちょっとした工夫で解決できるのです。猛スピードで一瞬の脇見(左右前後への目配りデス)もする余裕がない状態、例えば、前のクルマのストップランプが点いたその瞬間にこちらもブレーキペダルを踏まなくてはならないといった緊張感でハンドルを握るのと、安全ゆとり運転で周囲に目配りしながらハンドルを握るのとでは、ドエライ心身ストレスの格差があることはドライバーの皆さん自身が先刻ご承知のハズです。この事実こそが、本書の冒頭で述べた「好きなハンドル握って生活できるなんて、羨ましい！」に通じると考えてください。こうして味わう感覚が、ザ・プロフェショナルズのトラックドライバーが味わえる「達成感」であり、その実績が生む「プライドと満足感」だと思うのです。

5　〝ザ・プロフェショナルズ〟トラックドライバーの「心得六ヶ条」

いろいろな角度から書いてきましたが、今からお伝えしようとすることはその集大成です。今まで述べてきたことを本当に理解いただけたら、自然に到達できると考えるものです。「飲酒運転はいけない」なんて次元の低いことは謳っていません。念のため。

(1)「運転免許」の意義への自覚
(免じて許してもらってハンドルで生活する特権への感謝の心を忘れるな)

前にも述べましたが、「免許」とは文字通り、「免じて許してもらっている」ことを意味します。「免じて許して」は「特権を与えられた」に通じます。特権という名の権利と裏腹にあるのは「責任を果たす」という「義務」です。「権利と義務」のバランスが大事なのでありまして、ハンドルによる生活権に対する安全運転義務があることを自覚してください。

所定の国家試験に受かって取得した免許証は、昨今の実力主義時代にあって、実力や学力がないまま卒業した大学卒業証より価値があるのです。そうしたことへの感謝の心があるとないとでは、仕事振りにドエライ違いが生じると言いたいのです。余談ですが、「感謝の心」はサラリーマンより事業主の方が強いと見受けます。社員ドライバーから個人トラック事業者に転身したら気づくと思います。

「感謝」という言葉で目に付いた写真新聞記事「この人」を紹介しましょう。野球ファンだったら知らぬ人のいない、かの西武ライオンズから米大リーグ、メッツへ入団した「松井稼頭央」選手のことです。走攻守三拍子そろった日本を代表する内野手です。その松井さんが練習用バットに「感謝」という文字を入れているのです。高校生時代からの「座右の銘」だとか。

その彼の言葉が胸を打ちます。「野球をやらせていただいている。グランドに立たせてもらっている。そんな感謝の気持ちを忘れたくないから」と。新たな挑戦の舞台でも、バットに漢字で「感謝」の文字を刻印するつもりだ、と。

どうでしょう、プロドライバーの皆さん、「トラックを運転させてもらっている、ハンドルを握らせてもらっている！」と受け止めてこそ、安全運転ができるのです。ザ・プロフェッショナルズのドライバーたるゆえんです。

(2)「天下の公道」を職場とする自覚と責任感（社会的責任・大衆の目を意識せよ！　ちょっとした油断が招く他人の不幸）

「天下の公道」と言ったら古めかしい言葉ですが、プロドライバーの皆さんに是非ともしっかりと胸に秘めてハンドルを握ってほしい理由がこれです。

よく考えてみてください。日本列島を無数に縦横断している道路が皆さんの「職場」であるということです。しかも、図体《ずうたい》のでっかいトラックの走行は、皆さんの両手両足、意志のすべてにゆだねられているのです。ちょっとした油断や判断ミスが、縁もゆかりもない他人の生命を奪いかねないのです。他人の人生を覆す危険性を持っている職業です。こんな職業はやたらとありません。医療ミスとかいった直接的に人命に関わる職業は別にしてですが、一般の職業ではこんなに社会的責任や義務が伴う職業は稀なのです。

たとえ話としては失礼かもしれませんが、工場内で仕事をしている職工さんたちが仕事をしくじったとしても、それはその内部だけでのことで終わります。プレス工の職人さんが誤って自身の指を切断するとか、旋盤工の職人さんが仕掛品をオシャカにしてしまうといった形です。いずれも大変なことではありますが、周囲の人を巻き添えにして生命をも脅かすということはあまり考えられません。そういったことからすると、プロドライバーの皆さんは責任重大です。天下の公道を職場とする者のそれは社会的責任と心得るべきです。

(3)「物流の担い手」の自覚とプライド
(文明はモノ・ヒト・情報が動くことから始まる　その主役を演じる誇り)

〝Without Trucks Japan Stops〟は、カッコいいガッツ感の持てるキャッチフレーズだと思いませんか? トラックが止まれば日本(経済から国民生活すべて)が止まるなんて、これくらいやりがいのある職業は無いと思いませんか?

プロドライバーの「職業観・職業理念・職業哲学・職業倫理」を石工に例えたことは前に述べました。ノミとハンマーで石を削っている石工に対するQ&Aを再現しましょう。「何のために石を削っているのか?」が質問です。同じ作業をしている石工でもピンからキリの職業観や職業理念がうかがわれるのです。Aの石工「飯を食うためさ」、Bの石工「石垣を造っているのだ」、Cの石工「大阪城を造っているのだ」、Dの石工「乱世を治めるための根城を造っているのだ」がそれです。

セメントを運んでいるドライバーが、「生活のため」だけの職業観より、「俺は日本国土建設を担っているのだ！」といった考えを持つのとではドエライ違いがあるのです。同じ行為（仕事）をしながら、考え方次第で高く強い生きがい感やガッツ感が得られるのです。

(4) 「ドライバー気質」の再認識

（苦手なことはあっさりと捨て、好きで得手とする仕事をして生きるのが最高の幸せだ）

プロドライバーの皆さんにこんなことを尋ねるのはオカシイかもしれませんが、「ドライバー気質」ってのをご存じでしょうか？　ドライバー特有の性格というか、気性ってものです。「ドライバー職を選んだ動機」や「ドライバー職以外の職業を選ばなかった理由」（1章二節・三節）などがそれを端的に示していると思うのです。自分の好みや得手を最優先に、かつその一方では、自分にとって苦手や不得手なものは自分の職業選択肢からあっさりと除外し、自分らしく生きようといった性格の持ち主がプロドライバーの皆さんの気質ではないでしょうか？　東映映画「トラック野郎」シリーズで菅原文太が演じた気っ風《きぷ》のいいドライバー像がそれを象徴しているとも言えるでしょう。

ともあれ、せっかくの自負すべきイイ気質でありながら、なぜか現代のプロドライバーの皆さんに失われてきた職業観のような気がしてなりません。本書を読んだプロドライバーの皆さんはそれに目覚めてほしいものです。

(5) 「自己責任意識」の自覚

(ドライバーは高額トラックの操業損益責任者、「個人事業者」の心と行動を)

私たち日本人に欠けたと指摘されるものに、「自己責任意識の欠如」が否定できません。戦後における日本人の国民性とかいったでっかい、厄介な話はさて置いてのことですが、プロドライバーの皆さんの身近なところから考えてみましょう。

一台が何百万円から一千万円を突破する高額の商売道具です。それを皆さんの両手両足と良識に委ねて運行するのです。その結果が皆さんの給料や諸経費を差し引いて会社に利益を与えるのか、それとも大きな事故を起こして、利益どころか、莫大な損失を会社に与えてしまうかは、皆さんの働き方次第です。

ということから、プロドライバーの皆さんは操業責任者であり損益責任者でもあるのです。ということは、「個人事業者」の心と行動でその役割を果たすという「自己責任意識」の自覚がなければならないということです。それだけに皆さんの職業の価値と評価と生きがいがあるというものです。

(6) 「安全運転」の原点〝人間性〟向上への自覚

(運転技術〈SKILL〉より　心掛け〈WILL〉が大事　良き社会人志向が良きドライバーを生む)

〝ザ・プロフェショナルズ〟トラックドライバーの「心得六カ条」の一番あとに、「安全運転」

をもってきました。「安全運転」の啓蒙が本書の最終最大の狙いでありながら、本書の終盤に、しかも、肝心の「心得六カ条」の最終条にもってきたのにはそれなりのヨシダ・オリジナルの理念があるのです。

「心得六カ条」に関して言いますと、以上、五つの心得（「運転免許」「天下の公道」「物流の担い手」「ドライバー気質」「自己責任意識」）を充分に認識、自覚すれば、「安全運転」は放っておいても達成できる、というのが私の信念なのです。安全運転は目的でなく、結果である、とさえ言えるでしょう。

逆に「安全運転」だけを強調して、その前の五つの心得を疎かにしたら、決して良い結果は期待できない、というのが私の持論です。事実、こうした順序のドライバー研修を独自のジャンルとしているのですが、確信と実績を自負しているのです。

「安全運転には技術より人柄大事」というのが私の口癖です。運転技術がどんなに優れていても、好ましくない人柄ゆえに慢心と傲慢さが先立ち、そのために重大な事故を起こす危険性をはらむ、というのが根拠です。一方、運転技術はあまり上手ではないが、人柄が良ければ自身の運転技術の未熟さを自覚し対応するがゆえに慎重になり、ために事故は起こさない、という論理です。

ＳＫＩＬＬ（スキル）は「技術」を、ＷＩＬＬ（ウィル）は「意志」を意味します。意志は「こうしよう、こうしない」というその人の意志ですので、その人の「人柄」を意味します。良い人柄は良い意志を生みます。良い意志は良い結果を生むのです。

現在問題視されている「飲酒運転」による重大事故発生の実態があります。これなどは断じて「運転技術」の問題ではあり得ません！　飲酒運転を防止するのは運転技術ではありません。それは社会的罪悪であるとする単純な「社会人としての常識」です。善良な人柄がそれを自覚させ、そうした行為を断じて自身に許さないだけのことなのです。

安全運転に「人間性」は問われない？　とんでもない！

折も折のことですが、ドキッとする言葉に出くわしました。ある業界紙の大きな記事でトラック交通事故防止に関する著名な方のご発言がありました。論戦を挑まれるのを覚悟の上の反論をさせていただきます。

そのご発言は「……事故は、そもそも常識を外れたところで起こる。一般論で論じても駄目。事故を起こしたドライバーの人間性まで問うのは間違い……」とあるのです。別にご発言者の揚げ足をとる気は毛頭ないのですが、私が信条としているドライバーの安全運転の基本が「人間性」に帰着するということから、不本意ながらこのお考えに真っ向から異論を唱えざるを得なくなりました。読者のご批判も得たいものと覚悟を決めてこの項を挿入します。

「事故は、そもそも常識を外れたところで起こる」という指摘は私も全く同感です。これは小手先のノウハウや注意を与えることだけの事故防止対策では駄目だ、という私の持論と合致します。飲酒運転はその最たるものでしょう。常識がないということそのものが当事者の「人間性」に問題があるとまずは言いたいのです。とすれば、その後のコメント「人間性を問うのは間違い」と矛盾すると思うのですが、どうでしょう?

国民皆免許時代にあって、「人間性に問題があるから」免許交付ができない、といったケースはありません。誰がどのような基準をもって人間性に問題があると判断し、かつそれがために事故を起こす危険性があるといったことは言えないからです。精神に異常を来たしている人なら別ですが……。とすれば、人間性に問題があると考えられる免許保持者は決して少なくないと考えねばならないでしょう。マイカー族ならまだしも、ハンドルで生活していくプロドライバーに関する限り、会社には「運行管理責任」が存在します。もし、その責任者が管理下にいるドライバーの中に、プロドライバー職を全うするのには「人間性に問題あり」と判断せざるを得ない人がいたとしたら、どうでしょう?　この場合でも、「人間性まで問うのは間違い」ということで、運転業務からおろす権利もない、運転業務を野放しにせざるを得ない、と言うのでしょうか?　企業を守るうえで、それでは運行管理者の責任は全うできないと考えます。そんなことは社会が許さないと考えるべきです。この場合の企業責任とは、当の本人にプロドライバーとしては不適当な性格だとか何とかの説明責任を果たしたうえで、本人に納得させて他の職業を選択するよう助言指導することこそが社会的責任を果たし得ると思うのですが、どうでしょう?

マイカー族とプロドライバーを混合して「人間性を問うのは間違い」と考えるのは、こうしたことであることをご認識いただきたいと願うのです。

両足が不自由な筆者の運転態度

SKILL（運転技術）よりWILL（心掛け）が安全運転に大事、ということを述べました。そのことを、両足が不自由でありながら半世紀にわたって無事故運転を継続している私の例で述べてみましょう。私は両足にギプス（補装具）をつけています。両足の足首と右足の膝がマヒしているからです。右足をアクセルペダルに乗せて操作することはできるのですが、その足をブレーキに乗せ替えることができません。メカ車の時代にはクラッチ操作があるため、両足操作が必要でした。したがって、右足をスプリングで吊り上げるように工夫し、力を抜けば自然にブレーキペダルの上に右足がのっかるように工夫していたのです。ということは、走行中は絶えず右足に抵抗感が生じます。そのために長時間運転は右足がひどく疲労したものでした。オートマチック車になってからは右足でアクセル、左足でブレーキと巧く使い分けして、そうした疲労感から開放されて今日に至ります。

さ、そこでですが、そうした肉体的なハンディキャップがあることから、私の場合は健常者に比べてペダル操作には足先の力やタイミングの取り方に弱点があると自覚しています。このことを私は「ハンディキャップゆえに運転技術が未熟であるに等しいと受けとめている」と、ドライバー研修では告白しています。そのＳＫＩＬＬの未熟さに等しいハンディキャップをカバーする（補う）ために、私はＷＩＬＬ（ハンディキャップがあるのだから、健常者以上に注意し、余裕をもって運転しなければいけない、という心掛け）を自覚している、と実体験を語ることにしています。交通の激しい道路では通常のドライバーがアクセルに足を乗っけているような状態であっても、私はブレーキペダルの上に左足を軽く添えて、いつでも踏み込むことができる態勢を心掛けています。零コンマ数秒のブレーキ操作の遅れを意識した対策です。おかげで、ゴールド免許証保持者です。

現在では俗に言う「枯葉マーク（シルバーマーク）」を得意満面（？）でクルマの前後に貼って運転しています。高速道路は「走行車線」の常用者です。「素敵ですお先にどうぞのその笑顔」って心境で、長距離運転のストレスもあまり感じません。追い越し車線をぞっとするような狭い車間距離で時速一〇〇キロ以上の猛スピードでビュンビュン走るクルマを右に見ながら、やれやれ、これでは何十台玉突き衝突ってことになるのは当たり前！　と、実感しているのです。プロドライバーの皆さんはくれぐれもその当事者にはならないでください、がここでの私のメッセージです。

プロドライバーが起こす死傷事故の半分近くが「追突」とは！

ここでちょっと、高速道での多重追突事故が多発している実態を横目に、プロドライバーの

図19 営業用トラックの事故類型別死傷事故件数の割合(平成13年)

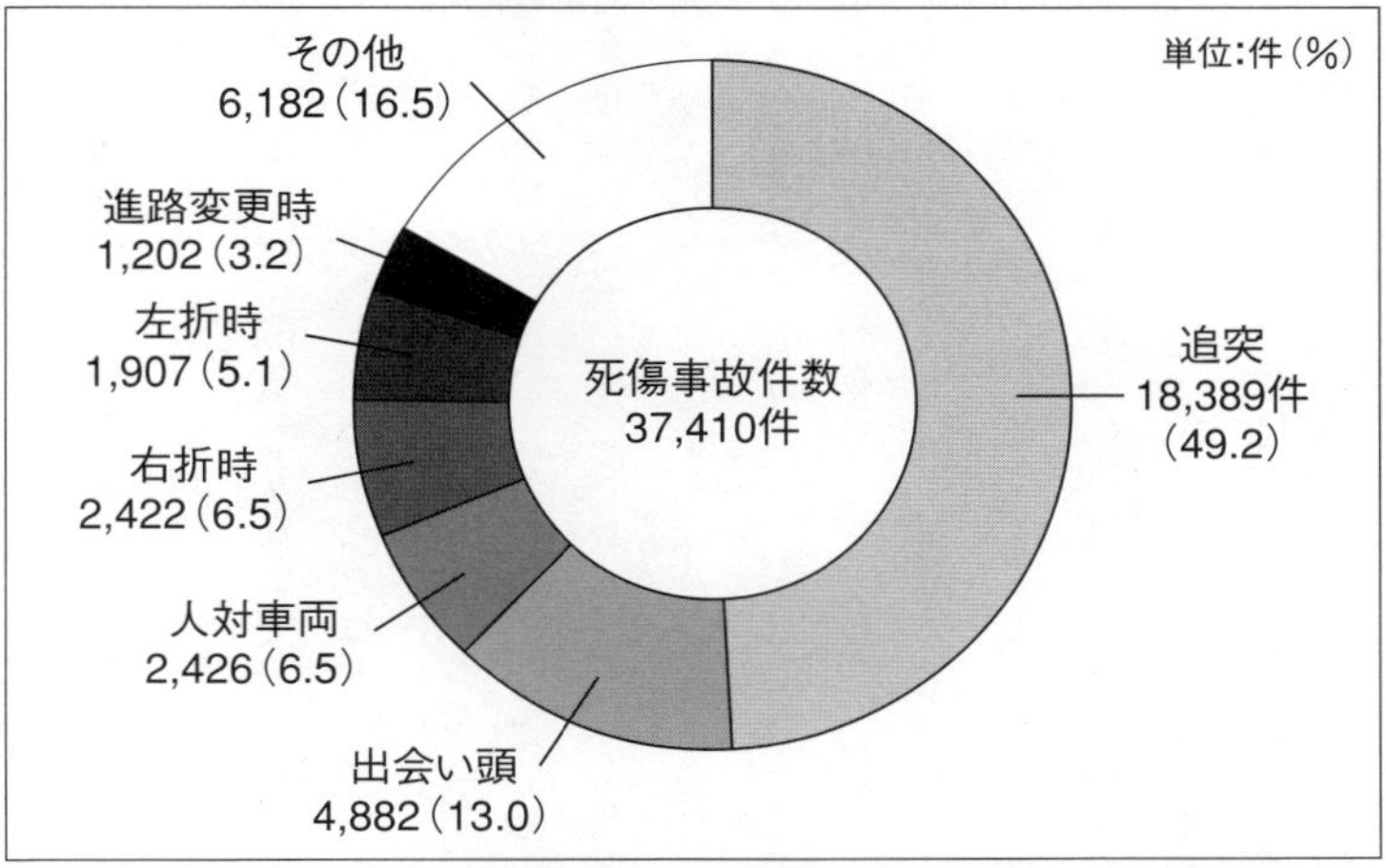

全ト協・事業用貨物自動車の交通事故の傾向と事故事例より

皆さんと反省してみる必要があります。全ト協広報誌「広報とらっく」(二〇〇三年七月十五日号)が報じたグラフ(図19)をごらんください。「営業用トラックの事故類型別 死傷事故件数の割合(平成十三年度)」がそれです。

同年度における皆さん方同僚であるプロドライバーが起こした死傷事故は三万七、四一〇件です。そのうち、なんと、四九・二%(一八、三八九件)がこともあろうに「追突」によるものです。高速道と一般道の区別はこの図では示されていませんが、半数近い原因が追突です。「追突」と言えば、事故の中でも最低最悪です。とりわけハンドルで飯を食っているプロドライバーにとってはもっとも恥ずべき行為です。読者の皆さん、そう思いませんか?

本書の読者に限ってそうした間抜けの（と断じます！）事故を起こす方はないと信じたいのですが、これがわが国トラック運送業界で働くプロドライバーの実態なのです。こんなことではプロドライバーの社会的地位の向上なんて、できっこありません！　トラックって恐ろしいもの！　といった印象しかないでしょう。こんなことでは、失業者がウヨウヨいる昨今の状態であっても、求職者の中からプロドライバー職への仲間入り（新規参入）をする気になる人も少ないでしょう。夕食の一家団欒の話題でも、「トラックは凶器だ、トラックの運ちゃんなんかにならないで！　なりたくない！」といった批判の会話が出てきて当たり前デス！

安全運転には「技術（ＳＫＩＬＬ）」より「心掛け（ＷＩＬＬ）」が大事ということがここでも言えるでしょう。「適正な車間距離を保つ」という基本的な運転ルールや態度そのものを忘れているのですから、ドダイ、技術の優劣なんてシロモノでは断じてありません。カーレーサー気取りで間一髪、紙ひとえのところでピタッと停止してみせるなら別ですが……。それとて、積み荷の荷崩れや後続車への配慮は全くゼロに等しいデタラメ運転態度と酷評されても仕方がないでしょう。こんなスピードでこんな車間距離で突っ走っていれば、先方車が急停車したら追突するから、そうしない。第一、急停車なんてプロのすることではない、と心掛けることが大事なのであって、急停車して追突しない車間距離の方程式は「時速×何・何倍」とかいったヘリクツなんてものでは断じてないのです。文字通り「ＷＩＬＬ（心掛け）」が最優先されるべきなのです。

前にも述べましたが、「プロドライバー」は追突事故を起こしても、そのまま運転業務の継続を許されればプロドライバーであり続けるかもしれません。しかし、〝ザ・プロフェショナルズ〟のドライバーでしたら、潔く何らかの責任を自ら取るでしょう。第一、追突なんてするようではその名前は返上です。猛反省しようではありませんか！　プロドライバー諸君よ！　です。

自動車運転者適性診断レポートの活用

プロドライバーの皆さんなら誰でも体験しているものに、「自動車運転者適性診断」というのがあります。受診者保管用のものがありますので、ぜひとも引っ張り出して見直してほしいのです。

くだんのレポートの最初のページに図式で表示した「心理適性診断の結果」に注目してください。九つの項目を棒グラフで示したものです。「(1)感情の安定性」「(2)協調性」「(3)気持ちのおおらかさ」「(4)他人に対する好意」「(5)安全態度」「(6)危険感受性」「(7)動作の円滑さ」「(8)動作の正確さ」「(9)判断・動作のタイミング」がそれです。いずれも棒が長い方が良いのです。(1)から(5)までは受診者の「人柄の良さ」を「少・有」で示します。(6)から(9)までは受診者の「運転技術」の「不十分・適切」を示します。棒グラフが長いのがそれぞれ「有・適切」で好ましいわけです。

そこでこれだけは頭に入れておいてほしいのです。九つのテスト項目でオール満点が良いこ

図20　心理適性診断の結果（A）

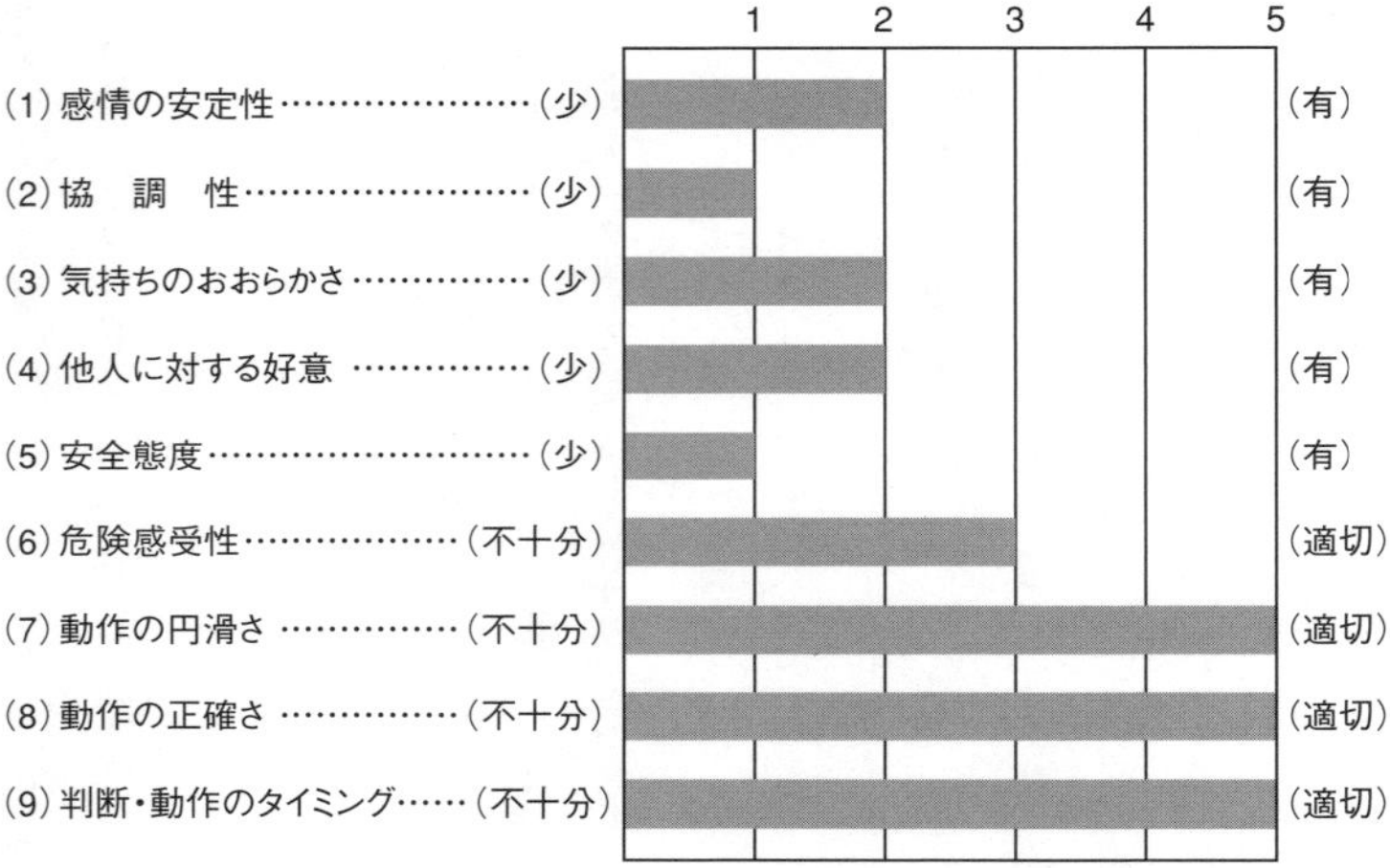

自動車運転者適正診断より

図21　心理適性診断の結果（B）

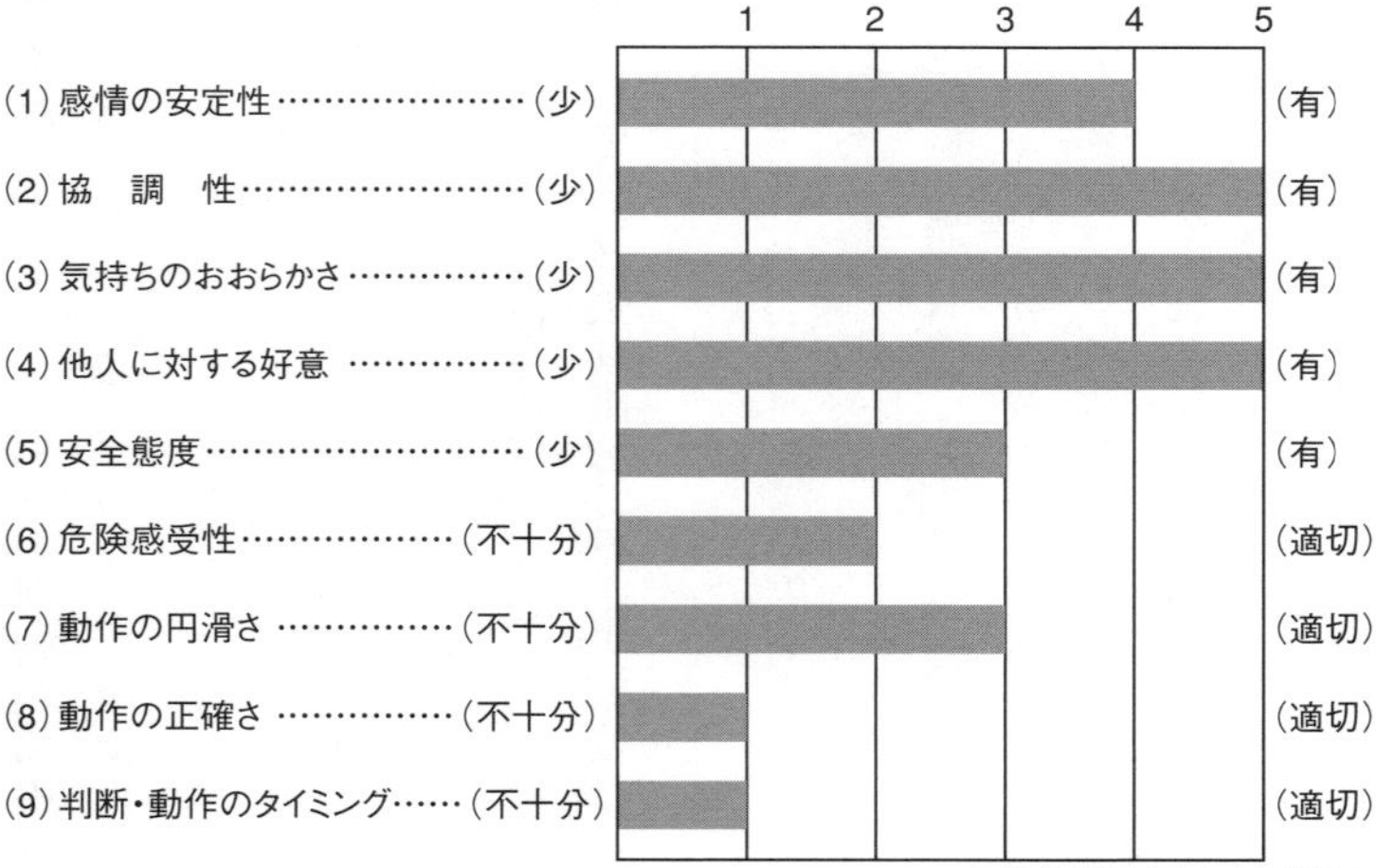

自動車運転者適正診断より

とは申すまでもないことですが、両極端の場合を想定してみましょう。すなわち、上半分の「人柄」の棒が短く、下半分の「運転技術」の棒が長いというA例（図20）と、その全く逆のケースB（図21）です。AとBのどちらのケースが事故を起こしやすいか、という質問です。しばらく自問自答してみてください。

ドライバー研修でこの図表をもって話をする機会が多いのですが、さすがプロドライバーの皆さんからは的確な反応がうかがえます。そうです、ほとんどの皆さんがAタイプのドライバーが事故を起こす危険性がある、と答えます。もっと具体的に言いますと、Aタイプのドライバーは運転技術そのものがあるから、ガードレールにぶっつけたとか、サイドミラーを電柱にぶっつけた、とかいったケアレスな事故はさすがに少ないでしょう。しかし、運転技術を過信したことによる、どか～んといった大事故を起こす危険性があると考えます。

逆にBタイプのドライバーは運転技術未熟による軽い接触事故の危険性は否定できないかもしれませんが、脇見運転とかウッカリ運転による重大事故は起こしません。運転が下手なことを認識しているから、その分、慎重なのです。

考えてみてください。「運転技術」は経験年数とともに誰だって上達します。ということは、今は下手くそでも何年か経てば上手になれる、という可能性があります。一方、「人柄」は年齢とともに必ずしも良くなるとは限りません。勤務先の会社が倒産して失業したとか、リストラされたりとか、家庭的、経済的に問題を抱えますと、心の安定性を失ってきます。歳とともに成長するべきものが、一転して人間性が悪くなり、その棒が短くなることが実際に発生するのです。独身時代の若気の至りで一時的に「人柄の棒」が短いようでも、良い奥さんにめぐりあえばその棒は長くなるでしょう。子供が生まれ、マイホームも持てて、ますます円満な生活を送れるようになればさらにその棒は長くなります。「人柄」はかくして変動的です。三年おきの受診義務があるのはそうしたことが背景にあるのです。

心理学を駆使したせっかくの有効なこの適性診断でありながら、あまり有効的な活用がなされていないフシがあるのです。この際ですので、見直して役立てることをおすすめします。お家に仕舞い込んでいる受診者用のレポートを、もう一度引っ張り出してじっくりとご覧になってみてください。

7章

「サラリーマン帝王学のすすめ」

「サラリーマン帝王学のすすめ」はヨシダ・オリジナルのキーワードです。冒頭に述べましたが、本書のタイトルは当初「トラックドライバー諸君への伝言」でした。それを「……帝王学のすすめ」に変更したのには、いわくがあるのです。

トラックドライバーの皆さん向けのメッセージを本書で伝えるにあたって、私はその究極の動機づけとして「個人トラック」という名の起業家精神への喚起を呼びかけることとしました。起業家精神を発揮するということは、とりもなおさず、経営者としての勉強や準備をすることです。そんなことから、「帝王学のすすめ」というキーワードにたどりついたのです。

ヘンに気取ってのことではないのですが、このキーワードがいつか一世を風靡《ふうび》する（？）ときが来る、というガッツ感を持った私は、何としてもこのキーワードを名実ともにヨシダ・オリジナルのものにしたいと思い、本書に先立って二つのエッセイを書きました。いずれも「サラリーマン帝王学のすすめ」です。短編（一ページもので二編）は、米国の大学に本部を持つ「SAM（Society for Advancement of Management）」という組織の日本チャプター本部（東京都・産業能率大学内）が定期的に出版する「SAM NEWS」誌の「二〇〇二年春号&冬号」に寄稿したものです。かく言う私はSAM広島支部長を務めている関係で、毎回（通算一〇回）寄稿しています。

本書の最終盤に当たって、プロドライバーの皆さんのために、今まで書いてきたことの総仕上げとして、そのエッセイ二文を原文のまま掲載したいと思います。あらためて「帝王学のすすめ」を認識して本書の総まとめの一環にしてくだされば幸いです。なお、関連する幾つかのキーワードとコメントを末尾に述べさせていただきます。

拙著エッセイ「サラリーマン帝王学のすすめ」（その一）

（SAM　NEWS　二〇〇二年春号）

私はマヴァリックの経営コンサルタントとして各地に多く点在するクライアント企業の営業所を巡回して社員研修の仕事をしています。その一方、わが国トラック運送業界最大の規制緩和「最低保有台数規制の撤廃（別名：個人トラック制度の容認）」のオピニオンリーダー的活動を執筆や講演で展開しています。そのような活動の中で必然的に到達したのが、標題ヨシダ・オリジナルのキーワードです。そこに至るプロセスを手短に記してみます。

トラックドライバーの安全教育の原点を私は、ＳＫＩＬＬ（技術）でなく、ＷＩＬＬ（意志）に求めています。事故を起こさない！　という強い意志の実践には、人間教育・社会人教育が運転技術を中心にしたハウツーものに勝ると確信しています。加えて、一千万円を超える高額のトラックを一人のドライバーの良識と両手両足に委ねることから、事故防止への動機づけをドライバーの「個人事業者的職業観」の構築に求めています。これは将来の個人トラック時代到来に備えた「勝ち組トラックドライバー教育戦略」でもあると確信し、企業労使を対象とした独自の教育提言であると自負しています。

昨今のデフレ経済で「雇用形態の変革」が顕著です。正社員に代わって企業がこぞって採用し始めた派遣・契約・パート・請負制など「非正社員」へのシフトです。正社員と非正社員の割合は次第に接近して、交差逆転する兆しさえ見えます。

欧米並みの「インデペンデント・コントラクター（独立請負業者）」の台頭を最近の日本経済新聞が報じていますが、これなどは雇用形態変革から一歩踏み込んだものです。ちなみに、この「インデペンデント・コントラクター」は前出個人トラック（オーナー・オペレター）の別名でもあります。

一方、日本（人）の「開業率と廃業率（非一次産業）」は、一九八六年を分岐点に廃業率が開業率を大きく引き離してその差が拡大の一途を辿っています。つまり、このままでは日本の職場がだんだんと減ってしまうという状態です。国内産業空洞化とダブって深刻な状態です。

ひるがえって、日本人サラリーマンの閉塞感が否めません。自殺者が三万人を突破していきます。何とも痛ましいことですが、自殺未遂者を含めると一〇万人にもなると厚生労働省が報じています。終身雇用制や年功序列給の職場環境にどっぷりと浸り、自律心や個の確立が疎かになっていたツケが回ってきた、と言ったら酷でしょうか？

そんな折、共感を得た言葉に出くわしました。法政大学客員教授の西山昭彦さんが週刊誌で主張されていた「脱サラリーマン思考のすすめ」がそれです。もう一つは日本経済新聞が全面で大きく報じた「自営業型社員」の成功例です。両者共通の主張は、これからのサラリーマンは「個人事業者になったつもりで働かなくてはならない」ということです。

考えてみますと、起業するセクトは圧倒的にサラリーマン諸氏であるハズです。脱サラ族はその典型です。脱サラする勇気はないとしても、個人事業者になったつもりで働かなくてはサラリーマン人生も全うできない時代です。とすれば、サラリーマン諸氏もここはいちばん、思い切って個人事業者（経営者）になることを想定もしくは、その心掛けで仕事をすることが求められていると思います。そのためにはそれに必要な応分の「帝王学」を平素から身に付けることが肝要だ、と発想したのです。

拙著エッセイ「続・サラリーマン帝王学のすすめ」その後のエピソード（その二）

（SAM　NEWS　二〇〇二年冬号）

デフレ経済のもと、企業倒産やリストラ旋風で閉塞感に喘ぐ世のサラリーマン諸氏に活力と希望とプライドを持ってほしいということから、「サラリーマン帝王学のすすめ」というキーワードを思いついて書いたのが前回号でした。

そんな折、関連する愉快な雑誌記事に接しました。「週刊ポスト」誌の七回シリーズ「新・脱サラ研究」がそれです。多くの脱サラ経験者の紹介がある中で、第一回は「サラリーマンよ！五十歳で会社から『大脱走』しよう」です。その中に、コレだ！　と思わず声を出したものがありました。「サラリーマン大脱走のすすめ」（関根進氏著・日経BP社刊）の紹介がそれでした。

第五回目にあった著者の関根進さん（ライフスタイル評論家）と堀紘一さん（ドリームインキュベータ社長）の対談が傑作でした。

堀さん曰く、「サラリーマン大脱走は大いに結構。だけど、やっぱり脱走する前に勉強しろといいたいですね。〝脱走〟の前は監獄にいるわけでしょう？ 監獄って割合時間があるじゃない（笑い）」がそれでした。

「脱走する前に勉強しろ」は、私が主張する「在職（社）中に帝王学を学べ」に通じると確信するのです。「監獄にいる」は皮肉なことですが、「会社に在職中」と置き換えられます。在職中に思い切り勉強し、人脈も広げるなど帝王学を学ぶ機会はいくらでもある！ と言いたいのです。同じ「脱サラして起業」でも、「大脱走」はNEGATIVE（消極的）、「帝王学」はPOSITIVE（積極的）と自画自賛しているのです。

折しも、週刊「ダイヤモンド」の特集が目につきました。「正社員、続けますか 雇われない生き方」がそれです。二三人の脱サラ起業家を紹介しています。共通した根性は『『会社より自分』を選び、やりたい仕事をやる幸福」と見受けます。「会社というものは既製服。着る者が体に合わせるものだ」に対して、「それはおかしい。体に合った服を作ればいいじゃないか」といった愉快な発想を持つ人たちです。

その特集記事の片隅に「独立の国、アメリカとの格差は大きい」と題した、「日米の開業率の推移」という図表が目につきました（図22）。過去一〇年間、開業率が一三・四％で推移してい

図22　日米の開業率推移

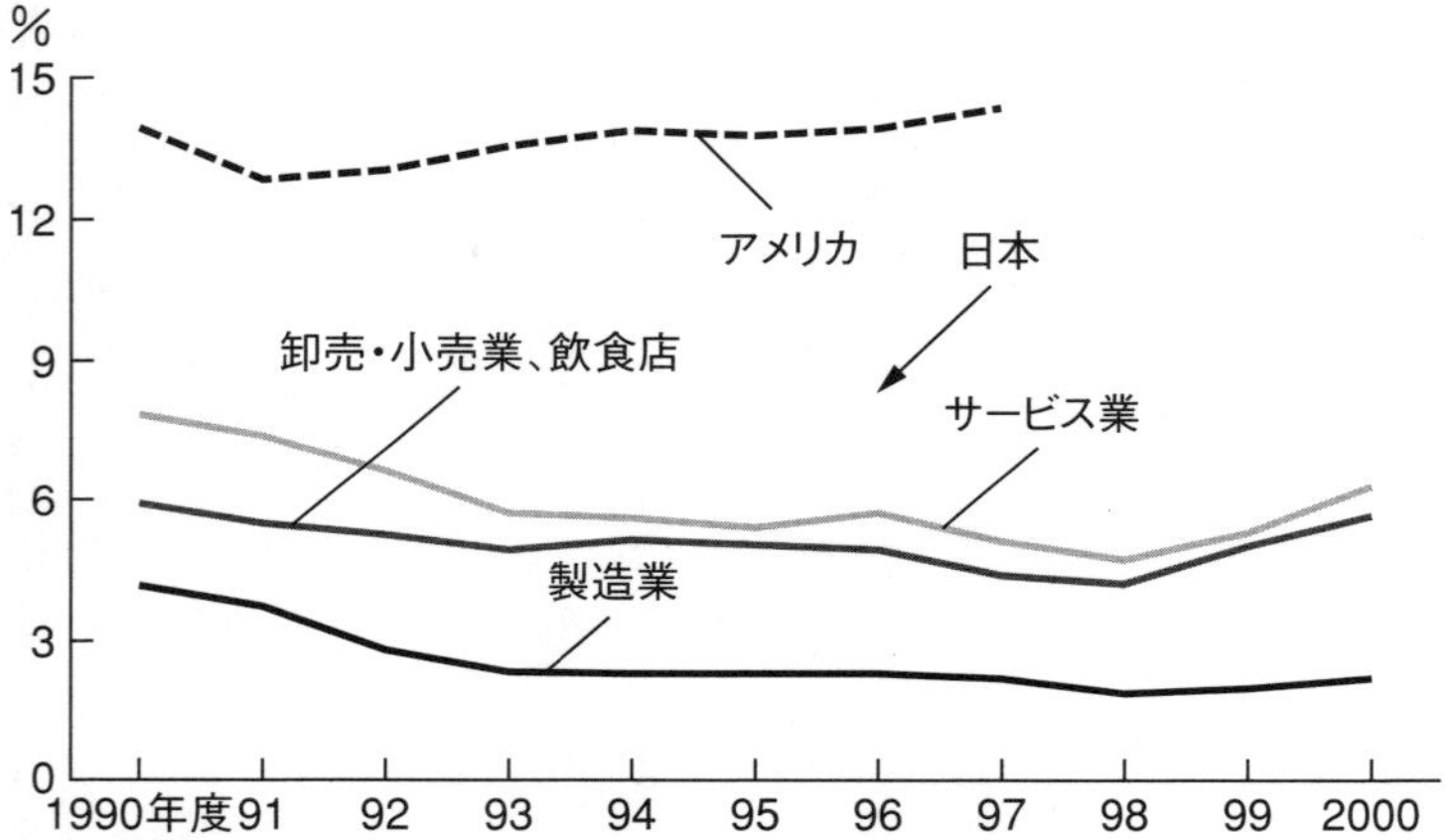

資料:日本は「雇用保険事業年報」厚生労働省、アメリカは「アメリカ中小企業白書」
週刊「ダイヤモンド」2002, 9/7号より

るアメリカに対して、日本のそれは三％（製造業）、五％（卸売・小売業・飲食店）、六％（サービス業）前後で推移しているのです。もっとも、日本の場合は「廃業率」がそれらを大きく上回っており、対してアメリカのそれは絶えず開業率より下回っていることに大きな格差があります。

文部科学省の調査によると、働かない若者が年二八万人に急増しています。卒業後、進学も就職もしない「無業者」は、大卒で二一・七％、高卒で一〇・五％です。開業率の低調さも含め、このままでは日本人は三流、四流国民になってしまいかねません。

経営者の立場にある私たちは、何としても従業員諸氏にこうした現実を熱っぽく語り伝え、やる気を持たせることが肝要です。キーワード「サラリーマン帝王学のすすめ」が活

きると思うのです。

懸案の単行本原稿「〝ザ・プロフェショナルズ〟トラックドライバー帝王学のすすめ」を脱稿しました。企画出版で年内の実現を目指しています。ある大企業でリストラされ、ドライバーに職業替えした中高年の人物がその初期原稿の一部を読んだだけで、私にふと漏らしました。「ヨシダ先生、もっと早くこの原稿に接していたら、私の人生は大きく変わっていたと思います。残念です、でも、これからガンバリます」と。

「サラリーマン帝王学」を学んで実践する者がデフレ時代を生き残る！
オーナー・オペレーターへチャレンジする者は売り手市場であり続ける！

サラリーマンの皆さんにとって、実に心地よい響きを持つ、と確信する「サラリーマン帝王学のすすめ」というキーワードですが、この言葉の持つ意義と将来性を身近に感じていただくために、次のことをプロドライバーの皆さん向けに追記します。

わが国トラック運送業界は遠からずオーナー・オペレーター（個人トラック）時代を迎えます。多くの経営者もそれを待望しています。しかし、悲しいかな、世の多くのプロドライバーの皆さんは、自己責任を求められる個人トラックへのリスク・チャレンジには今ひとつ、って感じです。

この業界でも雇用ミスマッチが生じていることは既に述べました。個トラ時代の到来とともに、個トラ業者としていち早く名乗りをあげるドライバーこそが経営者側から最も大歓迎されると考えてください。個トラ認可とともに、個トラの需要と供給のインバランスが生じます。個トラ側の売り手市場がそれです。経営者側はより優秀な個トラ業者を傘下に擁することを勝ち残り戦略と位置付けます。とすれば、プロドライバーの皆さんは先手を打って名乗り出ることが肝要です。零細業者による新規参入に拍車がかかります。従来型の「プロずれ（失礼！）」したドライバーでなく、全く新しい感覚を持った新型ドライバーがどんどん参入して皆さんのライバルとなります。そんな時代にあっても失業なんて程遠い、それはご自身の生き残り戦略であるのです。そのための心の準備を怠らないようにしてください。経営者が学ぶべき帝王学ですが、この本を契機にあなたも本気で帝王学を身につけてください。

「心の豊かさ重視六〇％」を自覚してハンドルを握って行こう！

プロドライバーの皆さんにいろいろと「ドライバー職」の良さや醍醐味を述べてきました。再々度のことで恐縮ですが、「好きなこと（仕事）をして、ほどほどの（収入で）生活をしていくことが一番幸せだ」ということを、お互いに共感したいと思うことがあります。

内閣府が二〇〇三年八月三十一日に発表した「国民生活に関する世論調査」の一端をお知らせして終わりにしたいと考えます。それは「今後の生活で何に重きをおくか？」という質問に対する結果です（図23）。この調査結果によりますと、一九九五年以降増え続けていた「今後の

図23 今後の生活で何に重きをおくか

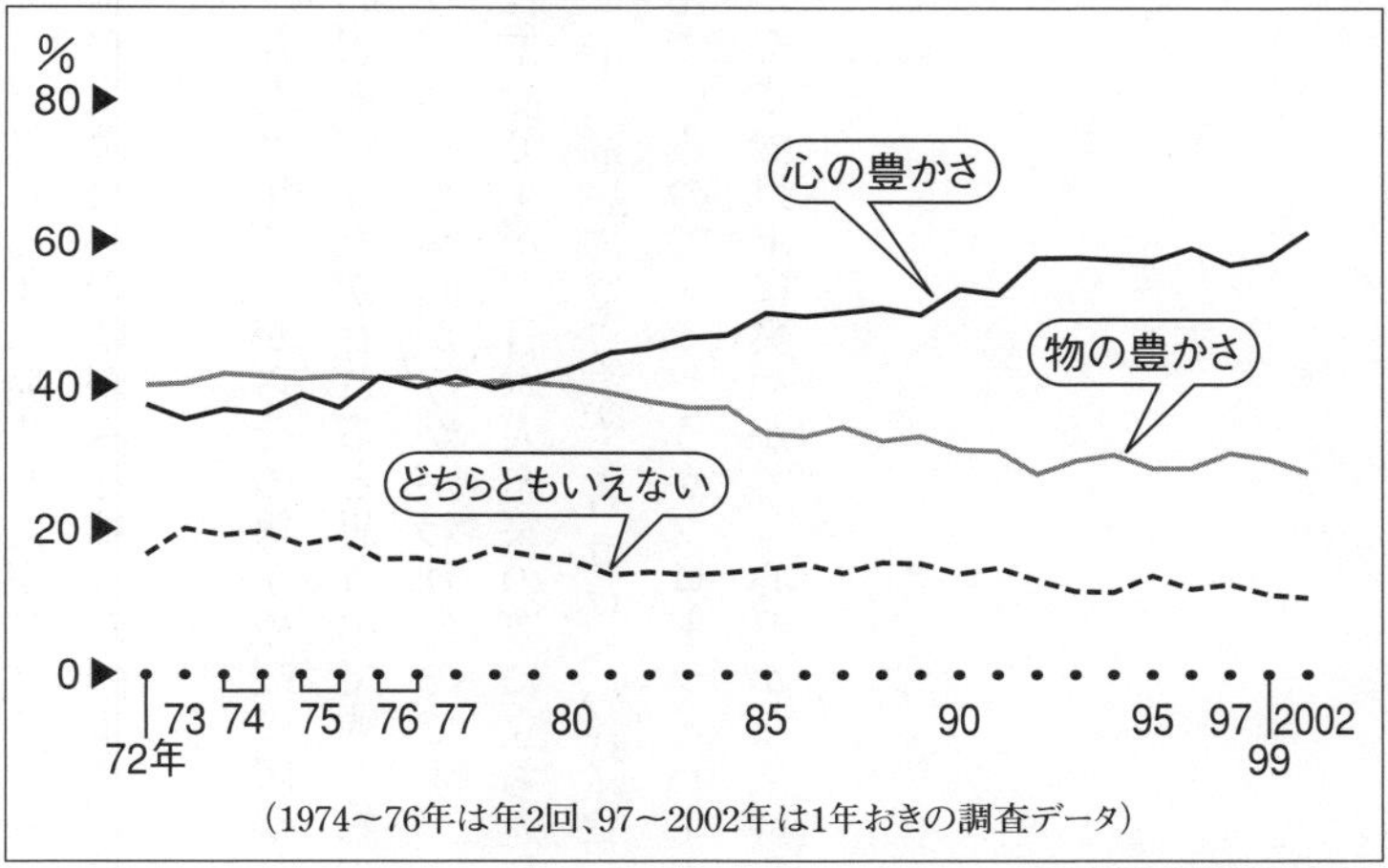

日本経済新聞記事より

生活の見通しが悪くなっていく」とする回答が前年より三・三ポイント減って二五・一%とやや改善しています。しかし、その一方で、現在の日常生活で悩みや不安を感じている人は六三・三%、と依然と高い結果です。さらに、働く目的については、「お金を得るため」が五〇%を超えています。これは明らかにデフレによる雇用事情が背景にあると考えられるのです。

さて、関心を持っていただきたいのは、「今後の生活で何に重きをおくか」という質問に対する回答結果です。ご覧のように「心の豊かさ」が「物の豊かさ」を大きく引き離しました。戦後の高度成長期が続いた時代は「物の豊かさ」が「心の豊かさ」を上回っていました。一九七三年の第一次オイルショックを境に「心の豊かさ」が徐々に上がりました。やがて、一九八〇年に発生した第二次オイルショックの前から逆転し始めました。その後は高度成長が生んだ心のゆがみを補うかのように両者の幅が広がり続けています。この現象はイイことです。

一九九九年ごろからその線が極端に広がりを見せているのです。デフレによる「物欲の追求」への限界がうかがわれると思うのです。物の豊かさに代わって、せめて心の豊かさを求めていこう、とした傾向がうかがわれるのです。これを「ネガティブ（後ろ向き）な動機」と言えばそれまでですが、日本人本来の姿に立ち返りつつある証拠だと受けとめたいものです。

「二十一世紀はモノからココロへの時代」を標榜してきた私ですので、こうした結果を心から喜んでいるのです。どうかプロドライバーの皆さんはこのことに格別の関心を寄せてくださって、今まで以上に爽やかで、心豊かな気持ちを持ってハンドルを握ってほしいと念願するのです。

参考文献資料

日本経済新聞
平成十四年版トラック輸送産業の現状と課題（全日本トラック協会編）
週間ダイヤモンド誌
米国個人トラック業者専門誌「Owner-Operator」、「LAND LINE」
アメリカトラック協会機関誌「Transport Topics」
ほか

終章

プロドライバーの皆さんへの思い入れの強くて深い私ゆえに、あれもこれもお伝えしたい、期待したい！　といった一心でかなりのボリュームになりました。本書を書き終えた後に感じたことは、その内容がプロドライバーの皆さんにとって少し難しすぎたかな……？　といった反省でした。でも、ここで書いたことのすべては、私の顧問先であるクライアント会社の社員ドライバー諸君には常日頃から熱っぽく話して、よく理解していただいてきている日常茶飯事のことです。このくらいのことは理解されて当然の立派な社会人資格を持たれるプロドライバーの皆さんであると考え、これでヨシ！　と自身に言い聞かせています。手前ミソかもしれませんが、社内安全会議などの場で、社長さんや管理者の方々とご一緒に本書の輪読会をしていただいたら話題も豊富になると思っています。またご家庭の食卓で一家団欒の折、本書を手に、これはお父さんたちの職業人向けに出版された書籍なんだよ、とお見せいただければ、ふ〜ん、お父ちゃんの仕事って奥行きが深くてカッコいいんだネ……といった評価も出てくるのではないかとさえ想像します。

本文の中でも繰り返しお伝えしたように、プロドライバーの皆さんは高額のトラックを預かって仕事をするため、個人事業者になったつもりでハンドルを握る心構えが大事です。そのため、平素から社会人としての常識はもとより、経営者的な人生観や職業観を持っていただかないと困るのだ、といった考えを私は終始一貫持ち続けて、かつ熱心に訴えてきています。そのための「帝王学」を平素から身につけてほしいということの念願を抱いて書きました。

タイトルにある「……帝王学のすすめ」は、私が提唱し続けて止まない「個人トラック制度」(別名「最低保有台数規制の撤廃」「オーナー・オペレーター・システム」)の認可が近い将来に実施されるか、されないかの別なく、プロドライバーは個人事業（経営）者的な職業観を持って仕事に臨んでいただかなければならない、ということから発想した言葉です。そのことを語り伝えることの使命感を抱いたゆえに、かつ、あなた自身とあなたが勤務している運送会社が生き残っていくためにも、という切なる願いをこめて書きました。

本書を読んでくださったプロドライバーの皆さんが、わずかでも良い刺激と動機を受けてくださって、今まで以上に安全運転に心掛けてくださったらこれに勝る幸せはありません。仲間のドライバー諸君にも本書を推薦してくださったら、と厚かましく願っています。

皆さんがたの社長さんが属される都道府県トラック協会や全日本トラック協会、それに国土交通省や警察や労働基準監督署等々の関係者の方々から、トラックドライバー諸君による交通事故防止に半歩でも一歩でも役立つ資料として、本書へのご理解を得ることができましたら、望外の幸せです。とりわけ、個人トラック制度に、立場上反対の立場をとられる関係団体があることは否定できませんが、同関係者各位が本書を通じてプロドライバーの皆さんに対する新たな認識や評価を持たれて、この制度に対する理解へのきっかけとしてくだされればこれに勝る幸せはありません。

考えてみますと、総合物流・経営コンサルタントとして新会社を設立して満一〇年、かつ私自身が満七十二歳を迎えた人生の節目にして本書を出版することができたことを、ことのほか嬉しく思っています。オーナー・オペレーター制度の「(自称)オピニオン・リーダー」的な役割を執筆や講演活動などで展開してきている私ですが、前職現役時代から今日に至るまで、幾つもの業界紙〔誌〕などに長期間にわたり関連論文やエッセイの寄稿機会を与えられたことを深く感謝しております。単行本一〇冊相当分に達するこれらの執筆実績はすべて経営者向けのものですが、今回、初めての単行本として、社員であるプロドライバーの皆さん向けに書く機会を与えられたことに感慨ひとしおの思いを抱いて喜んでいます。四十数年間という長い歳月を通して接してきたプロドライバーの皆さんへのそれは、深い「思い入れ」があるだけに、そのような気持ちでいっぱいです。

ところで、本書原稿をご覧になったある運送会社の社長さんが、いみじくもおっしゃいました。「吉田さん、個トラ反対の経営者やドライバーがこれを読んだら、ひょっとして、快く思わないかもしれませんね……。買ってくれないかもしれないね……」と。正直なところ、私は当初よりそのことは覚悟していました。そこで、大変に生意気な発言ですが、そのとき、私は毅然としてその社長さんに言いました。「もし、そのような企業労使があるとしたら、失礼だが、その人たちは二十一世紀には生き残れないセクトになると、敢えて忠告したい心境です。本書がそういった間違った考えを修正するチャンスになれば幸いです」と。くだんの社長さんは「う～ん、そうだろうな……」と絶句し、納得してくださいました。

蛇足の弁で恐縮ですが、私の地元にある広島大学は哲学科卒で印刷会社に勤務する青年営業マンが、本書製本レイアウト原稿の表紙と宣伝用チラシ原稿をみて言ってくれました。「……私は失礼かもしれませんが、『トラックドライバー』に対しては、ダーティーな（汚い・下品な・卑劣な・むかつく）イメージしか持っていませんでした。でも、これを見た途端、そうした考え方が間違っていた！　と認識しました……」と。ホンモノの本書を読んでくれたら、もっともっと認識を新たにしてくれるだろう！　と感じました。

なお、本書出版企画と編集作業に当たっては、株式会社文芸社編集部関係者各位による絶大なご協力を得たことを深く感謝します。また、ここに至るまでには多くの友人ドライバー諸君の助言や励ましもちょうだいしました。幾つかの難しい表現をもっと分かりやすくといったご注文も承りつつ修正したものです。とりわけ当社の取引金融機関である広島信用金庫八本松支店に勤務し、大の読書家である奥文則氏には、初期原稿の段階から多様な関連情報のご提供をはじめ、ご懇切な助言や指導を得たことを感謝の念をもって特記します。こうした多くのシンパ関係者のご支援ご指導があったからこそでき得た本書の出版であったと謙虚に受けとめ、感謝しております。

なお、再々度のコメントで恐縮ですが、本書全体を通じて部分的に同じことを繰り返し述べたことは重々自覚しております。ドライバー諸君に対する啓蒙活動が多い私が体感しておりますことの一つに、繰り返し繰り返し語りかけることの大事さがございます。とりわけ、ドライバー諸君にとって読書する機会があまり多くないことも意識したために、反復的な記述を意識的にさせていただきました。悪しからずご容赦ください。

プロドライバーの皆さんの無事故とご健勝、それに皆さんがお勤めの会社のご発展を心より祈念して、筆ならぬ、キーボードを叩く手を置きます。

ご精読本当に有り難うございました。

平成十六（二〇〇四）年三月吉日

吉田祐起

吉田祐起の著作案内

1．業界紙・誌、その他出版物掲載のエッセイ等

「わが社の労働災害防止対策」

（陸上貨物運送事業労働災害防止協会主催・創立15周年記念懸賞論文第3等・1979年12月15日）

「労働災害防止と企業経営」

（陸上貨物運送事業労働災害防止協会主催・労働安全衛生法施行10周年記念懸賞論文「銀賞（2位）」・1981年10月28日）

「業界自助努力による輸送秩序確立施策への提言～業者間相互信頼強化と適正手数料授受に基づく近代的業務提携の推進～」

（全日本トラック協会秩序確立専門委員会・1986年7月）

「これからの労働行政に期待する」

（労働省設置40周年記念論文応募作品・1987年10月28日）

「ハングリー精神　あるビジネスチャンスへの遭遇」

（トラック日本新聞社・現物流ニッポン新聞社主催「チャレンジ物流21」懸賞論文「筆頭優秀作」受賞作品・1991年6月20日号）

「私の労務管理（上・中・下）」

（労働新聞1990年5月）

「ハングリー精神　わが人生への活力と成果」

（文芸出版社　「わが人生論（広島編）」1991年8月）

「個人トラック制度は是か非か？」（11回連載）

（日本流通新聞・1989年11月～1990年7月）

「個人トラック制度導入への提言」（8回連載）

（物流ニッポン新聞・1993年10月～12月）

「米国の個人トラック制度　現地取材体験記」（15回連載）

（物流ニッポン新聞・1994年3月～8月）

「待ってました！　個人トラック制度是非論議（上・下）」

（物流ニッポン新聞・1994年7月・8月）

「個人トラック制度にも波及！　重い腰上げた行政」

（物流ニッポン新聞・1994年8月19日）

「『最低車両台数』の意義って何だろう？（上・下）」

（物流ニッポン新聞・1994年9月6・9日）

「拝啓　亀井運輸大臣殿（公開書簡）」

（物流ニッポン新聞・1994年9月13日）

「拝啓　田口全ト協会長殿（公開書簡その１）」

（物流ニッポン新聞・1994年10月18日）

「拝啓　田口全ト協会長殿（公開書簡その２）」

（物流ニッポン新聞・1994年10月25日）

「拝啓　田口全ト協会長殿（公開書簡その３）」

（物流ニッポン新聞・1994年11月1日）

「拝啓　小浜運輸労連委員長殿（公開書簡その１）」

（物流ニッポン新聞・1994年11月18日）

「懸賞付き定期は個人トラック制度に関係あり」

（物流ダイジェスト誌・1995年1月号）

「拝啓　田口全ト協会長殿（公開書簡その４）」

（物流ダイジェスト誌・1995年2月号）

「原島氏『問題提起』を読んで　後継者一考」

（物流ニッポン新聞・1995年3月3日）

「事業区域拡大の『許可基準』についてお尋ねします」

（物流ダイジェスト誌・1995年4月号）

「あるタクシー業界のオモロイお話」

（物流ダイジェスト誌・1995年5月号）

「マスコミ記事に見る『反対意見』への私の『反論意見』最低保有車両数規制の撤廃」（1）

（物流ダイジェスト誌・1995年6月号）

「マスコミ記事に見る『反対意見』への私の『反論意見』最低保有車両数規制の撤廃」（2）

（物流ダイジェスト誌・1995年7月号）

「マスコミ記事に見る『反対意見』への私の『反論意見』最低保有車両数規制の撤廃」（3）

（物流ダイジェスト誌・1995年8月号）

「ペットのすすめ」

（物流ダイジェスト誌・1995年9月号）

「人生80年、定年60歳時代　社長さんの生き方一考」

（物流ダイジェスト誌・1995年10月号）

「生涯学習への一考」

（物流ダイジェスト誌・1995年11月号）

「トラック運送事業の『適正規模』」

（物流ダイジェスト誌・1995年12月号）

「元請け・下請けシステム一考」

（物流ダイジェスト誌・1996年1月号）

「個人トラック制度は社内リストラの受け皿」

（物流ダイジェスト誌・1996年2月号）

「個人トラック制度は現代版『のれん分け』」

（物流ダイジェスト誌・1996年3月号）

「『最低五両以上』は官業へのボール返し」

（物流ロジスティクス誌・1996年4月号）

「人生80年時代・企業人60歳からの挑戦！　～いきいきはつらつわが人生は三毛作～」

（財団法人健康生きがい開発財団懸賞受賞・1996年8月）

「『五両未満の会社』社長さんへの提言」

（物流ロジスティクス誌・1996年5月号）

「続・トラック運送事業の『適正規模』」

（物流ロジスティクス誌・1996年6月号）

「『五両論議、未来永劫ない』官僚の傲慢そのもの」

（物流ロジスティクス誌・1996年7月号）

「参入でなく、社会的規制！　最低車両数をただす」

（物流ロジスティクス誌・1996年8月号）

「『護送船団』方式で安全管理！　マイナスをプラスに転じよ」

（物流ロジスティクス誌・1996年9月号）

「生産性に見合う賃金制度　労使でコンセンサスつくれ」

（物流ロジスティクス誌・1996年10月号）

「『五両論議』が再燃　雑念ぶっ飛ばす経済審提言」

（物流ロジスティクス誌・1996年12月号）

「経済審提言　官僚の反論！　お手並みとくと拝見」

（物流ロジスティクス誌・1997年1月号）

「規制緩和の行方やいかに！　閣議決定せまる経済審提言」

（物流ロジスティクス誌・1997年2月号）

「反対理由にモノ申す？　時代遅れ運輸省の規制緩和」

（物流ロジスティクス誌・1997年3月号）

「すべてホンモノの時代　中条教授の発言に共感」

（物流ロジスティクス誌・1997年4月号）

「個人トラック問題に明け暮れた３年間」

（物流ロジスティクス誌・1997年5月号）

「タクシー並み地殻変動　個トラで魅力ある職場に！」

（物流ロジスティクス誌・1997年6月号）

「3PLは個トラを誘発？　『プロの仕事』相互利用で共栄」

（物流ロジスティクス誌・1997年7月号）

「『五両未満』が消える？　200億円融資の行方いかに」

（物流ロジスティクス誌・1997年8月号）

「さすが！　プロの国アメリカ　オーナーオペレーターあれこれ」

（物流ロジスティクス誌・1997年9月号）

「人生体験にリンク　英語・ワープロ・インターネット」

（物流ロジスティクス誌・1997年10月号）

「拝啓　全国赤帽連合会会長殿　個トラで普通車昇格の道を！」

（物流ロジスティクス誌・1997年11月号）

「新時代のトラック業　元・下請け2極分化と一人一車制」

（物流ロジスティクス誌・1997年12月号）

「脱エコノミック志向　一進一退、個トラ実現への道」

（物流ロジスティクス誌・1998年1月号）

「ビッグバンへの橋頭堡　新規制緩和推進3ヵ年計画」

（物流ロジスティクス誌・1998年6月号）

「労使関係のあり方一考　ビッグバンを控えたトラック業界」

（物流ロジスティクス誌・1998年7月号）

「生涯学習のあり方一考　トラック業界への恩返し活動」

（物流ロジスティクス誌・1998年8月号）

「出た！　内部からの変化！　個トラ時代への対応姿勢」

（物流ロジスティクス誌・1998年9月号）

「『従業員オーナー制』活用を～オーナーオペレーターシステムとの整合性」

（物流ロジスティクス誌・1998年10月号）

「物流・労働ビッグバンとドライバー教育～自己責任意識・起業家精神が安全と生産性を生む～」

（物流ロジスティクス誌・1998年11月号）

「個トラ講演アンケートへの私の回答・意見～オーナーオペレーター時代を踏まえたQ＆A～」(1)

（物流ロジスティクス誌・1998年12月号）

「個トラ講演アンケートへの私の回答・意見～オーナーオペレーター時代を踏まえたQ＆A～」(2)

（物流ロジスティクス誌・1999年1月号）

「トラックの長期間使用の効果と役割～直接・間接（副次）的メリットのさまざま～」(1)

（物流ロジスティクス誌・1999年2月号）

「トラックの長期間使用の効果と役割～直接・間接（副次）的メリットのさまざま～」(2)

（物流ロジスティクス誌・1999年3月号）

「個トラ論議を巡るエピソード・雑感・特ダネ・Etc」

（物流ロジスティクス誌・1999年4月号）

「続・物流・労働ビッグバンとドライバー教育～自己責任意識・起業家精神が安全と生産性を生む～」

（物流ロジスティクス誌・1999年5月号）

「個トラは雇用システムの『モーダルシフト』」

（物流ロジスティクス誌・1999年6月号）

「軽貨物業界への提言　個トラ制認可で革命を！」

（物流ロジスティクス誌・1999年7月号）

「生涯学習とボランティア活動のあり方一考～『一本のあざなえる縄』の如し」

（上智大学大学院文学研究科関連「生涯学習フォーラム」第3巻第1号）

「経済審『高失業率・所得格差』是認　個トラ制起業家精神で喝！」

（物流ダイジェスト誌・1999年8月号）

「経済審答申・経済／労働白書・経団連提言等にみる個トラ起業家精神」

（物流ロジスティクス誌・1999年9月号）

「レタックス営業のすすめ　文章力は営業力」

（物流ロジスティクス誌・1999年10月号）

「交通・労災事故防止教育（1）労使双方に意識向上を」

（物流ロジスティクス誌・1999年11月号）

「交通・労災事故防止教育（2）労使双方が再認識を」

（物流ロジスティクス誌・1999年12月号）

「21世紀高齢社会の生き方を考える～学んで実践役立てよう　世代交流への架け橋を～」

（物流ロジスティクス誌・2000年1月号）

「デフレ経済時代をガッツでいこう！　～『雇用創出者』の自負を持て～」

（物流ロジスティクス誌・2000年2月号）

「新規参入増大の実態を考える～運送事業はフロンティアリーダー～」

（物流ロジスティクス誌・2000年3月号）

「続・２１世紀高齢社会の生き方～ハイテク技術者人生vs職人芸技能者人生～」

（物流ロジスティクス誌・2000年4月号）

「日本経済の『活性化』とは？～タクシー業界規制緩和揺り戻し～」

（物流ロジスティクス誌・2000年5月号）

「『経済苦境転じて福となす』～21世紀高齢社会の生き方（その3）～」

（物流ロジスティクス誌・2000年6月号）

「隠れ個人トラック派～デフレ経済が後押し加速～」

（物流ロジスティクス誌・2000年7月号）

「個トラ王国沖縄取材記～先駆けの地に学ぶ～」

（物流ロジスティクス誌・2000年8月号）

「トラック運送業の21世紀像～零細化・三極分化・業務提携～」（上）

（物流ロジスティクス誌・2000年9月号）

「トラック運送業の21世紀像～零細化・三極分化・業務提携～」（下）

（物流ロジスティクス誌・2000年10月号）

「ザ・プロフェショナルのドライバー教育～安全と経営は『あざなえる縄の如し』～」（上）

（物流ロジスティクス誌・2000年11月号）

「ザ・プロフェショナルのドライバー教育～安全と経営は『あざなえる縄の如し』～」（下）

（物流ロジスティクス誌・2000年12月号）

「21世紀幕開けの夢と雑感～ＩＴから始まる大変革期～」

（物流ロジスティクス誌・2001年1月号）

「経済財政諮問会議に見る個トラ～『外注』は時代の流れ～」

（物流ロジスティクス誌・2001年2月号）

「労務賃金査定基準労使協定書～個トラ契約締結へのプロローグ？～」

（物流ロジスティクス誌・2001年3月号）

「ドライバー教育の在り方」（1）

（物流ニッポン新聞・2001年1月22日号）

「ドライバー教育の在り方」（2）

（物流ニッポン新聞・2001年3月22日号）

「ドライバー教育の在り方」（3）

（物流ニッポン新聞・2001年4月30日号）

「ソニー『新・年俸制度』『個トラ』との共通性探る」
（物流ロジスティクス誌・2001年4月号）
「デフレ経済時代到来　トラック業者生き残り戦略」
（物流ロジスティクス誌・2001年5月号）
「21世紀のトラック輸送」（1）
（物流ニッポン新聞・2001年6月4日号）
「21世紀型リーダーの3条件〜洞察力・説明責任・動機づけ〜」
（物流ロジスティクス誌・2001年6月号）
「ザ・プロフェショナル　トラックドライバー諸君への伝言（1）」
（物流ロジスティクス誌・2000年7月号）
「21世紀のトラック輸送」（2）
（物流ニッポン新聞・2001年7月9日号）
「21世紀のトラック輸送」（3）
（物流ニッポン新聞・2001年9月10日号）
「ザ・プロフェショナル　トラックドライバー諸君への伝言（3）」
（物流ロジスティクス誌・2001年8月号）
「ザ・プロフェショナル　トラックドライバー諸君への伝言（3）」
（物流ロジスティクス誌・2001年10月号）
「デフレ経済時代における賃金の在り方」（上）
（物流ニッポン新聞号外紙・2003年3月14日）
「デフレ経済時代における賃金の在り方」（下）
（物流ニッポン新聞号外紙・2003年4月25日）
「雇用・賃金のモーダルシフト」（上）
（物流ニッポン新聞号外紙・2003年5月30日）
「雇用・賃金のモーダルシフト」（下）
（物流ニッポン新聞号外紙・2003年6月20日）
「ディスクロージャに勝る説得力は無し」

（物流ニッポン新聞号外紙・2003年8月8日）
「デフレ経済をどうみるか？」（前編）
（第一経済レポート「論壇」・2003日8月27日号）
「デフレ経済をどうみるか？」（後編）
（第一経済レポート「論壇」・2003日9月3日号）

2 「ロジタント・ウェブサイト・レポート」
「サラリーマン帝王学のすすめ」
「低運賃と安全の因果関係を考える」
「『個人償却制』への安易な経営政策に対する問題提起」
「サラリーマン帝王学のすすめ～後日談」

3 「ＳＡＭ　ＮＥＷ」誌掲載　短編エッセイ
「人生四毛作へのチャレンジ」（1996年夏号）
「大胆な規制緩和提言で、自称アサーティヴ・マン」（1997年春号）
「英語・ワープロ・インターネットと私」（1997年冬号）
「高齢社会・『減価償却済み人間』の演出」（1997夏号）
「生涯学習とボランティア活動」（1998年夏号）
「文化も変えなければ生き残れない？」（1998年冬号）
「私の健康管理～小さな動機、大きな成果へのドキュメント～」
（1999年夏号）
「デフレ経済で思うこと」（2001年春）
「話し言葉と書き言葉一考」（2001年冬号）
「サラリーマン帝王学のすすめ」（2002年春号）
「続・サラリーマン帝王学のすすめ～その後のエピソード～」
（2002年冬号）

「『有言実行居士』のひとり言」（2003年春号）
「ラフカディオ・ハーンの日本人観に脱帽?!」（2003年冬号）
「『トラックドライバー帝王学のすすめ』出版直前のエピソード」（2003年春号）

4　その他

自分史「いきいき　はつらつ　わが人生は三毛作！」
（製本レイアウトで230ページ執筆済み。多忙のため執筆中断中）

（注）上掲の著作はごく一部を除き、当社ウェブサイト

http://www.c-logitant.com

の「執筆実績」（１.懸賞論文受賞作品／２.同応募作品／３.専門業界紙・誌寄稿作品／４.一般出版物寄稿作品／５.ＳＡＭ　ＮＥＷＳ寄稿作品／６.Logitant Website Reports掲載作品／７.冊子・単行本出版・企画作品）に原稿もしくはスキャナーしたもので掲載しております。クリックしてご覧ください。

【著者プロフィール】
吉田　祐起（よしだ ゆうき）
1931年広島市生まれ。生後10ヶ月でポリオに罹患。学徒動員で広島電鉄本社勤務中に原爆被爆。九死に一生を得るも、翌年実父の労災事故死に遭遇。一家を支えるため大学進学を断念して定時制高校に学びながら、技術職人人生を選択。14年間の同人生で米国から新技術2件の導入に成功。独自に開発発明した3器具（実用新案）を商品化。それらの技術指導や販売のため全国で講習・実演活動を展開する青春時代を過ごす。1960年、後継者不在の零細トラック運送事業を請われて継承。爾来、30数年間でグループ7社による「総合物流商社」体制を確立。全日本トラック協会「秩序専門委員」「税制対策委員」を通算15年間務める。1992年運輸大臣表彰受賞。1993年に期するものを得て創業者一族にグループ全般の経営を譲渡。業界への恩返しの心で新会社設立。総合物流・経営コンサルタントに転じ現在に至る。執筆活動は旺盛で、業界誌（紙）その他で発表したエッセイ・論文は百数十件、百数十万字に達し、なお継続中。業界関連講演活動も活発に展開中。
〈連絡先〉　〒739-0144　広島県東広島市八本松南6-7-17
株式会社ロジタント
Web Site://www.c-logitant.com
E-mail:yosida@c-logitant.com

トラックドライバー　帝王学のすすめ
“ザ・プロフェショナルズ”への教科書

2004年4月15日　初版第1刷発行

著　者　吉田 祐起
発行者　瓜谷 綱延
発行所　株式会社文芸社
〒160-0022　東京都新宿区新宿1－10－1
電話　03-5369-3060（編集）
03-5369-2299（販売）

印刷所　神谷印刷株式会社

ISBN4-8355-7303-X C0095